카르마와
윤회시스템

의식상승시리즈 11

KARMA

카르마와
윤회시스템

우데카 지음

 빛의생명나무

3부. 인간의 의식 시스템

4부. 인간의 질병과 치유

5부. 카르마 에너지장의 해소

하늘의 마음

하늘은 누구의 하늘도 아닙니다.
하늘은 누구만을 위한 하늘도 아닙니다.
하늘은 우리 모두의 하늘입니다.
하늘은 하늘을 머리에 이고 살아가는 모두의 하늘이며
모든 생명체에게 공평무사한 하늘입니다.

우데카 팀장만을 위한 하늘은 없습니다.
빛의 생명나무를 위한 하늘은 하늘 어디에도
존재하지 않습니다.
자신의 현재의 의식 수준에서
자신의 우주적 신분에 맞는 수준에서
자신의 종교적 믿음과 의식의 수준에서
저마다의 하늘이 옳다고 믿고 있을 뿐입니다.

하늘은 하늘을 믿는 사람들만을 위해서
존재하지 않습니다.
하늘의 존재를 믿지 않는 사람들을 위해서도
하늘은 존재하기 때문입니다.
하늘의 마음을 얻는 자를 위해서만
하늘은 존재하지 않습니다.

하늘의 마음과 공명을 하든
하늘의 마음과 공명을 하지 못하든
하늘은 똑같은 이유와 똑같은 방식으로
하늘은 모든 생명체와 모든 영혼들에게
공평무사하게 대할 뿐입니다.

하늘의 마음을 얻기 위해
너무 애쓰지 마십시오.
자신이 믿고 있고
자신이 알고 있는 하늘만이
진실이라고 말하지 마십시오.
하늘은 사람의 수만큼이나 다양하고
하늘은 사람의 의식 수준만큼
아주 다양한 층위를 가지고 존재하기 때문입니다.
하늘의 마음을 얻기 위해
인간의 마음에 상처주지 마십시오.
하늘의 마음을 얻었다고
타인의 의견을 무시하지 마십시오.

하늘이 당신과 함께한다면 믿으시겠습니까?
하늘이 당신과 함께한다고 진짜 믿고 있다면
당신이 나쁜 사람이라고 생각하고 있으며
당신이 증오하고 경멸하는 사람에게도
그들이 믿는 하늘을 똑같이 존중해 주십시오.

하늘은 누구의 편도 누구의 것도 아님을
당신이 머리로 이해하고
당신이 가슴으로 이해하였다면
나와 다른 하늘 이야기를 하는 사람들을 존중해 주십시오.
나와 다른 하늘을 믿고 행동하는 사람들을
있는 그대로 존중해 주십시오.
하늘은 모두에게 공평무사하게 존재할 뿐입니다.

악인도 악인만큼의 하늘의 지분이 있으며
선인도 선인만큼의 하늘의 지분이 있을 뿐입니다.
인간은 모두 똑같은 지분의 하늘이 있을 뿐입니다.
생명체 모두는 똑같은 크기만큼의
하늘의 지분이 있을 뿐입니다.

하늘이 당신 편이라고
하늘이 영원히 당신 편이라고 생각하지 마십시오.
하늘의 기운이 순행하듯이
땅의 기운이 순행하고 있을 뿐입니다.
자신의 현재의 의식 수준에서
자신의 영혼의 진화 수준에서
자신의 우주적 신분의 수준에서
모두 각자에게 허용된 만큼의 하늘을
하늘이라 믿고 살아갈 뿐입니다.

하늘의 마음을 얻기 위해
너무 애쓰지 마십시오.
우리 모두는 자신의 영혼의 진화에서
자신이 알아갈 하늘만을 알고 가도록
그렇게 처음부터 예정되어 있습니다.

하늘의 마음을 얻기 위해
너무 애쓰지 마십시오.
생명의 중심에 하늘의 마음이 있으며
인간의 마음에도 하늘의 마음이 편재해 있습니다.
하늘의 마음을 얻어
인간의 마음을 얻으려고 너무 애쓰지 마세요.
인간의 마음을 얻어
하늘의 마음을 얻으려고 너무 애쓰지 마세요.

하늘 스스로 정한 그 길이
하늘의 마음이기 때문입니다.
하늘의 마음을 얻으려고 너무 애쓰지 마십시오.
하늘이 일하는 방식을 이해하면
하늘이 일하는 공평무사한 방식을 이해하면
하늘 스스로 정한 그 길에
대우주의 법칙이 있으며
창조 근원(창조주)의 의식이 있습니다.

하늘 스스로 정한 그 길
이것이 하늘의 마음이며
대우주의 법칙이며
대우주의 질서입니다.

하늘 스스로 정한 그 길은
모든 생명체에 각인되어 있으며
모든 영혼에 각인되어 있습니다.
당신이 지금 이 순간
지구 행성에서 영혼의 물질 체험을 하고 있는 이유 역시
당신의 영혼은 그 답을 알고 있습니다.
하늘의 마음은
당신의 영혼의 진화 수준에서
알아야 할 만큼 알고 있습니다.

모든 생명체는 하늘의 마음을 얻고 있기 때문에
생명체로서 살아가고 있으며
생명체의 향락을 누리고 살고 있는 것입니다.
당신의 영혼에게 약속한 시간만큼
하늘의 마음은 하늘의 약속으로 지켜질 것입니다.

하늘을 이고 살아가고 있는 모든 생명체들은
하늘의 마음을 얻어 살아가고 있는
소중한 존재들입니다.

하늘의 마음이 생명속에 펼쳐져 있음을 봅니다.
생명체의 기쁨속에
생명체의 향락속에
생명체의 고통과 아픔속에
하늘의 마음이 늘 함께하고 있습니다.

2017년 8월
우데카

제1부 생명체와 생명의 순환

영혼은 생이며, 영혼은 생명이며
영혼은 생명의 순환이며, 영혼은 생명의 깃발입니다.
영혼이 생명체라는 외투를 걸치고
각자의 윤회 시스템 속에서, 행성의 윤회 시스템 속에서
영혼의 진화를 위해 영혼의 물질 체험을 하고 있는 것입니다.

하늘이 존재하는 이유

하늘은 복을 구하는
당신의 기도에 아무 관심이 없습니다.
하늘은 당신이 기도하는
가족의 건강에 아무 관심이 없습니다.
하늘은 당신이 걱정하는
모든 것들에 아무 관심이 없습니다.
그것은 당신의 문제이지
하늘의 문제가 아니기 때문입니다.

하늘은 당신이 그토록 미워하고 원망하는
당신이 철천지원수라고 생각하고
당신에게 피해를 준
나쁜 사람이라고 생각하는 사람에 대해
벌을 주고 심판하는데 아무 관심이 없습니다.
하늘은 당신이 옳다고 생각하고 어떤 행동을 하든
당신의 생각으로 다른 사람에게 어떤 행동을 하든
아무 관심이 없습니다.
하늘은 그저 지켜보기만 할 뿐입니다.

하늘은
당신 나라의 경제나 사회 문제에
아무 관심이 없습니다.

하늘은
당신 가문의 흥망성쇠나
당신 부족의 흥망성쇠에
당신 민족의 흥망성쇠에
아무 관심이 없습니다.
하늘은 이미 모든 것을 알고 있으며
하늘이 이 모든 것을 계획하였기 때문입니다.

하늘은
당신의 문제에 대해 큰 관심이 없습니다.
당신의 영혼 또한 당신이 태어나기 전
당신의 윤회 프로그램이 짜여질 때
모두 알고 있는 내용들이
때가 되어 우연을 가장하여 일어난 것입니다.

하늘은
당신이 그토록 고민하고 갈등하고 있을 때
그저 지켜보기만 할 뿐입니다.
당신이 태어나기 전
당신의 윤회 프로그램이 촘촘하게 짜여질 때
당신이 계획하고 당신이 설계한 일들이
때가 되어 우연을 가장하여 일어나고 있다는 것을
하늘은 다 알고 있기 때문입니다.

하늘은 그저 당신을 지켜볼 뿐입니다.
당신이 이렇게 하기로 약속해 놓고

당신이 이렇게 하기로 프로그램해 놓고
약속을 심각하게 어길 경우에만
당신의 상위자아를 통해
당신의 본영을 통해
하늘의 에너지체들을 동원하여
당신이 하늘에게 약속한 대로 이루어질 수 있도록
최소한의 개입이 허용될 뿐입니다.

하늘은
당신이 태어나기 전
당신이 하늘 사람으로
대우주의 전체의식 속에 있을 때
당신이 영혼의 진화를 위해
당신 스스로 설계한 프로그램대로
당신의 삶이 펼쳐질 수 있도록
다양한 변수를 제거하며
당신의 삶이 원안대로 집행될 수 있도록
공정하게 관리하는 역할이
당신에게 하늘이 존재하는 진짜 이유입니다.

하늘은
정의 사회를 만드는데
아무 관심이 없습니다.
하늘은
복지 사회를 만드는데
아무 관심이 없습니다.

하늘은
이상 사회를 만드는데
아무 관심이 없습니다.
하늘은
인간이 원하는 이상적인 사회를 땅에서 만드는데
아무 관심이 없습니다.
하늘은 하늘이 정한 그 길을 갈 뿐입니다.

하늘이 존재하는 이유는
당신에게 복을 주기 위해 존재하지 않습니다.
하늘이 존재하는 이유는
당신을 심판하여 천국이나 지옥으로 보내기 위해 존재하지 않습니다.
하늘이 존재하는 이유는
영혼의 물질 체험을 통한 영혼의 진화가 이루어질 수 있도록
매트릭스를 설치하고
매트릭스를 관리하고
매트릭스를 운영하는 것입니다.

하늘이 존재하는 이유는
영혼이 물질 체험을 하는 이곳의 연극 무대를
연극 무대인지 모르게 관리하는 것입니다.
하늘이 존재하는 이유는
영혼이 다양한 물질 체험을 할 수 있도록
영혼의 물질 체험이 지루하지 않도록
영혼이 다양한 에너지들을 체험할 수 있도록
관리하고 도와주는 역할입니다.

하늘이 존재하는 이유는
당신이 이곳에서 우주적 신분을 잊어버리고
우주의 계급장을 떼고
영혼의 나이별로
영혼의 프로그램대로
영혼의 공부를 위해
영혼의 진화를 위해
아무것도 모르게 아무도 모르게
우주 학교를 공정하게 운영하는 것입니다.

하늘이 존재하는 이유는
창조주께서 삼라만상에 펼쳐 놓은 에너지들을
창조주께서 삼라만상에 펼쳐 놓은 사랑을
창조주께서 삼라만상에 펼쳐 놓은 진리를
영혼의 진화 과정에 맞게
영혼의 의식 수준에 맞게
영혼의 나이에 맞게 체험할 수 있도록
공정하게 공평무사하게
관리하고 운영하는데 있습니다.

하늘이 존재하는 이유는
대우주에 창조주께서 펼쳐 놓은 에너지들을
마음껏 체험할 수 있도록
마음껏 즐길 수 있도록
마음껏 뛰어놀 수 있도록
새로운 마당(행성이나 은하의 창조)을 만들고

예쁘고 아름다우며

잘 어울리는 옷(영혼이 물질 체험을 할 때 입어야 하는 외투)을

다양하게 만들어 주는데 있습니다.

하늘이 존재하는 이유는

생명을 가진 존재들이

지능을 가진 생명체들이

의식을 가진 생명체들이

서로의 자유의지가 충돌할 때

자신의 자유의지만을 고집할 때

타인의 자유의지를 심각하게 침범할 때

공정한 게임의 룰(우주의 법칙)을 정하고

공평무사하게 집행하는데 있습니다.

하늘이 존재하는 이유는

하늘의 마음과도 같습니다.

당신을 향한

인류를 향한

하늘의 마음을 당신에게 전합니다.

영혼의 옷(외투)

영혼은 에너지입니다.
영혼은 의식을 가지고 있는 에너지체입니다.
영혼은 감정을 가지고 있는 에너지체입니다.
영혼은 감각을 느끼지 못합니다.
영혼은 배고픔을 느끼지 못합니다.
영혼은 남자와 여자의 구분이 없습니다.
영혼은 잠을 자지도 않습니다.

영혼은 옷을 입어야 물질 체험을 할 수 있습니다.
영혼은 옷을 입어야 생명을 얻을 수 있습니다.
영혼은 외투를 걸쳐야 영혼의 진화를 할 수 있습니다.
영혼은 자신의 영의 크기와 영의 스펙트럼에 따라
영혼이 입을 수 있는 외투가 정해져 있습니다.
영혼은 영혼의 진화 여정에 따라
자신이 입어야 하는 외투가 달라집니다.

어떤 영혼은 다이아몬드라는 외투를 걸치고
영혼의 물질 여행을 하고 있습니다.
어떤 영혼은 텅스텐이라는 광물에 들어가서
영혼의 물질 여행을 하고 있습니다.
어떤 영혼은 장미꽃이라는 외투를 걸치고
영혼의 물질 체험을 하고 있습니다.

어떤 영혼은 산삼이라는 외투를 걸치고
영혼의 물질 체험을 하고 있습니다.
어떤 영혼은 콩이라는 외투를 입고
영혼의 물질 체험을 하고 있습니다.

어떤 영혼은 지렁이라는 외투를 입고
영혼의 물질 체험을 하고 있습니다.
어떤 영혼은 개구리라는 외투를 입고
영혼의 물질 체험을 하고 있습니다.
어떤 영혼은 뱀이라는 외투를 입고
영혼의 물질 체험을 하고 있습니다.
어떤 영혼은 돼지의 외투를 입고
영혼의 여행을 하고 있습니다.
어떤 영혼은 호랑이의 외투를 입고
영혼의 진화를 하고 있습니다.

어떤 영혼은 남성의 외투를 입고
어떤 영혼은 여성의 외투를 입고
영혼의 물질 체험을 하고 있습니다.
어떤 영혼은 잘생긴 꽃미남의 외투를 입고
어떤 영혼은 경국지색 외모의 외투를 입고 태어나
영혼의 물질 체험을 하고 있습니다.

영혼이 물질 체험을 위해서는 반드시 외투를 입어야 합니다.
영혼의 물질 체험을 통해서만 영혼은 진화할 수 있습니다.
영혼이 진화하기 위해 영혼의 물질 체험을 하기 위해서는 반드시 영혼이 입는 옷을 입어야만 합니다.

영혼이 입는 외투는 크게
광물과 식물과 동물로 나눌 수 있습니다.
영혼이 입는 외투를 삼라만상이라 하였습니다.
영혼이 탄생하면 할수록
영혼의 물질 체험을 위한 다양한 외투가 준비되어야 하며
끊임없이 새로운 외투가 창조되어야 합니다.
영혼의 탄생이 멈추지 않는 한
창조주는 영혼이 입을 수 있는 생명체를
끊임없이 창조하여 공급해야 하는데
이것이 하늘이 존재하는 이유이며
이것이 창조주가 존재하는 이유입니다.

영혼이 진화하면 할수록
더 높은 의식과 감정을 구현할 수 있는
새로운 모델의 창조가 반드시 필요합니다.
영혼이 진화할수록 대우주가 진화하면 할수록
창조주는 영혼의 진화 속도에 맞추어
영혼이 진화하는데 꼭 필요한 외투를
끊임없이 만들어 우주에 공급해야 합니다.
영혼이 진화하는 속도에 맞추어
영혼이 입을 외투를 지속적으로 공급하지 못하게 되면
영혼이 진화하는 속도에 맞추어
새로운 생명체를 창조하여 공급하지 못한다면
대우주의 진화는 멈추게 될 것입니다.

창조주께서 자신의 역할을 다하지 못하게 되면
우주는 더 이상 진화하지 못하게 될 것입니다.

우주가 진화하면서 영혼이 진화를 하면서
우주에서 가장 높은 의식을 구현하고
우주에서 가장 높은 수준의
다양하고 복잡한 감정을 구현할 수 있도록 창조된
최신형의 외투가 있습니다.
호모 사피엔스(인간)는 최신형 휴머노이드 외투입니다.
영혼이 인간이라는 최신형의 외투를 입고
영혼의 물질 체험을 한다는 것은 우주의 행운입니다.
우주에서 가장 최신형의 모델인 호모 사피엔스는
종자행성과 실험행성인 지구라는 행성에만 있는 외투였습니다.

영혼마다 입을 수 있는 영혼의 옷이 있습니다.
영혼의 스펙트럼에 따라 입을 수 있는
영혼의 옷이 정해져 있습니다.
영혼의 크기에 따라 입을 수 있는 영혼의 옷이 있습니다.
영혼의 밝기에 따라 입을 수 있는 외투가 정해져 있습니다.
영혼의 나이에 따라 입을 수 있는 외투는
우주의 법칙에 따라 정해져 있습니다.
영혼의 진화 여정에 따라
그 영혼마다 구입하여 입을 수 있는 외투가
이미 정해져 있습니다.

영혼이 입고 있는 외투는 다양합니다.

영혼은 모두 외투를 입고 있습니다.
영혼은 진화 과정에 꼭 맞는 외투를 입고
영혼의 물질 체험을 하고 있는 것입니다.
영혼은 물질의 옷을 두껍게 걸치고
영혼의 진화를 위해 생명을 받아 살아가고 있습니다.

어떤 영혼은 광물로
어떤 영혼은 식물로
어떤 영혼은 동물로
어떤 영혼은 사람으로 태어나
살아가고 있는 것입니다.
각자에게 맞는 영혼의 옷을 입고
영혼이 생명체라는 외투를 걸치고
각자의 위치에서
각자의 윤회 시스템속에서
행성의 윤회 시스템속에서
생명의 순환과 주기속에서
하늘이 펼쳐놓은 그물망속에서
영혼은 각자에게 맞는 옷을 입고
영혼의 진화를 위해
영혼의 물질 체험을 하고 있는 것입니다.

영혼은 생이며
영혼은 생명이며
영혼은 생명의 순환이며
영혼은 생명의 깃발입니다.

인간의 외모와 몸의 정령

영혼백 에너지는 비물질세계의 에너지입니다.
영은 가장 진동수가 높은 빛이며
창조주의 신성을 상징합니다.
혼은 영보다는 진동수가 낮고
백 에너지보다는 진동수가 높습니다.
백 에너지는 진동수가 가장 낮으며
몸의 정령이라고도 합니다.

백 에너지는 삼황의 에너지로 구성되었습니다.
백 에너지는 선천지신, 선천지기, 선천지정의
3종 셋트로 구성이 됩니다.
이 3종 셋트가 모여 하나의 의식을 형성하는데
이것을 백 에너지 또는 몸의 정령이라고 합니다.
몸의 정령은 그 행성의 내부핵에서 공급되는
가이아 의식에서 기원하며
행성의 영단에서 관리하고 있습니다.

선천지신(神) → 심장에 깃들어 있는 에너지로
불을 상징하며 인간(인황)을 상징합니다.

선천지기(氣) → 폐에 깃들어 있는 에너지로
바람을 상징하며 하늘(천황)을 상징합니다.

선천지정(精) → 신장에 깃들어 있는 에너지로
물을 상징하며 땅(지황)을 상징합니다.

영혼은 영혼의 옷을 입어야
영혼의 물질 체험을 할 수 있습니다.
인간은 호모 사피엔스라는 외투를 입은
휴머노이드 인종입니다.
인간의 몸은 영혼을 담는 그릇입니다.
인간의 몸은 생명의 깃발입니다.
인간의 몸은 영혼이 입는 옷입니다.
인간의 몸은 영혼이 입는 옷 중에 하나이며
영혼들이 입어보기를 가장 희망하는 옷입니다.
우주에서 유행하는 최신형 최고급 모델입니다.

영혼이 인간의 외투를 입기 위해서는
백 에너지가 있어야 합니다.
백 에너지는 영혼이 인간의 몸이라는 외투를 입었을 때
육체적인 인간의 몸을 작동시킬 수 있는 에너지를 말합니다.
영혼백 에너지의 작용으로 인하여
인간의 몸을 통한
영혼의 물질 체험이 일어나고 있는 것입니다.

영혼백 에너지는
3가지 에너지가 하나의 팀을 구성하여
영혼의 물질 체험에 함께 동행하고 있습니다.
영혼백 에너지는 진화하고 있습니다.

백 에너지를 몸의 정령(精靈)이라고 합니다.
몸의 정령은 단독으로 진화를 할 수 없으며
영혼이 외투를 입을 때 영단에 의해 결정됩니다.
몸의 정령은 한번 영혼에 배속이 되면 바뀌지 않습니다.
영혼이 영단을 떠나 다른 행성의 영단으로 갈 때만
영혼과 이별을 할 수 있습니다.
백 에너지의 기원은 지구 행성 가이아의 에너지입니다.

영혼에게 남녀의 구분은 없습니다.
몸의 정령에게도 남녀의 구분은 없습니다.
비물질 에너지체인 정령의 모습을 홀로그램을 통해서 보면
현재의 아바타의 에너지와 많이 닮아있음을 알 수 있습니다.

영혼은 윤회를 통하여 많은 생을 살아갑니다.
몸의 정령 역시 윤회를 할 때마다 새로운 몸을 받게 됩니다.
몸의 정령은 고유한 진동수를 가지고 있습니다.
여러 번의 삶을 서로 다른 모습으로 살게 됩니다.
여러 번의 삶을 서로 다른 모습으로 살아 왔지만
일관되게 나타나는 외모의 유형이 있습니다.

빛의 생명나무 회원들의
카르마 에너지장을 해소하는 과정에서
카르마 내용에 따른 실제 인물들이 등장하게 됩니다.
한 사람이 카르마를 쌓을 때
과거에 살았던 실제 인물들의 사진을 찾아 비교해 보면
깜짝 놀라는 일이 자주 발생합니다.

시간의 차이가 나고
공간의 차이가 나고
남녀의 차이가 나지만
너무나 외모가 많이 닮아있음을 경험합니다.
외모만 닮은 것이 아니라
외모에서 나오는 에너지도 매우 유사합니다.

외계 행성에서 지구 행성에 온 영혼들은
지구 행성의 영단을 거치게 됩니다.
지구 행성의 영단에는 인간의 외모를 가진
다양한 모형들이 준비되어 있습니다.
자신의 행성에 살고 있는 생명체와
가장 비슷한 외모를 가진 인간의 몸을 받아
태어나게 됩니다.
파충류 행성에서 온 영혼들은
파충류의 외모와 가장 유사한 외모를 가지고
태어나게 됩니다.
파충류 행성에서 살다가 온 영혼들에게
파충류의 외모와
파충류의 파장에 가장 유사한
몸의 정령이 배속되는 것입니다.

인간이 죽음을 맞이하면
인간의 몸을 이루었던 육체는 흙으로 돌아갑니다.
인간이 죽음을 맞이하면
영혼백 에너지는 모두 영계로 돌아갑니다.

영혼백 에너지는 영계에 머물면서
물질 체험을 하는 과정에서 발생한 오염되고 탁한 에너지를
정화하고 치유하게 됩니다.

백 에너지는 영혼에 비해
상대적으로 진동수가 낮습니다.
백 에너지가 정화되고 치유되는 시간은
영혼에 비해 적게 걸립니다.
손상되고 오염된 백 에너지는
영계에서 70% 이상 회복됩니다.

전쟁에서 참혹하게 부상을 당해 죽거나
교통사고로 끔찍한 부상을 당해 죽거나
잔인하게 살인을 당해서 죽은 사람들의 몸의 정령은
에너지체이지만 손상이 됩니다.
이때 몸의 정령인 백 에너지는
영계에서 치유되고 정화 과정을 거쳐
다시 새로운 몸을 받게 됩니다.

보이지 않는 세계에서
영혼백 에너지들은 관리되고 있으며
영혼백 에너지들은 치유되고 있으며
영혼백 에너지들은 정화되고 있습니다.
보이지 않는 세계인 영계에서
하늘이 일하는 방식에 의해
영혼백의 윤회가 관리되고 운영되고 있습니다.

인간이 탄생하는 과정

인간의 탄생은 눈에 보이는 색(色)의 세계입니다.
인간이 탄생되기까지
한 영혼이 인간으로 탄생되기까지
보이지 않는 세계에서 어떤 과정을 거쳐
인간의 몸을 받게 되는지
기록의 필요성이 있어 이 글을 남깁니다.

예를 들어
당신의 본영이 10차원이라면
당신이 3(4)차원 물질 세상에
인간으로 탄생이 이루어지기 위해서는
다음과 같은 행정적 절차를 반드시 거쳐야 합니다.

10차원 본영은
물질 체험을 하는 아바타(당신)의 삶의 프로그램을
직접 설계하게 됩니다.
어느 시대에 어떤 나라에 어떤 부모 밑에서
어떤 달란트를 가지고 어떤 직업을 택할지
결혼 상대는 누구로 할지 자녀는 몇 명으로 할지
남성인지 여성인지를 결정하게 됩니다.
자신의 영혼과 함께 물질 체험을 하게 될
협력자 그룹과 주변인물들을 선정하고

그들 본영들에게 도움을 청하고
배역에 따른 인물들을 직접 섭외도 해야 합니다.
가장 중요한 배우자와 부모 등은
그룹 영혼이나 경험이 풍부한 그룹에서 선정하여 결정합니다.
인생의 큰 설계도를 본영이 직접 준비하게 됩니다.
거시적 관점과 미시적 관점에서 촘촘하게 꼼꼼하게 설계합니다.
사람의 한 생을 평균 80세로 본다면
본영이 한 생을 설계하는데 걸리는 시간은
평균 80년의 3배인 240년 정도의 시간을 거쳐
촘촘하게 프로그램하게 됩니다.

10차원의 본영은
자신의 아바타의 프로그램을 위한
주요 인물들과 주변 인물들의 본영들과의 협력과 조율 속에서
아바타의 배역이 확정되며
아바타의 프로그램이 확정됩니다.
아바타의 프로그램이 천상정부(7차원)의 도움으로 결정이 되고 나면
9차원의 천상정부 고위위원회의 승인을 거쳐
11차원의 카르마위원회와 환생위원회의 최종 승인이 있어야
물질 체험이 결정됩니다.
몇 번의 수정을 거치면서
미리보기 기능을 통한 많은 시뮬레이션을 통해
프로그램의 완성도는 높아집니다.
11차원인 카르마위원회와 환생위원회의 최종 승인이 나면
9차원의 모나노 시스템에
아바타의 물질 체험의 모든 정보가 입력되게 됩니다.

9차원 모나노 시스템에 입력된 프로그램은
여성의 자궁속에 태아 때부터 작동되기 시작합니다.
이때부터 본격적인 하늘의 관리자 그룹들의 관리와
통제를 받기 시작합니다.

10차원의 본영이 아바타의 한 생의 프로그램을 기획하여
11차원의 승인이 끝나고
9차원의 사회관계망 네트워크인 모나노 시스템에 입력이 끝나면
본영은 상위자아 분화를 준비해야 합니다.
본영이 직접 영혼의 물질 체험을 하는 것이 아니기에
자신의 영 에너지 일부를 떼어 내
하위 차원으로 상위자아 분화를 해야 합니다.

10차원의 본영은
9차원에 3차 상위자아(최종 상위자아)를 내려 보냅니다.
7차원에 2차 상위자아를 내려보내야 합니다.
5차원에 1차 상위자아를 내려보내야 합니다.
상위자아에게 자신이 프로그램한 아바타의 프로그램을
다운로딩해 줍니다.
상위자아들은
본영의 프로그램대로 아바타가 한 생을 살 수 있도록
안내하고 관리하고 통제하는 역할을 맡습니다.
이로써 물질 체험을 하는 아바타(영혼)는
하늘의 관리자 그룹과 본영을 대신하여
상위자아의 관리와 통제 속에서
예정된 삶을 프로그램된 삶을 살게 되는 것입니다.

아바타의 삶의 프로그램이 최종 승인이 되고
9차원 사회관계망 네트워크에 접속이 되어 가동이 시작되려면
네 단계의 행정적 절차가 반드시 이루어져야 합니다.

첫번째 절차
11차원에서 물질 체험을 하는 모든 영들이 걸치는
혼 에너지를 부여받아야 합니다.
혼 에너지는 빛, 중간, 어둠의 매트릭스 중에
영혼의 물질 체험을 위한 최적화된 매트릭스로
셋 중에 하나를 반드시 설치해야 하는 과정을 거쳐야 합니다.
영 + 사고조절자 + 혼 에너지 = 영혼의 탄생

두번째 절차
11차원에서 이루어집니다.
영혼이 탄생이 되면 영혼의 물질 체험을 위한
세부적인 셋팅 작업이 진행되어야 합니다.
영혼은 고유성과 개별성을 가지게 됩니다.
영혼의 고유성과 개별성은
사고조절자의 특성에 의해 결정이 됩니다.
영혼에 혼의식 프로그램을 다시 선정하여
셋팅하는 작업이 진행되어야 합니다.
영혼 + 혼의식 프로그램 = 성격(인격)의 탄생

세번째 절차
5차원 영계에서 이루어집니다.
5차원 영계에서 백 에너지를 부여받습니다.

인간의 몸을 받게 되는데
5차원 영계에서 외모의 틀을 결정하게 됩니다.
남자 모형 50개와 여자 모형 50개 중에
하나를 선택하는 과정이 있습니다.
영혼 + 혼의식 프로그램 + 백 에너지 = 인간의 탄생

네번째 절차
지구 영단(영계)에 편입한 뒤
임신과 출산을 통해 태아로 태어날 것인지
워크인(walk-in)의 방법으로 태어날 것인지를 결정합니다.
일반 영혼들은 여성의 자궁을 통해
고차원 영혼들은 워크인을 통해
물질 체험을 시작하게 됩니다.

한 영혼의 물질 체험을 위한
한 인간의 탄생 뒤에는
보이지 않는 세계에서 수많은 행정적 절차들을 거친 후에
당신은 이곳 눈부시게 아름다운
지구 행성에 태어나 살고 있는 것입니다.
보이지 않는 세계에서
얼마나 많은 에너지체들이 함께하고 있는지
얼마나 많은 에너지들이 들어갔는지
당신은 아무것도 모르는 채
지구 행성의 매트릭스에 갇혀 신음하며
사는 게 너무 재미있다고
사는 게 너무 재미없다고 투덜대며

오늘 같은 내일을 살고 있습니다.

태어났으니까 마지못해
그냥 살고 있을 뿐입니다.
눈에 보이는 것만을 믿고 있으며
자신이 듣고 싶은 것만을 들으며
자신이 보고 싶은 것만을 보며
자신이 하고 싶은 말만을 하며
그냥 살고 있을 뿐입니다.

아무도 당신에게 친절하게
우주의 비밀을 이야기해주지 않을 것이며
아무도 당신에게 친절하게
이것이 진리라고 하늘은 말해주지 않을 것이며
아무도 당신에게 친절하게
이렇게 살라고 본영은 안내하지 않을 것입니다.
아무도 당신의 영혼이 물질 체험을 하는 이유를
친절하게 알려주지 않을 것입니다.

스스로 묻고 답하면서
스스로 체험하면서
무소의 뿔처럼 혼자서 가야만 하는 길입니다.
집으로 돌아오는 길은 멀고도 멀 것입니다.
땅의 길은 넓고도 넓을 것이며
하늘 길은 한치 앞도 보이지 않는 미로와도 같을 것입니다.
하늘 문은 좁고도 좁은 문일 것입니다.

아무도 알려주지 않은 길 위에 서서
아무도 가보지 않은 길에서
길을 잃고 서성이고 있는 당신에게
우데카 팀장이 전합니다.

이 우주에서 잘못되는 일은 아무것도 없습니다.
가던 대로 오던 대로
가시던 길 가시면 되고
오시던 길 오시면 됩니다.

한송이 국화꽃을 피우기 위해
소쩍새가 그렇게 울었듯이
당신의 영혼이 이번 생을 살기 위해
당신의 본영이 얼마나 많은 에너지를
당신을 위해 쓰고 있는지 아십니까?
당신은 하늘로부터 얼마나 사랑받고 있는지 아십니까?
당신의 삶 속에
당신의 영혼의 메시지가 숨겨져 있습니다.
당신의 삶은
영혼의 신성함이 깃든
보물창고라는 것을 잊지 마세요.

눈에 보이지 않는다고 없는 것이 아닙니다.
인간의 탄생은 우주의 기쁨이자 축복입니다.
인간의 탄생에는
보이지 않는 수많은 손들(에너지체들의 작용)이 있습니다.

그 축복속에 당신의 삶이 있는 것입니다.
당신은 태어났으니까 그냥 살고 있는
그렇고 그런 존재가 아닙니다.
당신은 태어났으니까 그래도 살아야 하니까
그냥 살아야 하는 존재가 아닙니다.

한 생명마다 창조주의 숨결이 들어 있으며
한 생명마다 고유한 영혼의 파장이 함께하고 있습니다.
한 생명 한 생명마다
우주의 사랑속에 있음을 전합니다.
당신의 영혼은 우주의 귀한 존재이며
당신의 영혼은 우주의 귀한 자산이며
당신의 생명속에는 대우주의 진리가 펼쳐져 있으며
소우주인 당신의 몸에서는
대우주의 진리가 생명 진리로 펼쳐지고 있습니다.

당신의 탄생을 축하합니다.

윤회 시스템에 대한 정리

윤회(輪回)란 생명의 순환을 의미합니다.
생명체들은 삶과 죽음의 생명의 순환 주기를 가지고 있습니다.
생명체들은 자기 복제와 생식을 통해 후손을 남기고
한 생의 주기를 마무리하게 됩니다.
자신이 남긴 후손들의 몸에 영혼이 들어갑니다.
생명의 순환은 영혼의 순환입니다.
윤회란 생명의 순환 주기속에
생명체의 몸속으로 영혼백 에너지들이 들어오고 나가는
일련의 과정을 말합니다.

윤회란
생명의 순환 주기에 영혼의 순환이 함께하는
대우주의 생명 순환 시스템을 말합니다.
생명체는 생을 통해 진화를 하며
영혼은 물질 체험을 통해 진화를 합니다.
윤회란
생명의 순환 주기에 맞추어져 있는
영혼백 에너지들의 순환 시스템입니다.
윤회 시스템은
행성의 주기에 맞추어져 있으며
항성의 주기에도 맞추어져 있으며
은하의 주기와도 맞물려 작동됩니다.

윤회 시스템이 존재하기에 영혼들의 진화가 가능합니다.
윤회 시스템은 창조주께서 영혼들에게 주는 축복의 선물입니다.
윤회 시스템이 있기에 영혼들은
창조주께서 대우주에 펼쳐놓은 삼라만상을
체험할 수 있는 것입니다.
한 번의 생과 한 번의 삶으로는
배울 것도 체험할 것도 많지 않기 때문입니다.
창조주께서 대우주에 펼쳐놓은 세상은
너무나 크고 광활하며 다양하기에
단 한 번의 삶으로는 배우고 경험할 수 있는 것이
너무나 작기 때문입니다.

윤회 시스템이 있기에 영혼들은
창조주께서 대우주에 펼쳐놓은
삼라만상 속에 들어있는 에너지의 세상을
영혼이라는 에너지체로 체험할 수 있는 것입니다.
윤회 시스템이 있기에 영혼들은
생명의 순환 주기와 함께하면서
영혼이 진화할 수 있는 것입니다.
대우주의 윤회 시스템이 있기에
대우주의 수레바퀴는 잠시도 멈추지 않고
대우주의 진리가 소우주인 생명체속에
생명 진리로 펼쳐지고 있는 것입니다.

광물들은 원소 정령들의 형태로
윤회 시스템이 작동됩니다.

광물들에게 들어가는 원소 정령들은
행성의 소주기와 대주기에 맞추어 교체되는 특징이 있습니다.
식물들과 어류들은 군집영의 형태로
영들이 생명체들의 순환 주기에 맞추어
윤회 시스템이 작동되고 있습니다.
식물과 어류에 들어간 영의 양은 매우 적습니다.
보리 한 알을 곱게 갈면 무수히 많은 입자들이 생성됩니다.
식물과 어류에 들어가는 영은
자신의 에너지를 수천 수만개로 분화하여
식물과 어류에 군집영의 형태로 들어가
생명의 순환과 영혼의 순환이 함께하는
대우주의 윤회 시스템으로 편입됩니다.
행성의 주기에 맞추어 윤회를 하다
행성의 주기가 변하는 변곡점이 생기는 시기에
군집영으로 진화하던 영들이 다시 하나로 모여
새로운 영의 물질 여행을 부여받게 됩니다.
식물과 어류의 군집영의 임무와 역할은
새로운 영으로 교체됩니다.
이것이 대우주의 보편적인 윤회 시스템입니다.

동물들은 집단영의 형태로 윤회 시스템이 작동되고 있습니다.
흰빛 영혼 한 사람에게 해당되는 영의 크기로는
사슴 6마리의 몸에 들어갈 수 있습니다.
하나의 영이 분화하여 6마리의 사슴의 몸으로 들어가
수백만 년 동안 대우주의 윤회 시스템에 편입되어
영혼의 물질 여행을 하게 됩니다.

6마리의 사슴의 몸으로 들어간 영혼은
대우주의 윤회 시스템에 편입되어 독립적으로 진화를 하게 됩니다.
분화된 영들은 동물들의 가족 관계를 이루거나
무리 관계를 이루면서 윤회를 하게 됩니다.
행성의 영단에서 정한 일정기간이 지나면
여섯으로 분화된 영은 다시 하나로 합쳐집니다.
수백만 년 동안 사슴의 집단영으로 존재하던 영들은
각자 진화한 결과들이 하나로 합쳐지고 통합됩니다.
6마리의 사슴의 영혼에서 하나로 통합된 영혼은
영혼의 진화 여정에 따라 새로운 몸을 받아
행성의 윤회 시스템에 편입되어
새로운 생명의 순환을 계속하게 됩니다.

인간의 윤회 시스템은 복잡하며 다양합니다.
인간은 높은 수준의 의식을 구현할 수 있으며
인간은 가장 높은 수준의 자유의지를 가지고 있습니다.
높은 의식을 구현할 수 있으며
높은 수준의 자유의지를 가진 인간들 사이에는
자유의지의 충돌이 발생하게 되고
자유의지의 남용이 발생하게 되고
타인의 자유의지를 침범하는 경우가 발생하게 됩니다.
높은 수준의 자유의지가 주어졌다는 것은
욕구와 욕망의 수준이 높다는 것을 의미하며
의식과 감정의 조화와 균형을 유지하지 못한다면
이기적이고 불안정한 감정들 사이의 충돌과 대립은
불가피하게 발생할 수밖에 없습니다.

자유의지의 남용으로 인하여
자유의지 사이의 충돌로 인하여
사람과 자연 사이에서
사람과 사람 사이에서
집단과 집단 사이에서
민족과 민족 사이에서
나라와 나라 사이에서
다양한 카르마가 발생하게 됩니다.
인간의 윤회 시스템의 특징은
자유의지와 카르마 에너지의 상호 작용으로
윤회 프로그램이 작용한다는 것입니다.
영혼마다 고유한 진화 여정이 있으며
영혼마다 독립성이 보장되어 있습니다.
영혼의 진화 방향과 목적에 따라
자유의지는 최대한 보장이 됩니다.
자동차로 비유하면
자유의지는 영혼에게 부여된 가속 페달이며
영혼의 자유의지를 제한할 수 있는 브레이크 역할을 하는 것이
카르마 에너지입니다.

인간의 윤회 시스템의 특징은
인간이 태어나기 전
자유의지와 카르마 에너지 사이에서
당신의 본영과 천상정부의 카르마위원회와 환생위원회(11차원)의
엄격한 조율을 거쳐 삶의 프로그램이 결정이 되어
지금 이곳에서 인생을 살고 있는 것입니다.

인간의 윤회 시스템 속에는
카르마 시스템이 포함되어 있습니다.
일정수준의 자유의지를 가진 지능형 생명체에게
카르마 시스템이 적용되고 있습니다.
카르마 시스템이 윤회 시스템과 만나면서
대우주를 움직이는 수레바퀴들은 정교해졌으며
대우주를 움직이는 수레바퀴들은
하늘 스스로 정한 그 길이 되었으며
하늘 스스로 정한 대우주의 법칙이 되었습니다.

광물에는 카르마 시스템이 적용되지 않습니다.
식물들의 생명의 순환에는 카르마가 없습니다.
동물들의 생명의 순환 과정 역시 카르마가 발생하지 않습니다.
지구 행성에서는
인간만이 자유의지의 남용으로 인한
카르마의 법칙을 적용받고 있습니다.
광물과 식물에는 카르마 시스템이 적용되지 않기에
인간이 죄를 짓게 된다고 해도
식물이나 광물로 태어나지 않습니다.

동물들의 생명의 순환 역시
카르마 시스템이 작동되지 않기에
인간이 살다가 죄를 짓게 되어도
동물로 환생하는 일은
이 우주에서 일어나지 않으며
이 우주에서 일어날 수 없습니다.

인간이 살면서 죄라는 것을 지으면
이 우주에는 천당이 없기에
천당에 가고 싶어도 갈 수 없으며
이 우주에는 지옥도 없기에
지옥에 가고 싶어도 갈 수가 없습니다.

인간이 살다가 죄라는 것을 짓게 되면
우주에서 죄라고 인정할 수 있는 것은
자유의지를 가진 생명체가
자유의지의 남용으로 인하여
타인의 자유의지를 심각하게 침범했을 때입니다.
이때에만 카르마 에너지가 생기게 되며
자신의 이익과 욕망의 충족을 위해
타인의 자유의지를 심각하게 침범한 경우에만
카르마가 발생하게 됩니다.
카르마 에너지는 카르마를 일으킨 당사자만이
결자해지할 수 있습니다.
카르마 에너지는 창조주라 할지라도
함부로 관여하지 않습니다.

현재의 나의 삶속에
과거의 내 삶의 흔적이 있습니다.
현재의 나의 삶속에
미래의 내 삶은 영향을 받게 됩니다.
현재의 나의 삶은
카르마 에너지를 통하여

과거와도 함께하며
미래와도 함께 동거하고 있는 것입니다.

윤회 시스템에 대한 인류의 무지가
우주 어디에도 존재하지 않는
천당과 지옥을 만들었습니다.
윤회 시스템을 부정하면서
기독교는 세속의 길을 걷게 되었으며
윤회 시스템에 대한 인류의 무지가
종교라는 실체없는 허상(매트릭스)을 만들었습니다.
윤회 시스템에 대한 인류의 무지가
대우주의 진리에서 멀어지게 하였습니다.
윤회 시스템에 대한 인류의 무지가
생명의 순환속에 담겨져 있는
생명 진리를 이해할 수 없게 만들었습니다.

시절인연이 되어
깨어나고 있는 빛의 일꾼들과
의식이 깨어나고 있는 하늘 사람들을 위해
윤회 시스템과 카르마 에너지에 대한
불편한 진실을 우데카 팀장이 기록으로 남깁니다.

인류의 건승을 빕니다.

윤회 프로그램이 짜여지는 방식

윤회란
영혼이 물질 체험을 하기 위해
입고 있던 육신의 옷(외투)을 벗고
다른 육신(외투)을 입고 다시 태어나면서
영혼의 진화를 위한 물질 체험을 반복하는 것을 의미합니다.

윤회란
영혼이 생명체에 들어오고 나가는 것이
반복적으로 지속되는 것을 의미합니다.

윤회란
행성 영단에 속한 영혼들이
행성의 진화 주기에 맞추어
생명의 순환 주기를 반복하여
영혼의 물질 체험을 하는 것을 말합니다.

윤회란
영혼이 진화하기 위해
생명의 순환 주기속에서
삶과 죽음을 반복하는
영혼의 여행을 말합니다.

윤회란

끝도 없고

시작도 없는

무심의 바위이며

영혼의 숙명이며

영혼이 진화하는 과정입니다.

윤회란

한 번의 삶을 통해 영혼이 배울 수 있는 것은

그리 많지 않습니다.

한 번의 삶을 통해 영혼이 체험할 수 있는 에너지는

그리 많지 않습니다.

한 번의 삶을 통해 영혼이 진화하기에는

너무 짧은 시간입니다.

시작도 끝도 없는

대우주의 시간과 공간속에

윤회는 창조주께서 주신 축복의 시간이며

창조주께서 주신 축제의 시간입니다.

행성의 영단에 속해 있는 영혼들은

행성의 진화 주기에 윤회의 주기를 맞추어

윤회 프로그램을 진행합니다.

행성의 소주기와 대주기에 맞추어

행성의 차원상승 주기에 맞추어

행성들의 은하의 밤에 맞추어

윤회 프로그램을 진행합니다.

영혼의 윤회 프로그램은
한 번의 삶을 살고 죽은 후에
다음 삶을 프로그램하는 방식이 아닙니다.
영혼의 윤회 프로그램은
행성 영단의 진화 주기에 맞추어 진행됩니다.

예를 들어
지구 행성의 차원상승은
250만 년 동안 진행된 프로젝트입니다.
250만 년 동안의 행성의 주기에 맞추어
거시적인 관점에서 윤회 프로그램이 짜여집니다.
250만 년 동안
영혼의 진화 과정에 맞는
윤회하는 횟수가 먼저 결정이 됩니다.
처음부터 끝까지 큰 윤회의 그림들이 그려지고
세부적인 계획들이 준비됩니다.

윤회 프로그램이 짜여질 때
250만 년 동안
영혼이 어떠한 삶을 살 것인지 큰 계획이 준비되고
그에 따라 발생할 수밖에 없는
카르마의 총량이 결정이 됩니다.
윤회 프로그램이 짜여질 때
다양한 인생을 살면서
다양한 인물로 살면서
공적인 역할을 위해 쌓은 공적인 카르마와

자유의지의 남용으로 인한 개인 카르마들을
언제 어떻게 카르마를 해소할 것인지를
큰 그림속에서 작은 퍼즐들을 맞추면서
윤회 프로그램이 짜여지게 됩니다.

영혼의 윤회 프로그램은 영혼마다 다르며
영혼마다 고유한 특성이 있습니다.
영혼의 윤회 프로그램이 영혼마다 다른 이유는
창조주께서 영혼을 조물하는 과정이 영혼마다 다르기 때문이며
거기에 부여하는 사고조절자의 내용이 다르기 때문입니다.

윤회 프로그램은
11차원의 환생위원회와 카르마위원회에서 주관하며
본영과의 협의를 통해 진행합니다.
윤회 프로그램은
미리보기 기능을 활용하여
충분한 시뮬레이션을 활용하여
구체적이고 세부적인 삶의 내용들까지
충분한 검토를 거친 후 실행되고 있습니다.

윤회 프로그램이 짜여질 때에는
나와 함께 삶을 살아야 하는
주변 인물들에 대한 캐스팅 작업이 진행됩니다.
부모와 가족의 역할을 맡는 영혼들의 캐스팅이 이루어져야 합니다.
친구나 동료로서의 역할을 할 영혼들이 준비되어야 하며
배우자나 연인의 역할을 할 사람이 준비되어야 하며

내 삶에서 가해자의 역할을 해줄 영혼과
피해자의 역할을 해줄 영혼을 찾아
동의를 구해야 하는 과정을 거쳐야 합니다.

윤회 프로그램이 짜여지는 방식은
작가가 한편의 드라마를 만드는 과정에 비유할 수 있습니다.
하늘에서 윤회 프로그램이 짜여질 때
본영과 하늘은
당신 영혼의 나이 등을 고려하여
당신 영혼의 진화 과정을 고려하여
당신 영혼이 감당할 수 있는 수준에서
당신의 삶이 연극의 대본처럼
하늘에서 준비되어
당신은 지금 그 시나리오대로
당신은 지금 그 프로그램대로
살고 있는 것입니다.

세상에 우연히 일어나는 일은 없습니다.
이 우주에서 우연히 일어나는 일은 없습니다.
당신의 영혼은 지금 이 순간에 우연히
지구 행성에 살고 있다고 믿고 있으십니까?
당신은 왜 사는지도 모르고
태어났으니까 어쩔 수 없이 살고 있다고 생각하십니까?

세상에 우연하게 존재하는 것은 없습니다.
이 우주에서 의미없이 존재하는 것은 아무것도 없습니다.

당신이 80세의 삶을 살다가 죽는다면
당신의 80세의 삶의 윤회 프로그램을 짜기 위해서는
당신의 본영과 하늘은
당신의 80세의 시간보다 최소 2배인 160년이나
많게는 240년이 넘는 하늘의 시간동안
윤회 프로그램을 준비하고 계획하였기에
이곳에서 당신의 세상을 살고 있는 것입니다.

보이지 않는 세계에서의 준비와 계획이 있기에
보이는 세계에서 드러남이 있는 것입니다.
하늘에서 짜여진 당신의 윤회 프로그램이 있기에
당신의 영혼은 생명의 옷을 입을 수 있는 것이며
당신의 영혼은 영혼의 물질 체험을 할 수 있으며
당신의 삶이 지금 이곳에서
이렇게 펼쳐지고 있는 것입니다.

당신이 빛의 일꾼이라면
당신의 영혼은 250만 년 전에
지구 행성에 입식이 되었을 것입니다.
당신이 빛의 일꾼이라면
당신의 영혼은 250만 년 동안에
약 36회 정도의 윤회를 인간이라는 옷을 입고서
삶을 살았을 것입니다.
당신이 테라 프로젝트(지구 차원상승)에
참여한 빛의 일꾼이라면
마지막 때인 지금 이 때를 위해

마지막 때인 지금 이 순간을 위해
당신이 빛의 일꾼으로서 준비되기 위해
당신의 윤회 프로그램은 짜여졌습니다.
당신의 윤회 프로그램은
지구 행성의 마지막 순간의 때에
의식이 깨어나는 빛의 일꾼으로
의식이 깨어나는 하늘 사람으로
정교하게 치밀하게 준비되었다는 것입니다.

준비된 빛의 일꾼들과
준비된 하늘 사람들의 건승을 빕니다.

지구 행성의 영단의 특징

행성도 진화를 하고 있습니다.

행성마다 진화의 여정이 다릅니다.

행성의 진화의 최종 목적지는 항성(태양)이 되는 것입니다.

영혼들의 물질 체험은 항성에서도 가능하지만

대부분은 행성에서 이루어지고 있습니다.

영혼들은

행성의 영단에 5차원 영계를 통해 입식되어

영혼의 물질 체험을 하게 됩니다.

영단에 입식이 되면

그 행성의 진화의 주기에 함께 참여할 수밖에 없습니다.

행성의 진화의 여정과 행성에 입식된 영혼들은

공동 운명체가 됩니다.

행성의 영단에 입식된 영혼들은

마음대로 행성의 영단을 떠날 수도 없으며

행성의 운명과 함께해야 합니다.

행성에 살고 있는 모든 생명체들은

행성의 영단(영계)을 통해 행성에 입식됩니다.

행성에서 물질 체험을 하는 모든 영혼들은

행성의 영단을 통해 행성에 입식이 됩니다.

행성에서 영의 여행을 하는 에너지체들 또한

행성의 영단을 통해 입식이 됩니다.

행성에 존재하는 물질세계와 비물질세계에 존재하는
의식이 있는 존재들은
행성의 영단을 통해서 입식됩니다.
풀 한 포기
나무 한 그루
다양한 식물과 다양한 동물에 이르기까지
그 행성에 살고 있는 생명체들 모두는
영단의 관리와 통제속에 살아가고 있습니다.

영단(영계)은 영들과 영혼들이 들어오고 나가는
출입국 관리소의 역할을 하고 있습니다.
영단을 통해 새로운 식물의 종들이 유입이 되며
영단을 통해 새로운 동물들이 유입이 됩니다.
영단을 통해 행성을 떠나는 식물과 동물들 역시
에너지의 형태로 다른 행성으로 이주합니다.
영단에서 행성의 진화 로드맵을 짜고
행성의 진화에 직접 관여하며 참여하고 있습니다.
영단은 개별 영혼들의 진화 프로그램에 직접 관여하지는 않습니다.
영단은 생명의 순환 과정에서 생기는
영혼백 에너지의 부여와 영혼백 에너지의 회수를 담당하고 있습니다.
높은 의식을 가진 생명체들의 진화 프로그램은
행성의 영단이 아닌 하늘(7차원 이상)의
천상정부와 본영들에 의해 진행됩니다.

은하는 은하마다 고유한 에너지 파장이 있습니다.
행성은 행성마다 고유한 에너지 파장이 있습니다.

영이 16차원에서 탄생이 될 때
영혼의 물질 체험을 시작하는
은하나 행성의 에너지 파장에 최적화되어 탄생이 되고
은하나 행성의 영단으로 배치됩니다.
행성의 영단에 입식되는 영혼들은
크게 3가지 형태로 되어 있습니다.

첫번째 경우
영이 탄생될 때부터 행성의 에너지 파장에 최적화되어
맞춤형으로 태어난 영들이 입식되는 경우가 제일 많습니다.

두번째 경우
영혼이 진화 여정에 맞추어
영혼의 진화에 가장 최적화된 행성을 찾아서
자신의 영단을 떠나
자신이 가고자 하는 행성의 영단의 승인을 거쳐
영단에 입식되는 경우가 있습니다.
제2의 고향이 되어 그곳에서 영혼의 물질 체험을 통한
영혼의 진화를 하게 됩니다.

세번째 경우
행성의 진화 여정과 목적이 있는 프로그램의 진행을 위해
일시적으로 에너지 파장이 다양한 영혼들의 입식이
이루어지는 경우가 있습니다.
행성의 특수 프로그램이 종료가 되면
모두 자신의 영혼들이 있던 행성으로 돌아가야 하는 경우가 있습니다.

지구는 실험행성과 종자행성으로 준비되어진 행성입니다.

지구 행성의 영단에는 세가지 경우에 해당되는 영혼들이
모두 들어와 물질 체험을 하고 있는 행성입니다.

지구 행성의 영단의 특징은
1차원부터 18차원의 에너지들이 모두 들어와 있는
대우주에서 하나밖에 없는 다차원 행성입니다.

지구 행성의 영단을 대백색 형제단이라 합니다.

지구 영단의 대백색 형제단의 최고 수장은
13차원 15단계의 관리자 그룹이 맡고 있습니다.

지구 행성의 영단의 특징은
규모가 크며 입식된 영혼들이 매우 다양하다는 것입니다.

지구 행성은 대우주의 7번째 주기를 열기 위해
종자행성으로 준비된 행성이기에
지구 행성의 영단은
우주에 존재하는 다양한 에너지들이 모여 있는
에너지들의 각축장이며 에너지 전시장입니다.

지구 행성의 영단은
모든 차원의 에너지들이 출입하는 곳으로 매우 혼잡합니다.

지구 행성의 영단은 테라 프로젝트(Terra project)를 위해
다른 영단에 비해 영단의 문을 활짝 열어 놓았습니다.

이로 인하여 젊은 영혼들이 다른 영단에서 많이 입식되었으며
오래된 영혼들과 고차원의 영들 또한 입식하였습니다.

영단의 최고 책임자인 13차원 15단계보다
더 높은 태극과 무극의 영들이 입식된 독특한 영단입니다.

지구 영단은 우주에서 하나뿐인 영단이며

다차원 행성답게
다양한 생명체들을 입식시켜 놓았습니다.

지구 행성의 영단은
우주에서 가장 개방적인 영단 중 하나입니다.
지구 행성의 영단은
물리적으로 지구 행성에 들어오는 외계인들에게
문호를 개방하였습니다.
외계 행성에서 그들의 함선을 이용해서
지구 행성에 들어오고 나가는 것은 허용하였지만
지구 행성에 머물면서 죽음을 맞이한 영혼들은
엄격하게 지구 영단에 강제적으로 편입시켰습니다.
지구인들을 지배하고 통제하는 과정에서
학살을 하고 고통을 주었던 외계 행성에서 온 영혼들은
죽어서도 자신들이 온 행성의 영단에 돌아가지 못하도록
엄격하게 관리하였습니다.

영혼은 자신이 속한 행성의 영단이 모두 정해져 있습니다.
영혼들도 에너지로 되어 있습니다.
영혼들에게도 자신이 거주할 곳이 있으며
영혼의 물질 체험을 위해 최적화된 행성이 있습니다.
영혼들은 자신에게 배속된 행성의 영단을 통해
삶과 죽음을 반복하면서
윤회를 통한 영혼의 진화가 이루어지는 것이 우주의 법칙입니다.
의식이 있는 생명체들이 죽음을 맞이하면
영혼백 에너지가 분리가 됩니다.

영혼백 에너지는 행성의 영단으로 귀속하게 되며
눈에 보이는 육신(시체)은 행성에 물질 원소로 순환을 하는 것이
대우주의 법칙입니다.

행성에서 죽은 생명체들의 영혼백 에너지들은
행성의 영단에서 정화와 치유의 시간을 거쳐
윤회를 통한 영혼의 진화를 계속하게 됩니다.
자신의 행성의 영단이 아닌
다른 영단이 관리하는 행성에서 죽음을 맞이하는 경우
영혼백 에너지는 죽음을 맞이한 행성의 영단에 회수됩니다.
회수된 영혼백 에너지들은
영단과 영단끼리의 조율속에서
자신의 영단으로 이송 조치가 이루어지는 것이
우주의 일반적인 법칙입니다.
지구 영단은 행성의 영단을 통해 입식되지 않고
지구 행성에서 살다가 죽은 외부 생명체들의 영혼들에게는
엄격한 제재를 통해
자신의 행성의 영단으로 돌려보내지 않고
강제적으로 지구 영단에 편입시켰습니다.
지구 영단에 강제 편입되어
자신의 행성으로 가지 못하는 영혼들은
자신의 영혼의 에너지와 맞지 않은 지구 행성에서
낯설고 불편한 외투인 인간(호모 사피엔스)의 옷을 입고 살아야 하는
가혹한 운명들이 주어졌습니다.
지구 프로젝트를 위한 방편적인 조치가 이루어짐으로써
지구 영단은 더 복잡해지고 다양해졌습니다.

지구 영단은
지구 행성의 차원상승 후 새롭게 개편될 예정입니다.
지구 행성의 진화 과정에 맞는 영혼들은
지구 영단에 계속 남게 될 것이며
지구 행성의 진화 과정에 맞지 않은 영혼들은
자신의 영단으로 돌아가게 되거나
다른 영단으로 재배치될 예정입니다.
가장 많은 영혼들이 금성의 영단으로 재배치될 예정입니다.

지구 행성의 차원상승이 이루어지고
지구 행성에 새 하늘과 새 땅이 펼쳐질 때
지구 행성이 지상의 파라다이스가 될 때
지구 행성이 물질세계의 자미원이 될 때
지구 영단은 행성의 변화에 발맞추어
새롭게 재편될 예정입니다.
지구 영단은 대우주에 존재하는 영단들의
중심에 있게 될 것입니다.
지구 행성에 물질세계의 파라다이스가 건설이 되고
지구 행성이 물질세계의 자미원이 될 때
모든 영단의 중심 역할을
지구 영단이 맡게 될 것입니다.

그렇게 될 것이며
그렇게 예정되어 있으며
그렇게 되었습니다.

인류의 우주적 신분에 대한 정리

지구 행성에 살고 있는 인류에 대한 우주적 신분은 다음과 같습니다.

❖ A 그룹 : 흰빛과 은빛 영혼
- 지구 인구의 약 75% 정도를 차지하며 지구 행성이 고향인 영혼 그룹
- 16차원에서 창조된 영이 지구 영단으로 직접 배속된 영혼 그룹
- 지구 행성에서 영혼의 물질 체험을 처음 시작하는 영혼 그룹
- 지구 행성의 차원상승 과정에서 대부분 육신의 옷을 벗고
  지구 행성을 떠나게 되는 그룹
- 지구 행성과 자연 환경이 약 75% 비슷한 행성으로 준비중인
  금성에서 영혼의 여행을 하기로 예정되어 있습니다.

❖ B 그룹 : 핑크빛 영혼 그룹
- 약 5% 정도가 해당되며 지구 행성이 고향이 아니라
  다른 태양계에서 살다가 지구 행성으로 이주하여
  살고 있는 영혼 그룹
- 지구 태양계가 아닌 다른 태양계에서 살다가
  영단이 진화를 멈추거나 영단이 폐쇄가 된 경우에
  그 행성에 입식된지 얼마 되지 않은 비교적 젊은 영혼들 중에서
  지구 행성의 영단에서 이 영혼들의 이주를 허락하여 살고 있는
  영혼 그룹이 있습니다.
- 위 경우의 은빛과 흰빛 영혼 그룹들도 있으나
  핑크빛 영혼 그룹들이 제일 많습니다.

- 지구 행성의 차원상승 과정에서 대부분
  육신의 옷을 벗고 떠나게 되는 영혼 그룹

❖ C 그룹 : 노란빛 영혼 그룹
- 약 8% 정도가 해당되며 오래된 영혼으로
  지구 행성과 공동 운명을 가지고 있는 영혼 그룹
- 지구 행성의 영단과 운명을 같이하는
  우주에서 가장 운이 좋은 영혼 그룹
- 지구 행성의 진화 과정과 늘 함께해 온 영혼 그룹으로
  차원상승 대상자들입니다.
- 일부(약 2%)는 지구 차원상승 과정에서
  육신의 옷을 벗고 지구 영단에 머물고 있다가
  지구 차원상승 후 살아남은 인류의 자녀로 태어나
  영혼의 물질 체험을 하기로 예정된 그룹입니다.

❖ D 그룹 : 외계 행성에서 온 그룹
- 약 12% 정도가 되며 다른 태양계나 다른 은하에서 온 영혼 그룹
- 행성의 영단이 내부 모순으로
  행성의 진화를 멈추고 망한 행성의 영단의 대표들이
  우주의 십자가를 지고 지구 차원상승 프로그램에 참여한 영혼 그룹
- 행성의 생물종이 전쟁이나 환경 재앙으로 멸망해서
  영단이 폐쇄된 경우
  카르마를 가지고 있는 그 행성 영단의 대표와
  카르마를 가지고 있는 영혼들이
  자신의 우주의 카르마를 해소하기 위해
  지구 차원상승 프로그램에 참여한 영혼 그룹

- 지구 행성이 대우주의 7번째 주기를 열기 위한
  호모 사피엔스를 통한 실험행성과 종자행성으로서의
  실험을 위해 참여한 영혼 그룹
- 자신의 행성이 진화의 과정상
  리셋(초기화)되는 과정에 있는 행성들과
  빙하기와 간빙기 과정에 있는 행성들 중
  호모 사피엔스를
  자기 행성에 입식(이주)하기 위한 목적으로 경험을 쌓기 위해
  인류(호모 사피엔스)를 위한 종자행성인 지구 행성에
  실험적으로 참여하고 있는 영혼 그룹
- 우주에서 행성 영단의 책임자이거나
  영단에서 중요한 역할을 담당하고 있다가
  자신의 행성이 멸망하여
  그 카르마를 지구 행성에서 다시 재현하여 펼치면서
  자신의 우주의 카르마를 해소하고
  자신의 행성의 재건을 위해서
  자신의 행성의 진화 로드맵을 새로 짜기 위해
  자신의 행성의 모순을 해결하기 위해
  지구 행성의 차원상승에 참여하고 있는 영혼 그룹
- 흰빛과 은빛 핑크빛에는 소수가 있으며
  주로 노란빛과 녹색빛 영혼 그룹에 많이 분포되어 있습니다.
- 지구 차원상승 과정에서 많은 영혼들이
  육신의 옷을 벗고 떠날 예정이며
  이 영혼 그룹은 약 1% 정도가 살아남게 될 예정입니다.

- 지구 행성이 차원상승 후

  자미원이 건설될 때에

  살아남은 이들은 스타시드(별씨)가 되거나

  호모 사피엔스의 변종들로서

  인종의 씨앗으로 보존이 될 것이며

  대우주의 귀중한 자산이 될 것입니다.
- 대우주의 미래가 담긴 중요한 역할이 있는 영혼 그룹입니다.

시절인연에 의하여

의식이 깨어나고 있는 빛의 일꾼들과

의식이 깨어나고 있는 외계 행성에서 온 인자들을 위해

우데카 팀장이 이 글을 기록으로 남깁니다.

인류의 건승을 빕니다.

지구 행성의 윤회 시스템

지구 영단의 윤회 시스템에 입식된 영혼들이
들어온 시기는 다양합니다.
지구 프로젝트(테라 프로젝트)에 따라
영혼들은 4그룹으로 나누어서 지구 영단에 입식되었습니다.
지구 행성이 대우주의 7번째 주기를 열기 위한
실험행성과 종자행성으로 준비된 것이 테라 프로젝트의 핵심입니다.
250만 년 전에 창조 근원(창조주)의 의지에 의해
테라 프로젝트는 시작되었습니다.

영혼들의 윤회의 주기는
3가지의 요인에 의해 결정이 됩니다.

첫째
행성의 영단에 입식된 영혼들은
행성의 진화 주기에 따라
대주기와 중주기와 소주기에 맞추어
윤회의 프로그램이 결정됩니다.

둘째
행성에서 하나의 프로젝트가 진행이 될 때
행성의 프로젝트에 영혼의 참여가 시작되고
마무리 될 때까지 윤회의 한 주기가 결정됩니다.

셋째

행성의 진화 주기가 진행되는 도중에

그 행성의 영단에 편입되는 경우에는

행성의 영단에 입식되는 순간에서부터

행성의 한 주기가 마무리 될 때까지

윤회의 프로그램이 작동됩니다.

윤회 시스템은

행성의 영단의 특성에 따라 고유성이 존재합니다.

행성의 영단들은

행성 고유의 진화 프로그램이 있습니다.

행성의 진화 로드맵에 따라

다른 행성의 영단에서 영혼들을 입식받기도 합니다.

파라다이스로부터 영을 추가로 분양받으면서

행성의 영단에 영혼이 입식됨으로써

행성의 진화와 함께 입식된 영혼들의 진화가 시작됩니다.

지구 행성의 영단에 입식된 영혼 그룹들은

크게 4개의 그룹으로 나누어 볼 수 있습니다.

첫번째 그룹 : 일반 영혼 그룹

일반 영혼들은 테라 프로젝트가 시행되는

250만 년 동안 8번에 나누어서

지구 영단에 입식되었습니다.

약 200만 년 전에 처음으로 일반 영혼들이

지구 영단에 입식되었습니다.

그 이후에 지구 행성의 진화 주기에 맞추어
일반 영혼들은 순차적으로 입식되었습니다.
마지막으로 입식된 일반 영혼들은
약 12만 년 전에 지구 영단에 입식되었습니다.
일반 영혼이라 함은
흰빛 영혼, 은빛 영혼, 핑크빛 영혼, 노란빛 영혼을 말합니다.

250만 년 동안 지구 영단에 입식된 일반 영혼들은
지구 행성의 윤회 시스템에 다음과 같이 합류되었습니다.
- 광물의 원소 정령
- 식물과 어류의 군집 영혼
- 동물들의 집단 영혼
- 인간의 영혼으로
역할을 나누어 영혼의 물질 여행을 시작하였습니다.

두번째 그룹 : 빛의 일꾼 그룹
빛의 일꾼 그룹은 3차례에 걸쳐 지구 영단에 입식되었습니다.
빛의 일꾼 그룹은 아보날 그룹을 말합니다.
12차원 11단계 ~ 15단계
14차원 1단계 ~ 15단계를 말합니다.
약 250만 년 전에 처음 지구 행성에 들어온 그룹은
12차원의 빛의 일꾼들입니다.
두번째는 14차원의 빛의 일꾼들이
약 120만 년 전에 지구 영단에 입식되었습니다.
세번째는 1% 미만의 빛의 일꾼 핵심 수뇌부들이
80만 년 전에 입식되었습니다.

세번째 그룹 : 어둠의 일꾼들 (24만명)

어둠의 일꾼들은 지구 영단에 4차례에 걸쳐 나누어서 입식되었습니다.

처음 입식은 250만 년 전에 이루어졌습니다.

두번째 입식은 50만 년 전에 이루어졌습니다.

세번째 입식은 32만 년 전에 이루어졌습니다.

네번째 입식은 16만 년 전에 이루어졌습니다.

네번째 그룹 : 외계 행성에서 온 빛의 일꾼 그룹

외계 행성에서 우주의 카르마를 가지고

자기 행성의 모순을 해결하기 위해

테라 프로젝트의 참여가 결정되어

지구 영단에 입식된 영혼 그룹을 말합니다.

자기 행성의 문제가 심각할수록

일찍 지구 영단에 투입되었으며

5번에 걸쳐 영단에 입식되었습니다.

외계 행성에서 온 영단의 최고 책임자 그룹들이

지구 영단에 입식이 결정된 때는 약 100만 년 전입니다.

마지막으로 들어온 시기는

약 6만 년 전에 지구 영단에 입식되었습니다.

지구 영단에 입식된 영혼들의 시기는 다양합니다.

지구 행성의 테라 프로젝트는 대우주의 프로젝트입니다.

지구 영단에 입식된 모든 영혼들은

테라 프로젝트의 성격을 알고

지구 영단에 특수한 목적을 띠고

행성의 영단에 입식되었습니다.

지구 행성의 영단에 입식이 되는 순간부터
지구 행성의 윤회 시스템에 편입되어
생명의 순환을 통해 영혼의 물질 체험이 이루어졌습니다.

지구 영단에 입식된 모든 영혼들은
영혼들의 우주적 신분에 따라
영혼들이 지구 영단에 들어온 목적에 따라
지구 행성의 진화 주기에 맞추어
윤회 프로그램들이 짜여졌습니다.

지금 이 시기는
250만 년 동안 진행된 테라 프로젝트가 종결되는 시기입니다.
지구 행성의 차원상승은
대우주의 차원상승과 직접적으로 연결되어 있습니다.
지구 행성의 차원상승은
대우주의 7번째 주기의 시작과 연결되어 있습니다.
지구 행성의 차원상승은
대우주를 주재하고 경영하는
9번째 창조 근원(창조주)의 꿈과 의지를 담고 있는
대우주의 프로젝트입니다.
지구 행성의 차원상승은
비물질세계인 무극의 세계에 있는 파라다이스를
지상에 건설하기 위해 꼭 필요한 과정입니다.
물질세계의 파라다이스(18차원)인
지상의 자미원을 건설하기 위한
창조주의 꿈이 실현되는 출발점입니다.

시절인연이 되어
깨어나고 있는 빛의 일꾼들과
의식이 깨어나고 있는 하늘 사람들을 위해
하늘의 소리를 전합니다.

그렇게 될 것이며
그렇게 예정되어 있으며
그렇게 되었습니다.

제2부 **인간의 창조**

창조주는 모든 빛의 근원이며
창조주는 모든 생명의 근원이며
창조주는 모든 의식의 근원이며
창조주는 빛의 최고의 연금술사입니다.
최고의 연금술사인 창조주의 의식으로
최고 연금술사인 창조주의 빛으로
호모 사피엔스인 인간은 창조되었습니다.

호모 사피엔스(인간)의 창조 원리

인간의 몸은

15차원의 우주 공학기술 85%

17차원의 우주 공학기술 10%

18차원의 우주 공학기술 5%로 창조되었습니다.

인간은 대우주의 태극의 세계의 우주 공학기술과

무극의 세계의 우주 공학기술에 의해

우주 최고의 기술로 창조된 최신형 모델입니다.

호모 사피엔스(인간)는

대우주의 7주기를 열기 위해

창조 근원(창조주)의 의지에 의해

파라다이스의 라파엘 그룹과

빛의 생명나무팀에 의해 창조되었습니다.

실험행성과 종자행성인 지구 행성에서

빛의 생명나무팀에서 창조한

다양한 휴머노이드형 인종들에 대한 다양한 실험들이

250만 년 동안 실험되어졌습니다.

이 실험 결과 호모 사피엔스(인간)가 최종 선정되었습니다.

호모 사피엔스의 창조는

17차원의 호모 사피엔스 창조를 위한 전문팀에 의해 이루어졌습니다.

호모 사피엔스의 창조에는

15차원의 생명 공학기술이 매우 광범위하게 적용되었으며
17차원의 생명 공학기술의 핵심 기술이 적용되었습니다.
18차원의 생명 공학기술은 인간을 창조하는데 매우 특수한 부위인
눈과 귀 그리고 뇌의 일부 작용기전에 적용되었습니다.
호모 사피엔스의 창조에는
우주 공학기술이 집약되어 있습니다.
눈에 보이지 않는 세계의 우주 공학기술들이
생명 현상들을 뒷받침해 주고 있습니다.

눈에 보이지 않는다고 없는 것이 아닙니다.
눈에 보이지 않는다고 존재하지 않는 것이 아닙니다.
인간의 눈으로만 보이지 않을 뿐이며
현재의 과학기술로 만들어진 장비로 볼 수 없을 뿐입니다.
인간의 몸은 눈에 보이는 색의 세계가 있으며
색의 세계는 세포와 조직과 기관들의 세계를 말하며
5장 6부를 말합니다.
색의 세계의 창조에는 주로
15차원의 우주 생명 공학기술들이 적용되었습니다.
기의 세계 대부분도 15차원의 기술들이 적용되었습니다.
기의 세계와 공의 세계의 일부분에
17차원과 18차원의 기술들이 적용되어
호모 사피엔스(인간)는 창조되었습니다.

호모 사피엔스의 창조에 직접 관여했던
파라다이스의 의사 그룹인 라파엘 그룹이
인간의 창조에 핵심이 되는 부분에 직접 참여하였습니다.

인간의 창조에 직접 관여했던 파라다이스의 라파엘 그룹은
우주 최고 수준의 공학기술자들입니다.
파라다이스의 라파엘팀과 빛의 생명나무팀이 서로 협력하여
인간의 창조에 관여하였습니다.
파라다이스의 라파엘팀은
인간에 관한 최고 수준의 정보를 가지고 있으며
이들이 고칠 수 없는 병은 아무것도 없습니다.
파라다이스의 빛의 생명나무팀은
인간에 대한 빅데이터(Big data)를 모두 가지고 있으며
인간의 생로병사에 프로그램으로 관여하고 있습니다.
지구 차원상승 프로그램에 참여하기 위해
이적과 기적의 치유를 위해
새로운 미래의학을 열기 위해
파라다이스의 라파엘팀과 빛의 생명나무팀들 또한
땅으로 내려오고 있습니다.

빛의 생명나무에서는
호모 사피엔스를 창조한 파라다이스의 최고의 의료 기술진들이
직접 땅으로 내려와
인간의 질병을 치료하기 시작하였습니다.
눈에 보이지 않는 하늘이
눈에 보이지 않았던 하늘의 에너지체들이
눈에 보이지 않았던 하늘의 전문 천사그룹들이
눈에 보이는 하늘이 되어
수많은 이적과 기적을 행하게 될 것입니다.

인간의 몸은
색과 기와 공의 세계로 창조되었습니다.
인간의 몸은
해부학적으로 세포와 조직과 기관으로 되어 있습니다.
세포와 조직과 기관이 신경계와 심혈관계와 림프계로
서로 연결되어 있습니다.
해부학적인 인간의 몸과 5장 6부의 세계를
색(色)의 세계라고 합니다.

인간의 몸에는
눈에 보이지는 않지만
색의 세계에는 나타나지 않지만
보이지 않는 세계에서 존재하는
무형의 에너지 장치들이 있습니다.
경혈과 경락 시스템이 있으며
차크라 시스템이 있으며
감정을 주관하는 감정선이 있으며
의식을 주관하는 의식선이 있으며
감정과 의식을 통합하여
인간의 의식을 주관하는
메타 휴머노이드 의식구현 시스템이 있습니다.
이러한 무형의 기계장치들이 존재하는 층위를
인류의 의식의 눈높이에서 기(氣)의 세계라 말합니다.

인간의 몸(호모 사피엔스)은
우주 최고의 기술로 만들어진 최첨단 휴머노이드형 모델입니다.

최신형 모델인 인간은
수많은 무형의 기계장치들로 구성되어 있으며
무형의 기계장치들을 통제하고 조절하는 컨트롤 타워가 있는데
이것을 생명회로도라고 합니다.
생명회로도에 의해 생명 현상과 의식이 구현되고 있으며
이렇게 눈에 보이지 않지만
인간의 몸에 있는 색의 세계와 기의 세계를 지원하는 시스템을
공(空)의 세계라 합니다.

하늘의 치유의 빛은
인간의 몸에서 먼저 공의 세계를 치료하고
기의 세계를 치료하고 색의 세계를 치료하는 것이
보편적인 치유의 법칙입니다.
눈에 보이는 색의 세계는
눈에 보이지 않는 세계에서 먼저 치유가 되어져야 하고
그 결과가 색의 세계로 드러나는 것이
대우주의 법칙이며 대우주의 순리입니다.

하늘의 치유의 빛은
인간의 몸에 설치되어 있는
불치병과 난치병의 원인이 되는
외부 에너지장과 내부 에너지장을 철거하면서 치유가 시작됩니다.
카르마에 의해 장부에 설치된 에너지장 역시 철거가 되어야
치유가 이루어집니다.
에너지장을 봉인이라고 합니다.
인간의 몸에 5장 6부에 설치된 에너지장(봉인)을 풀고난 뒤

에너지장으로 인해 원활하지 못했던 장부들을 치유하고
근육과 같은 조직들을 치유합니다.

인간의 몸은
눈에 보이는 5장 6부의 세계로 되어 있습니다.
인간의 몸은
눈에 보이지 않는 기의 세계와
눈에 보이지 않는 공의 세계에서는
12개의 아주 큰 기계장치들이 있습니다.
12개의 큰 기계장치들이 정교하게 작동되면서
인간의 6장 6부라는 장부의 기능을 돕고 있습니다.
무형의 큰 기계장치들은
빛의 기술로 설계된 무형의 기계장치들이며
빛을 원료로 하여 작동되고 있습니다.
무형의 큰 기계장치들과
수많은 정교한 기계장치들에 의해
인간의 몸은 신비로운 생명 현상들로 가득 차 있습니다.

인간의 몸은 빛으로 창조된 정교한 모델입니다.
생명이 있는 모든 생명체는 빛으로 설계되었으며
빛의 설계도에 따라 유형의 생명체들에게
생명 현상들이 나타나는 것입니다.
모든 생명체들은 빛으로 빛의 기술로 창조되었습니다.
빛을 다루는 기술이 우주에서의 차원을 결정합니다.
생명체마다 창조된 빛의 차원이 존재합니다.
생명체마다 창조된 빛의 스펙트럼이 다릅니다.

생명체마다 생명체의 시스템이 다릅니다.

생명체마다 의식을 구현하는 정도가 다릅니다.

생명체마다 의식을 구현하도록 하는 시스템이 다릅니다.

모든 생명체들은 창조주의 빛으로 창조되었으며

생명체의 기초가 되는 창조주의 빛을 페르미아라고 합니다.

창조주의 빛의 근원은

파라다이스에 있는 빛의 생명나무입니다.

빛의 생명나무는 창조주의 권능의 상징이며

모든 생명체들의 기원이며 시작입니다.

모든 빛의 근원은 창조주(창조 근원)입니다.

빛의 생명나무의 여덟 관리자들이

빛의 생명나무를 관리하고 있으며

생명의 순환 사이클을 관리하며

창조주의 대우주 통치를 보좌하고 있습니다.

호모 사피엔스인 인간의 몸은

파라다이스(18차원)의 라파엘 그룹에 의해

가장 핵심적인 기술들이 설계되었습니다.

호모 사피엔스인 인간의 몸은

파라다이스의 빛의 생명나무팀의 관리자들에 의해

최종 완성되었습니다.

창조주의 의식에 의해

파라다이스에 있는 모든 에너지체들은 창조되었으며

빛의 생명나무팀을 관리하는 에너지체들 역시 창조되었습니다.

창조주는 모든 빛의 근원이며

창조주는 모든 생명의 근원이며
창조주는 모든 의식의 근원이며
창조주는 빛의 최고의 연금술사입니다.
최고 연금술사인 창조주의 의식으로
최고 연금술사인 창조주의 빛으로
호모 사피엔스인 인간은 창조되었습니다.

인간의 몸을 치유하거나
식물이나 동물을 치유하는 빛의 치유는
창조주의 빛이 있어야 가능합니다.
모든 이적과 기적은
창조주의 빛의 작용으로 이루어집니다.
모든 불치병과 난치병의 치유는
질병의 원인으로 작용하고 있었던
에너지장의 철거를 통해 이루어집니다.
모든 이적과 기적은
특수한 에너지장속에서 이루어질 것입니다.

인류가 한번도 경험하지 못했던 질병의 치유가
호모 사피엔스를 창조한 하늘의 천사그룹(에너지체)들에 의해
땅으로 내려온 에너지체들에 의해
이적과 기적들이 지금 현재 펼쳐지고 있으며
이적과 기적들이 인류의 눈앞에 펼쳐질 것입니다.
시절인연이 있는 인자들에게
하늘의 축복이
몸 치유의 이적과 기적이 함께할 것입니다.

인간의 몸에 작용하는 색(色)의 세계

인간의 몸은 대우주의 세계가 소우주의 세계로 축소되어 있는
신비스러운 존재입니다.
인간의 몸은 눈에 보이는 세계인 색의 세계와
눈에 보이지 않는 공의 세계가 있으며
색과 공의 세계의 중간에 기의 세계가 있습니다.

인간의 몸에 나타난 색의 세계는 3상(3개 층위)으로 되어 있습니다.
물리학적인 측면에서는
액체 ⇒ 기체 ⇒ 고체로 존재하고 있습니다.
병리학적인 측면에서는
세포 ⇒ 조직 ⇒ 기관의 구조로 되어 있습니다.

세포는 생명 활동을 이루는 최소 단위입니다.
세포내에 있는 세포 소기관들은 다음과 같습니다.
핵 ⇒ 유전 정보가 저장되어 있는 곳 ⇒ rRNA
미토콘드리아 ⇒ 이화작용과 에너지 생성(ATP)
리보솜 ⇒ DNA의 유전 정보 ⇒ 단백질의 합성
리소솜 ⇒ 세포 내 소화를 담당
소포체 ⇒ 세포 내 물질의 이동 통로
골지체 ⇒ 세포 내 물질의 저장이나 분비 작용
엽록체 ⇒ 식물의 광합성 ⇒ 동화작용
세포막 ⇒ 선택적 투과 ⇒ 삼투압

현대 의학은 눈에 보이지 않는 마이크로의 세계를
전자현미경을 통해 눈으로 보게 되면서
의학 혁명이 일어났습니다.
눈에 보이지 않던 마이크로의 세계가
전자현미경을 통해 보이는 세계로 드러나면서
세포라는 개념을 처음으로 알게 되었으며
세균과 바이러스 또한 알게 되었습니다.
항원과 항체 반응을 현미경을 통해 보게 되면서
세포 병리학설이 정상 과학이 되었으며
면역학과 유전학이 정상 과학이 되었습니다.
눈에 보이지 않던 세계가 눈에 보이는 세계로 펼쳐지면서
생리학과 생화학이 발전하였으며
분자생물학이 인류의 최첨단 학문의 성과를 내고 있습니다.

생명 현상은 신비롭습니다.
생명 현상은 색의 세계처럼 보입니다.
색의 세계는 눈에 보이는 세계입니다.
눈에 보이는 현상을 믿는 것이며
눈에 보이는 현상을 상식이라 믿고 있으며
현상의 규칙성을 설명하는 것이 과학이 되었습니다.
생명 현상은 신비롭습니다.
눈에는 보이지 않지만
전자현미경에는 보이지 않지만
현상 뒤에 숨어있는 본질이 있습니다.
생명 현상 뒤에 숨어있는 본질이 있기에
생명 현상이 색의 세계에 존재할 수 있습니다.

생명의 최소 단위는 세포입니다.

세포에도 수많은 소기관들이 있으며

서로 유기적인 관계속에

생명 현상이 펼쳐지고 있는 것입니다.

생명 현상이 색의 세계에 나타나기 위해서

눈에 보이지 않는 세계에서의 지원이 반드시 선행되어야 합니다.

눈에 보이는 세계는 반드시

눈에 보이지 않는 세계에서 먼저 결정이 이루어져야

일어날 수 있기 때문입니다.

인간의 몸에 나타난 색의 세계 뒤에는

색의 세계를 지원하는 공의 세계가 반드시 존재합니다.

공의 세계를 분석하면 다음과 같습니다.

세포 하나하나

세포 소기관 하나하나를 지원하는

무형의 기계장치들이 공의 세계에 존재하고 있습니다.

현미경이 아닌 제3의 눈을 통해서

무형의 기계장치들을 볼 수 있습니다.

인간의 몸은 세포 ⇒ 조직 ⇒ 기관의 시스템으로 이루어졌습니다.

인간의 몸에 존재하는 차원간 공간인 공의 층위에는

세포 ⇒ 조직 ⇒ 기관을 지원하는

정교한 무형의 기계장치들로 가득 차 있습니다.

세포에서 일어나고 있는 생리 현상과

생명 현상을 지원하는 무형의 기계장치들이

공의 세계에 3개의 층위로 똑같이 존재하고 있습니다.

세포의 기능을 지원하는 무형의 기계장치들은 비교적 단순하며
조직이나 기관을 지원하는 무형의 기계장치들은
세포의 무형의 기계장치보다 정교하며 크기도 큽니다.

색의 세계에 나타난 세포의 작용, 조직의 기능, 기관의 역할들은
공의 세계에 있는 무형의 기계장치들의 지원이 있기에
생명 현상이 일어날 수 있는 것입니다.
눈에 보이는 색의 세계의 생명 현상을 지원하는
눈에 보이지 않는 공의 세계는
색의 세계의 3가지 층위 ⇒ 백 에너지가 주관
기의 세계의 2가지 층위 ⇒ 혼 에너지가 주관
공의 세계의 3가지 층위 ⇒ 영 에너지가 주관
총 8개의 차원간 공간이 인간의 몸에 설치되어 있습니다.

8개의 층에 있는 무형의 기계장치들과
무형의 8층을 모두 총괄하고 있는 생명회로도에 의해
인간의 생명 현상들이 펼쳐지고 있는 것입니다.
인간의 질병이나 통증은
무형의 기계장치들의 오작동이나 손상,
기능저하 등에 의해 발생하는 것입니다.
이것이 보이지 않는 세계에서 이루어지고 있는
생명의 비밀입니다.
눈에 보이는 것만을 믿고 있는 인류에게
눈에 보이지 않는 기계장치
눈에 보이지 않는 공의 세계를 이야기하고 있는
우데카 팀장의 글은 낯설고 생소하기까지 할 것입니다.

인류의 현대 의학기술은
과학기술의 발전과 함께 눈부시게 발전하였습니다.
현대의 의학기술이 아무리 발달한다 할지라도
눈에 보이는 것만을 믿는데서 출발한
태생적 한계의 벽을 넘기는 어렵습니다.
눈에 보이지 않는 세계를 모르는 상태에서 발전해 온 의학기술들은
언젠가는 그 한계점에 도달하게 될 것입니다.

우주의 과학기술 수준에서 보면
우주의 의학기술 수준에서 보면
하늘의 입장에서 현대 의료 수준을 보면
아직 인류는 눈에 보이는 것만을 믿고 있는
5차원 초입단계의 의료 수준에 불과합니다.
눈에 보이지 않는 세계가 있기에
눈에 보이는 세계가 있으며
하늘이 있기에 땅이 있으며
하늘의 계획이 있기에
땅에서의 펼쳐짐이 있는 것입니다.

눈에 보이는 생명 현상 뒤에는
눈에는 보이지 않는 본질이 있습니다.
눈에 보이는 생명 현상 뒤에는
눈에 보이지는 않지만 생명 현상을 지원하는
무형의 기계장치들이 작용하고 있다는 것을
인류들은 지구 차원상승 과정에서 알아채고 눈치채게 될 것입니다.

새로운 정신문명과
새로운 물질문명은
눈에 보이지 않는 세계에 존재하는
생명회로도와 무형의 기계장치
경혈과 경락의 작동 원리
기마당과 빛마당의 작동 원리
빛과 의식, 빛과 에너지장 등에 대한 의식의 확장이 있을 때에만
생명 현상의 본질에
인류는 접근할 수 있을 것입니다.

시절인연이 있는 인자들의 깨어남을 위해
이 글을 기록으로 남깁니다.

인간의 몸에 작용하는 기(氣)의 세계

인간의 몸에 작용하는 기의 세계는 2개의 층위가 있습니다.
기의 세계는 혼 에너지에 의해 관리되며 영향을 받습니다.
혼 에너지는 인간의 감정과 의식선에 영향을 미치게 됩니다.
혼 에너지는 혼의식 프로그램에 의해 영향을 받게 됩니다.

인간의 몸에 존재하는 4번째 층위와 5번째 층위는
에너지체들이 들어와서 활동하는 공간입니다.
귀신이나 사탄 마귀라고 알려져 있으며
인간의 감정과 의식에 부정적인 어둠의 역할을 맡고 있는
특수한 에너지체들이 있습니다.
에너지체들 중에는 인간의 감정과 의식에 긍정적인 역할을 담당하는
가이드 천사나 빛의 천사들도 존재하고 있습니다.

하늘의 천사 하늘의 공무원들이라고 하는 에너지체들은
5차원 7차원 9차원 11차원의 천사들이 있습니다.
인간의 몸에 존재하는 공의 세계에 설치되어 있는
8개의 에너지 층위 중에 4층과 5층인
기의 층위를 출입할 수 있습니다.
하늘의 관리자들인 에너지체들은 특수한 파장대를 이용하여
인간의 감정선과 의식선에 영향을 미치고 있습니다.
인간의 몸에는 부정적인 에너지체들과
긍정적인 에너지체들이 모두 들어와서 활동하고 있습니다.

인간의 몸에 들어와 있는 에너지체들 사이에
균형이 깨지거나
과도하게 한쪽으로 에너지의 균형이 무너지게 되면
정신분열이나 조울증과 우울증 같은 정서장애와
폭발적 분노, 폭력적 행동 등이 나타나기도 합니다.
귀신이 들렸다거나
사람의 성격이 달라졌다거나
상황에 맞지 않는 이상 행동을 하는 경우는
인간의 몸에 설치되어 있는
기의 세계에 들어와 있는 에너지들의 균형이 무너져서
발생하게 되는 것입니다.

에너지체들의 균형을 결정하는 존재들이 있는데
대부분 아바타의 본영이 모든 것을 결정하며
본영은 아바타의 영혼의 프로그램과
영혼의 진화 과정에 따라
하늘이 정한 엄격한 법칙에 따라 실행하게 됩니다.
인간의 몸에 에너지체들의 균형을 무너뜨리면
인간은 감정이나 의식의 흐름에 문제가 생기게 되며
사회적 문제를 일으키게 됩니다.
인간의 몸에 에너지체들의 투입이나
역할 등을 결정하는 주체는 아바타의 본영이며
하늘의 차원 관리자들의 승인이 있어야 하며
이 절차는 본영이라 할지라도 함부로 실행하지 못하도록
우주의 법칙으로 매우 엄격하게 통제되고 관리되고 있습니다.

사람이 어떻게 저럴 수 있지?

사람의 탈을 쓰고 어떻게 저럴 수 있지?

사람이 어떻게 저렇게 잔인할 수 있지?

사람이 어떻게 사람을 죽일 수 있지?

극단적인 선택을 하고 비상식적인 선택을 하고

충동적인 선택을 하는 인간의 행동 뒤에는

인간의 몸의 기의 세계에 있는 차원간 공간인 4번째와 5번째 층에

하늘의 에너지체들이 들어와서 작용하고 있기에 가능한 일입니다.

우주에서 우연히 일어나는 일은 없습니다.

우연을 가장하여 일어날 뿐

눈에 보이지 않는 세계에서

눈에 보이지 않는 에너지체들에 의한 감정선과 의식선의 통제와

부정적인 감정이나 부정적인 의식들의 수치값들을

인위적으로 교란시키거나 증가시킴으로써

인간의 일탈 행동이 발생하는 것입니다.

기의 층위인 4번째 층에는 경락 시스템이 있으며

5번째 층에는 차크라 시스템이 존재하고 있습니다.

혼 에너지는 4층과 5층 사이에 위치하고 있습니다.

귀신이나 어둠의 에너지체들은 4번째 층위에 접속하여

감정을 교란시키고 의식을 교란시키게 됩니다.

귀신이나 어둠의 에너지체들 뿐만 아니라

빛의 역할을 하는 천사들 또한

인간의 몸에 설치되어 있는 경락 시스템에 접근할 수 있도록

허락되어 있습니다.

특정한 에너지체들이 가지고 있는
특수한 파장을 이용하여 경락 시스템의 일부를 장악할 수 있습니다.
에너지체들에 의해 경락의 흐름이 오랫동안 차단이 되면
경락이 흐르지 못하는 색의 세계의 세포와 조직과 장부에
만성 통증이나 이상 증상이 나타나게 됩니다.

경락 시스템은 색의 세계의 세포와 조직과 장부에
빛과 에너지를 공급받는 루트입니다.
경락 시스템은 색의 세계의 세포와 조직과 장부에
우주의 빛을 공급받는 에너지의 이동 통로입니다.
빛 한줄기 들지 않는 세포와 조직과 장부에
음식물의 소화 흡수 과정을 통해 발생한 빛과
우주에서 생명체에게 주는 빛을 공급하는 빛의 통로가
경락 시스템이 갖는 의미입니다.

인간의 몸은 많은 에너지들을 사용하며
생명 현상을 유지해 나가고 있습니다.
인간은 음식을 통해서 에너지를 공급받고 있습니다.
인간의 몸이 사용하는 총에너지를 100이라 하면
색의 세계에 있는 세포나 조직, 기관들이 사용하는 에너지의 양은
약 30% 정도에 지나지 않습니다.
인간이 음식을 통해 공급받는 에너지는 약 30%에 불과하며
무형의 기계장치들을 움직이고 작동시키는데 필요한
나머지 70%의 에너지들은
백회를 통해 들어오는 우주의 빛에서 공급받고 있습니다.

인간의 몸에서 소화 과정을 통해 생성되는 에너지들의 대부분은
색의 세계에 작용하며
기와 공의 세계의 에너지들은 대부분
우주에서 들어오는 빛을 이용하여 생명 현상을 유지하고 있습니다.
우주에서 들어오는 빛을 정리하면 다음과 같습니다.
삼황의 빛, 자오유주도의 빛, 창조 근원의 빛,
빛의 생명나무의 빛 등이 있으며
그 외에도 많은 빛들이 존재하고 있습니다.

5번째 층위에는 차크라 시스템이 있습니다.
차크라 시스템은 인간의 몸에서
빛을 발산할 수 있도록 하는 시스템입니다.
인간의 몸에서 빛을 발산할 수 있게 하여
타인에게 긍정적인 작용을 할 수 있도록 하는 빛이며
빛의 몸이 되도록 하는데 꼭 필요한 시스템입니다.
가슴 차크라만이 영의식과 연결되어
외부로 발산하게 되어 있습니다.
12개 차크라 중 노궁 차크라, 용천 차크라, 백회 차크라는
사기와 탁기를 배출하기 위한 발산을 하는 차크라입니다.
빛의 몸이 되게 하는 차크라 시스템은
정신문명으로 가는데 꼭 필요한 시스템입니다.
영혼의 우주적 신분을 오라 에너지를 통해 나타나게 하는 역할 또한
5번째 층위에서 담당하고 있습니다.

5번째 층위에서 외부로 빛을 발산하는 것이
외부 차크라 시스템이라면

내부로 빛을 발산하여 경락 시스템을 통해
색의 세계의 세포, 조직, 기관과 무형의 기계장치들에
빛을 공급하는 역할이 있는데
이것을 내부 차크라 시스템이라 합니다.
회음 차크라, 단전 차크라, 비장 차크라, 갑상선 차크라 등은
내부에 빛을 공급하는 장치입니다.
차크라에서 발산한 빛은 경락 시스템을 통해
세포와 조직과 기관(장부)과
무형의 기계장치에 빛을 공급하게 됩니다.

인간의 몸에 형성되어 있는 기의 세계에 존재하는
경락 시스템과 차크라 시스템은
색의 세계와 공의 세계를 연결하고 있습니다.
색의 세계와 공의 세계에 우주의 빛을 공급하는
중요한 역할을 하고 있습니다.
인간의 몸은 우주 최고의 공학기술로 창조된
최고의 모델입니다.
지금은 불편한 진실이
상식으로 자리잡을 때
새 하늘과 새 땅에서
새로운 정신문명이 펼쳐질 것입니다.

그렇게 될 것이며
그렇게 예정되어 있으며
그렇게 되었습니다.

인간의 몸에 작용하는 공(空)의 세계

인간의 몸은

눈에 보이는 세계의

세포와 조직과 기관들이 있습니다.

세포와 조직과 기관들은

혈관 시스템과 림프 시스템과 신경 시스템으로 작동하고 있습니다.

인간의 몸에 나타나는 신비로운 생명 현상 뒤에는

눈에 보이지 않는 세계인

기의 세계와 공의 세계에서

무형의 기계장치들을 통해 생명 활동을 지원하고 있습니다.

인간의 몸에 존재하는

공의 세계 8개 층위는 다음과 같습니다.

색의 세계를 지원하는 공의 세계

1층	• 세포의 생명 활동을 지원하는 무형의 기계장치들이 존재
2층	• 인체 내의 조직들의 생명 활동을 지원하는 무형의 기계장치들이 존재
3층	• 인체 내의 기관들의 생명 활동을 지원하는 무형의 기계장치들이 존재 • 백 에너지가 머물며 색의 세계를 관리

기의 세계를 지원하는 공의 세계

4층	• 경락 시스템이 존재하는 곳
	
	• 위기와 영기(12경락) 시스템
	
	• 감정선과 의식선이 존재하는 곳
	
	• 특수한 에너지체들의 출입이 가능한 곳
	  (귀신이나 천사, 사탄이나 악마의 역할을 맡은
	  어둠의 에너지체들의 출입이 이루어지는 곳)
	
	• 4층과 5층 사이에 혼 에너지가 존재하며
	  기의 세계를 관리

5층	• 차크라 시스템이 존재하는 곳 • 메타 의식구현 시스템이 존재하는 곳 • 기경팔맥의 경락 시스템이 존재 • 인류에게 알려져 있지 않은 경락 시스템이 존재 • 특수한 에너지체들의 출입이 가능한 곳

공의 세계를 지원하는 3개의 층위

6층	• 색의 세계와 기의 세계를 지원하는 무형의 기계장치들이 존재 • 가장 많은 기계장치들이 고도화되고 집적화되어 있는 층 • 생명회로도가 존재하는 층 • 영이 거주하는 층

※ 일반 영혼들은 공의 세계 6층까지만 형성되어 있음

7층	• 우주적 신분에 따라 　영적인 능력을 사용하기 위해 만들어지는 층 • 영적인 능력의 발현(채널러나 홀로그래머)을 위해 　특수한 무형의 기계장치들을 설치하는 층 • 이적과 기적을 위해 특수한 능력을 주기 위해 　무형의 기계장치들이 설치되는 층
8층	• 빛의 일꾼들이나 특수한 임무를 가진 　역할자들의 본영이 들어와 거주하는 층 • 영혼의 우주적 신분에 따른 차원의 문과 　차원의 벽을 열 수 있는 스타게이트가 설치되는 층

공의 세계가 있기에
기의 세계와 색의 세계가 존재할 수 있는 것입니다.
눈에 보이지 않는 세계가 있기에
눈에 보이는 세계가 펼쳐지고 있습니다.
현상의 세계 너머에는
본질의 세계가 있는 것입니다.

하늘의 길이 있기에
땅의 길이 있는 것입니다.
하늘의 뜻이 있기에
땅에서의 생명의 순환이 있는 것입니다.
하늘 스스로 정한 그 길이 있기에
우주의 삼라만상이 펼쳐져 있는 것입니다.

보이지 않는 세계에서의 결정이 있고 난 후
보이는 세계에서의 드러남이 있는 것입니다.

시절인연이 있는 인자들을 위해
빛의 일꾼들의 의식의 깨어남을 위해
물질 매트릭스 속에 의식이 잠들어 있는 인류를 위해
우데카 팀장이 이 글을 기록으로 남깁니다.

인간의 몸이 창조주에 의해 조물되는 공(空)의 세계의 원리

인간의 몸은
색의 세계인 세포 ⇒ 조직 ⇒ 기관의
3개의 층위로 되어 있습니다.
색의 세계를 지원하는 무형의 기계장치로 되어 있는
공의 세계 3개의 층이 있습니다.
기의 세계는
경락과 차크라가 있는 2개의 층위가 있으며
기의 세계를 지원하는 무형의 기계장치로 되어 있는
공의 세계 4층과 5층이 있습니다.
공의 세계는
1개의 층위로 되어 있으며
무형의 기계장치로 되어 있는 공의 세계 6층이 있습니다.
인간의 몸은 보통 6개의 층위에 존재하는
무형의 기계장치들의 지원에 의해 생명체로서 살아가고 있습니다.

인간의 몸은
6번째 공의 세계에 의해서 창조(탄생)됩니다.
물질세계의 최고의 차원은 12차원이며
지구 행성의 과학기술 문명의 차원은
우주적 관점에서 보면 5차원 6단계 정도로 볼 수 있습니다.
인간의 몸을 이루고 있는
6번째 공의 세계는 인간의 과학기술로는 접근할 수 없는

신의 영역이며 미지의 영역입니다.
대우주에서 12차원의 과학기술 문명까지 발달한 행성에서도
6번째 공의 세계는 접근할 수 없는 신의 영역입니다.

공의 세계의 6번째 층위는
조물주(창조주)의 조물이 시작되는 층위이며
신의 영역이며
창조주의 영역입니다.
6번째 공의 세계에 접근할 수 있는 인자는
하늘(창조주)로부터 승인(인정)받은 자만이 가능합니다.

공의 세계에 접근한다는 것은
생명의 탄생과 창조를 할 수 있는 권한입니다.
공의 세계에 접근할 수 있다는 것은
불치병과 난치병을 치유할 수 있는 권한이 있다는 것을 의미합니다.

인간의 몸에 존재하는
6번째 공의 세계는 5개의 층위로 분화되어 있습니다.

6-5층위 : 본영이 존재하는 곳
- 영 에너지 ⇒ 영의식 프로그램

6-4층위 : 사고조절자가 존재하는 곳
- 의식을 지배하는 무형의 기계장치가 있는 곳
- 정신장애와 정신질환이 결정되는 층위
- 공의 세계 카르마 에너지장이 설치되는 곳

6-3층위 : 혼 에너지가 존재하는 곳

- 혼의식 프로그램
- 감정을 지배하는 무형의 기계장치가 있는 곳
- 성격의 형성이 근원적으로 결정되는 무형의 기계장치가 있는 층위
- 포악하거나 냉혈한 성격이 결정되는 무형의 기계장치가 있는 곳
- 공의 세계 카르마 에너지장이 설치되는 곳

6-2층위 : 백 에너지가 존재하는 곳

- 신체적 조건을 결정짓는 무형의 기계장치가 있는 층위
- 남녀가 결정이 되는 층위
- 얼굴의 외형이 결정되는 층위
- 간의 무형의 기계장치 에너지원이 50% 이하로 셋팅시
  장애 발생 시작
- 심장의 무형의 기계장치 에너지원이 70% 이하로 셋팅시
  각종 정신질환과 정신분열증 발생이 결정되는 층위
- 두뇌의 조건을 결정하는 층위로 뇌의 연산 속도와
  용량과 지능 등을 결정하는 설계가 이루어지는 층위
- 경락 시스템의 설계도가 집약되어 있는 곳
- 심혈관계와 근골격계의 시스템이 설계되고 준비되는 층위
- 각 카테고리마다 공의 세계 카르마 에너지장이 설치

6-1층위 : 생명회로도가 탄생하여 존재하는 곳
조물주(창조주)가 조물한 내용들이 취합되고
각종 셋팅값들이 모두 모여서 생명회로도가 됩니다.

인간의 몸이 창조주에 의해 조물되는 5개 카테고리

인간의 몸은 공의 세계에서
창조주(조물주)의 조물 작용으로 창조(탄생)됩니다.
창조주의 조물 작용은
영 에너지와 혼 에너지의 조물 작용 이후에
백 에너지의 조물 작용에 의해 인간의 탄생이 이루어집니다.

창조주의 조물 작용은
공의 세계 1층에서 6층까지 일어납니다.
1층 : 색의 세계 세포의 무형의 기계장치
2층 : 색의 세계 조직의 무형의 기계장치
3층 : 색의 세계 기관의 무형의 기계장치
4층 : 기의 세계 경락 시스템의 설치
5층 : 기의 세계 차크라 시스템 설치
6층 : 공의 세계 무형의 기계장치 설치

6층에 있는 공의 세계는 다시 5개 층위에서
조물주의 조물 작용이 이루어집니다.

공의 세계 6층	1층위	생명회로도의 창조가 이루어짐
	2층위	백 에너지의 층위에서 5개의 카테고리에 의해 인간이 창조됨

공의 세계 6층	3층위	혼 에너지 층위에서 혼의식 매트릭스와 프로그램에 의해서 인간의 감정과 성격이 창조됨
	4층위	영 에너지 층위에서 사고조절자의 특성과 숫자에 의해 인간의 의식이 창조됨
	5층위	본영의 영 에너지 주입과 인간의 탄생

조물주(창조주)에 의해

6번째 공의 세계의 2번째 백 에너지 층위에서

인간의 몸은 5개의 카테고리에 의해 창조됩니다.

첫번째 카테고리

- 육체의 조건을 결정짓는 중요한 층위
- 사람의 외형을 결정하는 층위
- 육체적인 힘을 결정하는 층위
- 오장 육부의 건강 상태들을 결정하는 층위
- 남녀를 결정하는 층위
- 인간의 외모를 결정하는 층위
- 근골격계의 형태를 결정하는 층위
- 에너지 대사율을 결정하는 층위
- 위간신(胃肝腎) 사이클의 효율을 결정하는 층위
- 간장혈(肝藏血)의 효율을 결정하는 층위
- 설치되는 에너지장의 강도에 따라 색의 세계의 장부기능이 제한됨

두번째 카테고리

- 정신적인 것을 결정하는 층위
- 심생혈(心生血) 사이클의 효율을 결정하는 층위
- 비심폐(脾心肺) 사이클의 효율을 결정하는 층위
- 정신적인 질병의 종류와 증상의 정도를 결정하는
  데이터들이 입력되는 층위
- 정신적 질병을 유발하는 에너지장이 설치되는 층위
- 출생 후 5년 주기마다 셋팅값들이 본영에 의해 재조정됨

세번째 카테고리

- 두뇌와 관련된 모든 것을 결정하는 층위
- 두뇌의 연산 속도에 의해 지능이 결정
- 두뇌에 설치되는 에너지장의 크기와 강도에 의해
  뇌기능 장애나 발달장애인이 결정됨
- 인지 능력이 결정되는 층위

네번째 카테고리

- 혈액 순환 시스템과 신경계 시스템과
  림프 순환과 호르몬과 관련된 시스템을 결정하는 최고의 층위
- 인간의 생로병사의 주기가 결정되는 층위
- 인간의 면역체계가 결정되는 층위
- 출생 후에는 7년마다 본영에 의해 셋팅값들이 재조정됨

다섯번째 카테고리

- 경락 시스템이 창조되는 층위
- 차크라 시스템이 창조되는 층위

- 경락에 에너지장이 설치되는 층위
- 경락 봉인이 결정되는 층위
- 경락의 모순이 결정되는 층위
- 경락과 관련된 질병을 유발하는 최고의 층위

공장에서 주문을 받아 물건을 생산하듯이
창조주의 조물 작용이
공의 세계 6층 1번~5번 층위에서
인간의 몸에 대한 셋팅값들의 결정이 먼저 이루어지게 됩니다.
인간의 창조(탄생)를 위한
공의 세계 6층 1번~5번 층위의 모든 셋팅값들이
생명회로도에 모아지게 되면
인간을 만들기 위한 주문서에 해당하는
인간의 생명회로도가 완성이 된 것입니다.

유전 정보가 핵안의 DNA에 패킹(접힘)되어
유전 정보를 발현하는 원리와 같이
완성된 생명회로도는 공의 세계에 존재하면서
정자와 난자가 만나서 분열을 시작할 때
씨앗이 발현되듯 작동을 시작하게 됩니다.
이 과정을 11차원 15단계에서 총괄적으로 관리하고 있습니다.

생명회로도는 인간의 몸에 대한 설계도입니다.
생명회로도에 입력된 정보들은
정자와 난자가 만나는 순간부터
자동적으로 펼쳐지게 됨으로써 인간의 몸이 탄생됩니다.

창조주의 조물 작용에 의해 완성된
공의 세계의 생명회로도에 입력된 정보에 근거하여
인간의 몸은 11차원 15단계의 관리 시스템에 의해서
철저하게 관리되어 창조됩니다.

생명회로도에 입력된 정보들에 의해
인간의 몸이 탄생하게 되며
인간이 탄생되고 난 뒤에도
보이지 않는 프로그램 역할을 합니다.
생명회로도에 입력된 정보들은
누구에게는 운명이 되게 하며
누구는 장애인이 되게 하며
인간의 성격을 결정하게 되고
인간의 모순을 결정하게 하는
보이지 않는 세계의 에너지이며 프로그램입니다.

생명회로도는
인간이 생로병사에 이르기까지
인간의 육체와 정신 작용에 관련된
모든 영역에 걸쳐 결정적인 영향을 미치게 됩니다.
눈에 보이는 세계는
눈에 보이지 않는 세계의 지배를 받습니다.
보이는 세계에 인간의 몸이 있다면
인간의 눈에는 보이지는 않지만
눈에 보이는 인간의 육체와 정신의 작용을 지배하는
공의 세계의 강력한 프로그램이 생명회로도입니다.

인간의 처음과 끝을 결정하는 것은
공의 세계에서는 생명회로도이며
생명회로도에 접근할 수 있는 본영과 에너지체들 역시
층위가 정해져 있습니다.
인간의 몸에서 일어나는
불치병과 난치병이 치유되는
이적과 기적들은
생명회로도에 접근할 수 있는 권한을 가진
고차원의 에너지체들에 의해서만 이루어질 수 있으며
고차원의 에너지체들에 대한 명령권을 가진 자만이
행할 수 있을 뿐입니다.

인간의 탄생과 관련된
보이지 않는 세계에서 일어나고 있는
대우주의 진리를 시절인연이 되어 전합니다.
지구 행성의 물질문명의 종결을 앞두고
지축 이동을 앞두고
바이러스 난을 앞두고
새로운 시대를 열기 위해 준비되고 있는
하늘 사람들의 의식의 성장과
하늘 사람들의 깨어남을 위해
빛의 일꾼들의 깨어남을 위해
우데카 팀장이 이 글을 기록으로 남깁니다.

창조주의 조물 작용과 천부인권 사상

16차원에서는
대우주에 존재하는 은하나 행성의 영단으로부터
새로운 영혼이 필요하다는 요청에 따라
은하와 행성의 영단에 영을 공급하기 위해
은하나 행성에 최적화된 빛의 스펙트럼을 가진
영이 탄생됩니다.

영이 탄생될 때 창조주로부터
사고조절자가 부여됩니다.
사고조절자의 특성에 따라
영의 고유성이 결정이 됩니다.
사고조절자의 내용에 따라
영혼의 진화 여정이 결정이 됩니다.

영이 탄생이 되면
영혼의 물질 체험을 위해
혼 에너지를 부여하기 위해 11차원에 보내집니다.
영이 11차원에 도착이 되면
영혼의 물질 체험을 위해
사고조절자의 특성에 맞는
혼 에너지가 부여됩니다.
영이 혼 에너지를 만나서 영혼이 탄생됩니다.

영혼의 탄생은
영혼의 물질 체험을 위해 필요한 과정입니다.
영혼이 극적인 물질 체험을 위해
영혼이 다양한 물질 체험을 위해
영혼이 다양한 에너지들을 체험하기 위해
혼 에너지막에 인간의 성격과 감정과 의식에 영향을 미치는
혼의식 프로그램이 설치가 됩니다.

영혼은 자신이 입는 옷에 따라
광물이 되기도 하고
식물이 되기도 하고
동물이 되기도 하고
남자 사람이 되기도 하고
여자 사람이 되기도 합니다.
이것을 결정하는 것은
영이 탄생될 때 부여받는
사고조절자의 내용과 특성에 따라 결정됩니다.
행성 영단의 윤회 시스템에 합류한 영들은
대부분 행성의 진화 주기에 따라
영혼의 물질 체험을 하게 됩니다.

영혼이 인간(호모 사피엔스)의 몸(옷)을 받고
태어난다는 것은 그리 쉬운 일이 아니며
행운이 있어야 하며
영이 어느 정도 밝고 커야 가능한 일입니다.
당신의 영혼이 인간의 몸(육신)을 받아 살고 있다면

당신이 태어나기 전에
보이지 않는 세계에서는
인간의 탄생을 위한 수많은 행정적 절차가
진행이 되었음을 의미합니다.

당신 영혼의 물질 체험을 위해
당신 영혼의 성장과 진화를 위해서
보이지 않는 하늘에서는
당신 영혼의 크기와 비례하여
당신 영혼의 밝기에 비례하여
당신 영혼의 밀도에 비례하여
이번 삶의 내용과 이번 삶의 난이도를
설계하고 기획하게 됩니다.
이러한 과정들은 11차원의 카르마위원회와 환생위원회에서
복잡한 행정적 절차가 이루어지고 있습니다.

11차원의 카르마위원회와
11차원의 환생위원회에서는
혼 에너지막에 혼의 진화 과정과
이번 생에 짜여진 삶의 프로그램의 성격에 맞는
빛·중간·어둠의 에너지 매트릭스를 설치합니다.
혼 에너지막은 빛의 투과율과 굴절률을 결정합니다.

빛은 하늘의 정보이며
빛은 하늘의 의지이며 진리입니다.
빛은 에너지이며 생명입니다.

빛은 생명 사이를 오고 가는 바람입니다.
빛의 근원은 창조주이며
당신의 영혼은 창조주의 빛으로 창조되었습니다.

영혼의 물질 체험이란
어둠속에서 아픔속에서
물질 세상에 다양하게 펼쳐진
다양한 에너지의 세계를
인간의 몸을 입고 하는
영혼의 여행을 말합니다.
영혼의 물질 체험이란
빛의 소중함을 배우기 위해
사랑의 소중함을 체험하기 위해
짙은 어둠을 체험하는 과정이며
짙은 어둠속에서 빛을 찾는 과정이며
빛속에서 더 밝은 빛을 찾는 과정입니다.

창조주께서 대우주에 펼쳐놓은 다양한 빛과
다양한 에너지를 체험하기 위해
영혼의 여행을 떠난 당신의 영혼은
우주의 여행자들입니다.
길을 찾기 위해
길을 잃어버렸으며
더 큰 사랑을 배우기 위해
사랑을 잃어버렸으며
생명속에 깃든 사랑의 본질을 체험하기 위해

몸으로 체험하기 위해
영을 보호하기 위해
혼 에너지막을 설치하게 되었습니다.

혼 에너지막에 새겨진 에너지 매트릭스는
빛의 투과율과 굴절률을 결정하게 됩니다.
혼 에너지막에 빛의 매트릭스가 설치되면
빛의 투과율이 좋아져서
사물의 정보를 인식하고 처리하는데
왜곡이 줄어들게 되어
사물의 본질에 대한 이해가 쉬워지게 되며
진리를 보았을 때
진리를 들었을 때
진리와의 공명이 잘 이루어집니다.

혼 에너지막에 어둠의 에너지 매트릭스가
빛을 투과하지 못하고
빛을 받아들이지 못하면 못할수록
짙은 어둠을 체험하는 것이며
물질 세상에 흠뻑 취하게 되는 것이며
눈에 보이는 것만을 믿게 되고
정의를 진리로 착각하게 되는 것입니다.

혼 에너지막에 설치된 혼의식 프로그램과
혼의식의 에너지 매트릭스로 인하여
다양한 인격들이 형성이 되며

다층적인 의식과 감정을 구현할 수 있는
인간 군상들이 창조됩니다.
사람이 태어날 때부터 선하다는 성선설과
사람이 태어날 때부터 악하다는 성악설은
1차적으로는 영혼에게 부여된 사고조절자의 내용에 따라 결정되며
2차적인 요인은 혼 에너지막에 설치되는
에너지막의 특성(빛·중간·어둠)에 의해 결정됩니다.

영에게 부여된 사고조절자가 작동되면서
영 에너지가 작동하게 되며
영이 의식을 가지게 되는데
이것을 영의식이라고 합니다.
영이 혼 에너지를 부여받아
혼 에너지가 작동하게 되면
혼의식(욕망과 에고)이 탄생됩니다.

영혼이 탄생되어
영혼의 물질 체험을 하는 과정에서
자유의지의 남용으로 인하여
죽음에 대한 공포와 두려움으로 인하여
권력에 대한 욕망과 집착으로 인하여
타인의 자유의지를 심각하게 침해하거나
타인의 생명을 빼앗는 살생을 하게 되면
영혼들은 진화 과정에서
카르마의 에너지가 쌓이게 됩니다.

영혼의 진화 과정이란
영혼이 물질 체험을 하는 과정에서
카르마를 쌓고 카르마를 해소하면서
다양한 에너지들을 체험하는 것입니다.
11차원의 카르마위원회와 환생위원회는
인간의 탄생에 앞서
한 영혼이 인간의 몸을 받는 과정에
본영과 함께 관여하고 있습니다.

인간의 몸은 공의 세계 6번째 층에서
창조주의 조물 작용에 의해 이루어집니다.
인간의 몸의 공의 세계 6번째 층은
5개의 층위로 구성되어 있습니다.
6-1층위 : 생명회로도가 존재
6-2층위 : 백 에너지가 존재
6-3층위 : 혼 에너지가 존재
6-4층위 : 사고조절자가 존재
6-5층위 : 본영이 거주하는 층

본영은 공의 세계 6번째 층 중 가장 깊은 곳인
5층위의 차원간 공간에 머물고 있습니다.
본영은 5층위에 있으면서
아래 4개 층위의 모든 무형의 기계장치들에게
영 에너지를 공급하여 줍니다.
모든 생명체의 생명력의 근원 에너지는 영 에너지가 됩니다.

영은 에너지입니다.
영은 의식을 가지고 있습니다.
영의식의 스펙트럼을 확장하고
영의식의 성격을 결정하고
영의식의 특성을 결정하는 것은
창조주의 조물 작용에 의해 부여되는
사고조절자에 의해 결정이 됩니다.
사고조절자의 크기와 숫자에 따라
영의식의 크기가 결정이 됩니다.
사고조절자의 특성에 따라
인간이 구현할 수 있는 의식의 다양성이 결정이 됩니다.

혼은 에너지입니다.
혼은 의식을 가지고 있습니다.
혼은 매트릭스를 가지고 있습니다.
혼의식은
혼 에너지막에 설치되는 혼의식 프로그램과
혼 에너지막에 설치되는 매트릭스에 따른
빛의 투과율과 굴절률에 따라 결정이 됩니다.

인간의 성격과 감정과 의식의 탄생은
눈에 보이지 않는 공의 세계(6층)에서
창조주의 조물 작용에 의해 이루어집니다.
생명의 탄생 뒤에는
눈에 보이지 않는 세계에서 작용하고 있는
창조주의 조물 작용이 있습니다.

창조주의 조물 작용에 의해 탄생한 인간은 모두
창조주로부터 천부인권을 받아 태어난 것입니다.
창조주의 조물 작용에 의해 태어난 인간은
누구나 하늘의 1/n 만큼의 공평한 지분을 가지고 태어나는데
이것을 천부인권이라고 합니다.
생명체는 모두 1/n 만큼의 공평무사한 하늘의 지분이 있습니다.

이것이 생명의 순환이며
이것이 영혼의 물질 체험이며
이것이 영혼의 진화이며
이것이 대우주의 순환이며 진화의 실체입니다.

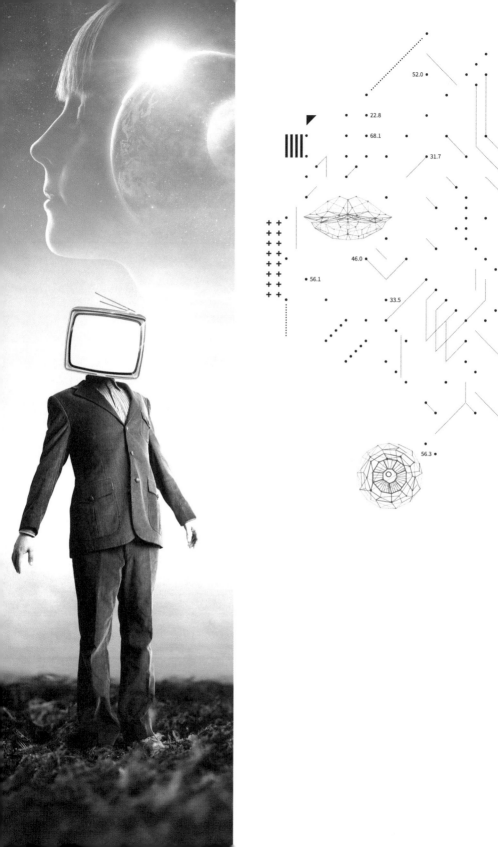

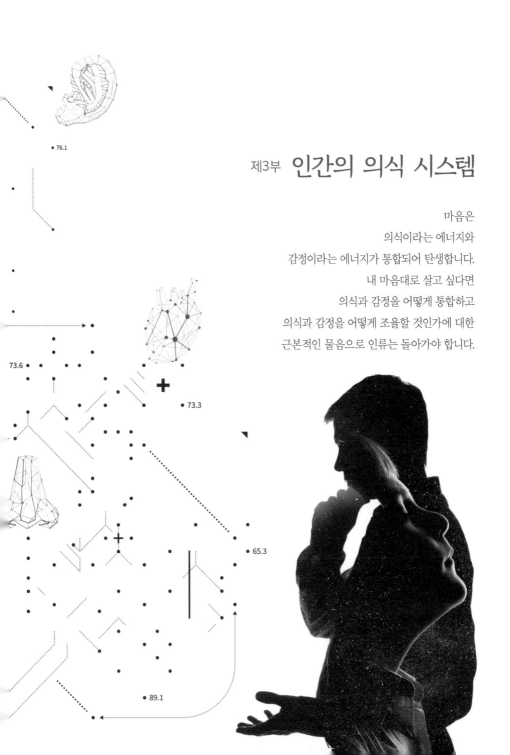

제3부 인간의 의식 시스템

마음은
의식이라는 에너지와
감정이라는 에너지가 통합되어 탄생합니다.
내 마음대로 살고 싶다면
의식과 감정을 어떻게 통합하고
의식과 감정을 어떻게 조율할 것인가에 대한
근본적인 물음으로 인류는 돌아가야 합니다.

왜 나는 이 모양 이 꼴로 살고 있는가?

이 모양 이 꼴로 살고 있는 당신의 모습을
당신의 의식의 수준으로는 이해할 수도 없고
만족할 수도 없을 것입니다.

이 모양 이 꼴로 살고 있는 당신의 모습은
초라하고 별볼일 없는 삶을 살수록
사연이 많고 한 많은 삶을 살고 있을수록
분통이 터지고 화가 날 것입니다.
이 모양 이 꼴로 살고 있는 당신의 모습은
하늘의 입장에서 보면
하늘에서 약속한 대로
하늘에서 프로그램한 대로
잘 살고 있다는 증표입니다.

이 모양 이 꼴로 살고 싶은 사람은 많지 않습니다.
이 모양 이 꼴로 살고 있는 나에게
만족하며 사는 사람 또한 많지 않습니다.
왜 세상은 이 모양 이 꼴이며
왜 나는 이 모양 이 꼴로 세상을 살 수밖에 없는가?
이 문제는 인류의 삶을 관통하는
보편적인 문제이기 때문입니다.

당신의 지금의 삶은
욕망을 가진 당신에게는
매우 불합리하게 느껴질 것입니다.
이 모양 이 꼴로 살고 있는 당신의 지금의 삶은
자유의지를 가진 당신에게는
감옥처럼 느껴질 것입니다.
이 모양 이 꼴로 살고 있는 당신의 지금의 삶은
희망의 나라를 꿈꾸고 있는 당신에게는
지옥처럼 느껴질 것입니다.

당신이 그렇게 힘들어 하는 이곳이
당신이 그렇게 벗어나고자 하는 이곳이
당신이 그렇게 마음에 안 들어하는 이곳이
당신의 영혼의 입장에서 이곳은
이보다 더 좋은 곳은 없을 만큼 안성맞춤인 곳입니다.

당신이 그렇게 힘들어 하는 이곳이
모순으로 가득한 이곳이
말도 안되는 일이 수시로 일어나는 이곳이
정의롭지 않은 부조리한 이곳이
마음에 안 드는 사람들로 가득한 이곳이
당신의 영혼의 입장에서는
영혼이 물질 체험을 통해
윤회를 통해 진화하기에 이곳은
우주에 있는 행성 중에서도
가장 좋은 행성이기 때문입니다.

당신이 그렇게 마음에 들지 않는 당신의 모습은
당신의 카르마를 해소하기 위해
당신의 영혼이 창조한 가장 좋은 모습이라는 것입니다.
당신이 그렇게 마음에 들지 않는 이 세상은
모순으로 가득찬 이 세상은
당신의 카르마를 가장 빨리 해소하기 위해 꼭 필요한 곳입니다.
당신이 그렇게 마음에 들지 않는 이번 생애의 당신의 삶은
당신의 카르마를 해소하기 위해 꼭 필요한 삶입니다.

이 모양 이 꼴로 살고 있는 당신의 삶은
당신의 영혼의 진화 여정에서 반드시 경험해야 되는
필수 과정이라는 것입니다.
당신의 의식의 수준으로는 이해하기 힘들고
인류의 의식 수준으로는 이해하기 힘들지만
당신의 의식이 확장되고 당신의 의식이 깨어나
하늘의 입장에서 당신의 삶을 본다면
당신이 체험한 모든 삶이 신성하다는 것을 알게 될 것입니다.

당신이 이 모양 이 꼴로 살고 있는 이유는
당신의 의식 수준으로는 이해할 수도 없으며
당신의 의식 수준으로는 받아들일 수 없을 것입니다.
보이지 않는 세계의 원리를 이해하지 않는 한
윤회의 법칙과 카르마의 법칙을 이해하지 않는 한
하늘이 일하는 방식을 이해하지 않는 한
당신이 이 모양 이 꼴로 살고 있는 이유는
영원히 알 수 없을 것입니다.

당신의 의식은 깨어나야 합니다.
당신의 의식은 지금보다 확장되어야 합니다.
당신의 의식은 지금 지구 대기권을 벗어나야 합니다.
당신의 의식은 우주의 진리를 향하게 될 것입니다.

당신의 영혼이 땅으로 내려올 때
당신의 가슴속에 하늘이 심어 놓은 진리의 씨앗이
진리를 만났을 때 공명할 것입니다.
당신의 영혼이 땅으로 내려올 때
하늘과 당신 영혼 사이에 신성한 약속의 징표로
당신의 마음속에 심어 놓은 하늘의 마음이
당신의 타임라인에 맞추어 깨어나게 될 것입니다.

인류는 격변의 시대에 내던져질 것입니다.
인류는 단 한번도 경험하지 못한 것들을
경험하게 될 것입니다.
인류 모두는 혼란과 혼돈속으로 내던져질 것입니다.
혼란의 틈속에서 혼돈의 상황속에서
인류의 의식은 급속도로 깨어나게 될 것입니다.

의식이 깨어나는 하늘 사람들을 위해
의식이 깨어나는 빛의 일꾼들을 위해
이 글은 우데카 팀장이 상징의 표식으로 준비한 글입니다.

인류의 건승을 빕니다.

인간의 성격에 대한 정리

인간의 성격에 미치는 영향이 큰 것부터 정리하면
다음과 같습니다.

1. 영의 크기와 밝기

영의 크기가 클수록 영의 밝기가 밝을수록
영의 밀도가 높을수록 영의식이 크게 작용합니다.
영은 창조주로부터 부여받습니다.
영의식에서 영 에너지가 발현됩니다.
영 에너지는 변하지 않는 에너지입니다.
영 에너지는 우주에서 가장 순수한 에너지입니다.
인간의 성격에 가장 많은 영향을 줍니다.
본영의 특성을 나타내고 있습니다.
영 에너지를 봉인하거나 축소하면
인간의 성격 또한 변하게 됩니다.

2. 사고조절자의 영향

영의 여행과 영혼의 물질 체험을 위해서는
창조주로부터 사고조절자를 부여받아야 합니다.
창조주로부터 부여받는 사고조절자의 내용에 따라
영혼의 진화 방향이 결정이 됩니다.
사고조절자 없이는 영의 여행과 영혼의 물질 여행은 불가능합니다.
사고조절자의 특성이 영혼의 특성을 규정하게 됩니다.

인간의 성격은 물론 식물과 동물의 특성 또한
사고조절자의 특성에 따라 결정됩니다.

3. 혼의식 프로그램

영이 물질 체험을 하기 위해서는
창조주로부터 사고조절자를 부여받아야 합니다.
영혼의 프로그램 즉 삶의 프로그램이
하늘에서 준비되고 계획될 때
사고조절자의 특성에 맞는 최적화된 혼의식 프로그램이 설치되어
영혼의 바탕 에너지가 결정이 됩니다.
사고조절자의 특성과 혼의식 프로그램에 의해
상위자아의 특성이 결정이 되며
상위자아의 특성에 의하여 아바타(인간)의 성격이 결정이 됩니다.

4. 혼 에너지에 설치되는 빛·중간·어둠의 매트릭스

혼의식은 혼의식 프로그램과
혼 에너지의 막에 설치되는
빛과 중간계와 어둠의 매트릭스에 의해 결정이 됩니다.
빛의 매트릭스는 사물을 인식하는데
왜곡없이 사물의 본질을 인식하게 합니다.
중간계와 어둠의 매트릭스는 색안경을 끼고
사물을 인식하는 것과 같은 원리입니다.
혼 에너지에 설치되는 매트릭스의 종류에 따라
정치적 성향이 달라지게 되며
현실을 인식하는 의식의 층위가 달라지며
문제를 해결하는 방식 또한 현저하게 달라지게 됩니다.

인간의 성격 형성에 중요한 인자입니다.
동양학에서 말하는 성선설과 성악설의 기원은
바로 혼 에너지에 설치되는 매트릭스의 종류를 말하는 것입니다.
일반적으로 빛, 중간, 어둠의 매트릭스 비중은 4 : 2 : 4입니다.

5. 메타 의식구현 시스템

인간의 마음과 인간의 의식을 형성하는
눈에 보이지 않는 시스템이 있는데
이것을 메타 휴머노이드 의식구현 시스템이라 합니다.
메타 의식구현 시스템은 심장을 싸고 있는 심장의 막인
심포의 차원간 공간(공간속의 공간)에 위치하고 있습니다.
모든 생명체에는
의식을 구현하는 무형의 기계장치들이 설치되어 있습니다.
인간에게 설치되어 있는 메타 의식구현 시스템은
무의식과 잠재의식 현재의식의 3개의 층위로 존재하고 있습니다.
인간의 성격 중 지능이나 달란트를 결정하는 중요한 요소입니다.

6. 감정선과 의식선

인간은 임맥선에 감정을 느끼고 구현할 수 있는
무형의 기계장치들이 12개가 설치되어 있습니다.
등뒤의 독맥선에는 의식을 구현할 수 있는
7개의 무형의 기계장치들이 설치되어 있습니다.
12개의 감정선과 7개의 의식선은
메타 의식구현 시스템에 연결되어 의식이 구현되고 있으며
이것을 뇌에서 인식하는 것입니다.
인간의 성격에 직접적인 영향을 미치고 있습니다.

7. 백 에너지의 영향

영혼이 물질 체험을 하기 위해서는

입어야 하는 외투가 반드시 있어야 합니다.

식물은 다양한 식물의 종이 외투가 되며

동물 또한 다양한 동물의 종이 외투가 됩니다.

인간은 호모 사피엔스라는 외투를 입고 있는데

호모 사피엔스라는 외투는 그 특성에 따라 4가지로 구분되며

4종류가 확장이 되어 12지파로 구분되어집니다.

인간의 4가지 형질은 다음과 같습니다.

> 어류의 형질 : 신장이 발달 → 이성이 발달
>
> 조류의 형질 : 심장이 발달 → 직관이 발달
>
> 갑류의 형질 : 폐가 발달 → 육체적 힘이 발달
>
> 주류의 형질 : 간이 발달 → 감정이 발달

인간의 몸을 구성하고 있는 4가지 유전 형질의 조합 비율에 따라

인간의 성격이 달라지게 됩니다.

8. 외부의 에너지체에 의한 영향

외부의 에너지체에는 5차원 영계의 귀신이나

7차원의 하품 천사 / 어둠의 천사

9차원의 중품 천사 / 어둠의 천사

11차원의 상품 천사 / 어둠의 천사가 있습니다.

카르마를 해소하기 위해

어둠의 에너지체들을 몸으로 직접 경험하는 분들은

정신분열이나 조울증이나 우울증에 시달리게 됩니다.

횡설수설을 하거나

척신난동

폭발적 분노(감정조절 장애)

정신분열을 일으키는 원인들은

눈에 보이지 않는 에너지체들에 의해 발생합니다.

귀신이나 천사 또는

사탄이나 악마로 알려져 있는 에너지체들은

인간의 감정선과 의식선을 교란시키는 파장대를 가지고 있습니다.

이 파장대를 이용하여

인간의 감정과 의식을 교란시키거나

정신분열을 일으키기도 합니다.

어둡고 탁한 에너지를 체험하는 것은

인간의 성격에 영향을 미치는 정도를 넘어서

정상적인 삶을 살아가기 어렵게 합니다.

이러한 방법으로

자신의 카르마들이 해소되는 것이며

이러한 에너지체들의 작용으로

하늘의 완전한 통제와 관리속에

인간의 삶이 있는 것입니다.

기록의 필요성이 있어

우데카 팀장이 이 글을 남깁니다.

성격이 변한다는 것이 갖는 의미

인간의 성격은 공의 세계에서
조물주의 조물 작용에 의해 탄생됩니다.
인간의 성격은 공의 세계의 층위에서
조물주의 조물 작용에 의해 탄생된 천부인권입니다.
인간의 성격은 공의 세계의 층위에서
조물주의 조물 작용에 의해 탄생된
타고난 천성이며 타고난 태성(胎性)입니다.

인간의 성격은 공의 세계의 층위에 설치된
혼의식 매트릭스와 혼의식 프로그램에 영향을 받습니다.
인간의 성격은 공의 세계의 층위에 설치된
카르마 에너지장의 영향속에 있습니다.
인간의 성격은 기의 세계의 층위에 있는
감정선과 의식선에 설치된
카르마 에너지장의 영향을 받습니다.
인간의 성격은 색의 세계의 층위에 설치된
장부의 카르마 에너지장의 영향을 받습니다.

인간의 성격은 잘 변하지 않습니다.
자신의 성격에 만족하는 사람보다는
자신의 성격이 마음에 들지 않는 사람이
훨씬 더 많습니다.

인간의 성격이 변한다는 것은
보이지 않는 세계에서의 변화가 있어야 가능합니다.

인간의 성격이 변한다는 것은
세상을 보는 눈이 달라졌음을 의미합니다.
인간의 성격이 변한다는 것은
의식이 확장되고 의식이 깨어난다는 것을 말합니다.

인간의 성격이 변한다는 것은
몸의 진동수가 높아진다는 것을 의미합니다.
인간의 성격이 변한다는 것은
몸의 진동수가 높아진 만큼
상위자아 합일이 이루어졌다는 것을 말합니다.
인간의 성격이 변한다는 것은
신인합일(神人合一) 또는 인신합일이 이루어진다는 것을 말합니다.
인간의 성격이 변한다는 것은
본영과의 합일이 이루어질 때 가능합니다.

인간의 성격이 변한다는 것은
우주의 높은 차원의 문과 차원의 벽을 뚫고
우주의 높은 에너지와 공명한다는 것을 의미합니다.
인간의 성격이 변한다는 것은
머리로 아는 것이 가슴으로 내려오는 과정을 말합니다.
인간의 성격이 변한다는 것은
가슴으로 내려온 지식이 손과 발로 내려와
실천하고 행동한다는 것입니다.

인간의 성격이 변한다는 것은
피눈물나는 삶속에서 고통과 고생을 통해
카르마가 해소되고 있음을 말합니다.
인간의 성격이 변한다는 것은
정형화된 생각의 틀과
고착화된 사고의 틀을 벗어나는 것을 말합니다.
수많은 실패와 시행착오를 거치면서 학습된 사고가
태어날 때 부여받은 천성을 극복한다는 것을 말합니다.

인간의 성격이 변한다는 것은
보이지 않는 세계에서
의식과 감정의 왜곡이 나타나도록 프로그램되어 있는
카르마 에너지장이 약화된다는 것을 말합니다.
인간의 성격이 변한다는 것은
인간이 철이 들어가는 과정이며
인간이 늙어가는 것만이 아닌
익어가고 성숙되어 가는 것을 말합니다.

인간의 성격이 변한다는 것은
보이지 않는 세계에서
인간의 의식을 구현하는 메타 의식구현 시스템이
비정상의 상태에서 정상적인 상태로
영점 조정이 일어났다는 것을 말합니다.
인간의 성격이 변한다는 것은
내 몸안에 들어와 있는
하늘의 에너지체(천사)들의 구성이 달라졌음을 의미합니다.

인간의 성격이 변한다는 것은
내 몸안에 들어와 있는
하늘의 에너지체들의 역할과 임무가 변경되었음을 의미합니다.

인간의 성격이 변한다는 것은
이번 삶을 통해 풀어야 하고 갚아야 하는
카르마들이 해소되었음을 의미합니다.
인간의 성격이 변한다는 것은
이번 삶을 통해 체험하고 경험할 것들을 통해
영혼이 성숙해졌다는 것을 의미합니다.
인간의 성격이 변한다는 것은
이번 삶을 통해 영혼이 성장했음을 의미합니다.

인류의 건승을 빕니다.

인간의 감정이 구현되는 원리

인간의 감정은 어디에서 오는 것일까요?
감정은 마음에서 생긴다고 생각하십니까?
감정이 마음에서 발생한다면 그 마음은 어디에 있는 것일까요?
해부학적으로 알려져 있는 인간의 심장에서
마음이라는 것이 생겨난다고 그렇게 믿고 계십니까?
해부학적으로 알려져 있는 인간의 심장에서
감정이라는 것이 탄생한다고 진짜로 그렇게 믿고 계십니까?
아니면 마음이라는 것도 내 감정이라는 것도
뇌에서 발생하고 뇌에서 느끼는 것이라고
그렇게 믿고 계십니까?

누구하나 속 시원하게 내 마음이 어디에서 나오고 있는지
말해주는 사람이 없으며
누구하나 속 시원하게 감정이 어디에서 나오는지
말해주는 사람이 없습니다.
목마른 사람이 우물을 찾고
목마른 사람이 우물을 파듯이
하늘과의 소통속에
인간의 마음이 어디에서 오는지를 정리해 밝혀 두었습니다.
이 글은 인간의 감정이 어디에서 어떻게 발생하는지
그 원리와 메커니즘을 규명한 글입니다.

인간의 몸은 색의 세계와 기의 세계와 공의 세계로 되어 있습니다.

색의 세계는 3개의 층위로 되어 있으며

기의 세계는 2개의 층위로 되어 있으며

공의 세계는 1개의 층위로 되어 있습니다.

기의 세계에는

경락 시스템이 있는 층위(4층)와

감정선과 의식선이 있는 층위(5층)가 있습니다.

마음이라는 작용이 일어나는

메타 휴머노이드 의식구현 시스템은 5층에 있으며

감정선과 의식선보다 더 깊숙한 부위에 있습니다.

인간의 몸에는

12개의 감정을 발생시키는

무형의 기계장치가 있습니다.

인간의 몸에 존재하는 경락 시스템은

우주 공학기술로는 12차원 5단계는 되어야

과학 장비를 통해 볼 수 있습니다.

인간의 몸에 존재하는

12개의 감정을 일으키는

12개의 무형의 기계장치들은

우주의 공학기술로는 12차원 8단계의

과학기술로 만든 장비들을 통해서 볼 수 있습니다.

인류의 현재의 과학기술로는 볼 수 없는

경락 시스템과 감정을 발생시키는 무형의 기계장치들은

영안(靈眼)이 열린 인자들을 통해서 볼 수밖에 없습니다.

호모 사피엔스(인간)가 창조될 때
인간은 12개의 감정을 일으킬 수 있도록
12개의 무형의 기계장치를 셋팅해 두었습니다.
감정은 에너지입니다.
슬픔도 에너지이며
기쁨도 에너지이며
두려움도 에너지이며
공포도 에너지입니다.
감정을 느낀다는 것은 외부에서 온 것이 아니라
내부에서 발생한 에너지를
내가(뇌가) 인지하는 것을 의미합니다.

인간의 감정을 일으키는 무형의 기계장치는
단전에서부터 천돌까지 일직선으로 설치되어 있습니다.
12개의 감정선에 따른 에너지 발생 장치는 다음과 같습니다.

천돌 → 단전 방향
12번 기계장치 : 자비와 연민의 에너지
11번 기계장치 : 포용력과 관용의 에너지
10번 기계장치 : 여유와 안정 낙관의 에너지
 9번 기계장치 : 희망과 자신감 자만의 에너지
 8번 기계장치 : 사랑과 설레이는 에너지
 7번 기계장치 : 평정심과 냉정함의 에너지
            • 해부학적 위치는 명치(거궐 부근)
            • 감정의 기준점이며
            • 감정의 영점이 되는 지점

6번 기계장치 : 의심과 불신 불만의 에너지

5번 기계장치 : 두려움과 공포의 에너지

4번 기계장치 : 무기력과 좌절 의존의 에너지

3번 기계장치 : 불안과 초조 비관의 에너지

2번 기계장치 : 분노와 화의 에너지

1번 기계장치 : 원망과 복수 미움의 에너지

12개의 감정선

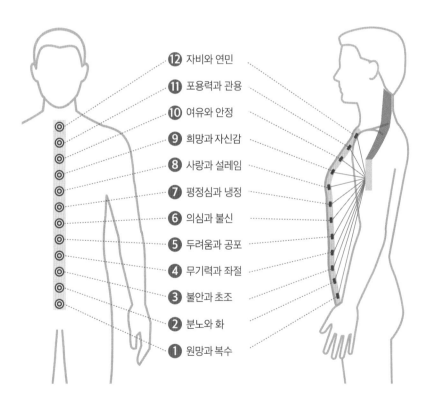

⑫ 자비와 연민
⑪ 포용력과 관용
⑩ 여유와 안정
⑨ 희망과 자신감
⑧ 사랑과 설레임
⑦ 평정심과 냉정
⑥ 의심과 불신
⑤ 두려움과 공포
④ 무기력과 좌절
③ 불안과 초조
② 분노와 화
① 원망과 복수

평정심과 냉정함을 일으키는 에너지를 기점으로
위로 가면 갈수록 긍정적인 감정을 발생시키게 되며
파장이 높고 고에너지입니다.
평정심과 냉정함을 일으키는 에너지를 기점으로 아래로 내려갈수록
어둡고 파괴적인 부정적인 감정을 발생시키게 되며
낮은 진동수를 가진 에너지들이 발생합니다.

감정을 일으키는 무형의 에너지 장치는
하나의 감정만을 일으키는 에너지 장치입니다.
감정을 일으키는 무형의 기계장치가
고장나서 작동이 되지 않거나
성능이 저하되는 경우가 발생하게 됩니다.
이럴 때 감정 장애가 발생되는 것입니다.
인간의 12개의 감정이 한꺼번에
모두 작동되는 경우는 거의 없습니다.
인간의 12개의 감정은
적게는 1~2개에서 많게는 5개 정도가 동시에 발생합니다.
하나 이상의 감정이 발생이 되면
심포에 있는 메타 의식구현 시스템에서
발생된 에너지들을 분류하거나 통합하여
뇌에 정보를 전달해서
감정을 느끼게 되는 것입니다.

감정 장애가 발생하는 첫번째 경우는
12개의 감정을 일으키는 무형의 기계장치에
문제가 발생하는 경우입니다.

감정 장애가 발생하는 두번째 경우는
생성된 감정을 분류하고 통합하는
메타 의식구현 시스템(마음)의 이상 현상입니다.
감정 장애가 발생하는 세번째 경우는
정보를 처리하고 정보를 인지하는
뇌의 장애로 발생하게 됩니다.

감정은 12개의 에너지를 생산하는
무형의 기계장치에서 발생합니다.
인간의 감정은 감정이라는 특수한 에너지를 생산해내는
무형의 기계장치의 성능에 영향을 받을 수밖에 없습니다.
감정은 에너지입니다.
감정이라는 특수한 에너지를 생산하는
무형의 에너지 장치의 특성과
이상 현상으로 생기는 감정 장애들의 양상은 다음과 같습니다.

12감정선마다 출력되는 에너지 값이
사람마다 다르게 정해져 있습니다.
• 감정의 다양성과 복잡성이 생기는 이유가 됩니다.

12감정선에서 상황에 맞추어 발현되는 특정한 에너지의
최소값과 최대값이 정해져 있습니다.
• 상황에 따라 감정의 기복이 나타나는 이유
• 특정한 감정을 잘 느끼지 못하거나
  특정한 감정을 너무 예민하게 느끼는 이유가 됩니다.

카르마 에너지장에 의해

하늘의 에너지체들의 작용에 의해

특정한 감정이 발현되지 못하게 되는 경우

- 상황에 맞지 않는 감정이 발생
- 울고 싶은데 울지 못하고
- 슬픈데 슬픈 감정을 느끼지 못하고
- 웃고 싶은데 웃지를 못하고
- 화를 내고 싶은데 전혀 화를 못내게 됩니다.

카르마 에너지장에 의해

하늘의 에너지체들의 방해로 인해

특정한 감정만이 증폭되는 경우

- 지나치게 웃는 경우
- 실실 웃는 경우
- 과도하게 화를 내는 경우
- 두려움과 공포를 지속적으로 느끼게 되며
- 불안과 초조함을 지속적으로 느끼게 되며
- 조마조마 좌불안석의 에너지를 느끼고
- 우울증과 무기력한 감정에 지속적으로 노출이 되기도 합니다.

인간의 감정은 에너지로 되어 있습니다.

인간의 감정은 특수한 에너지입니다.

인간의 감정은

12개의 감정을 만들어내는 에너지 장치에 만들어진 것을

내가 인지하는 것입니다.

인간의 감정은 복잡하고 미묘합니다.

인간의 복잡하고 미묘한 감정들은
12개의 에너지가 심포에서 모이면 에너지들끼리의 작용에 의해
새로운 에너지가 탄생하게 됩니다.
이러한 심포의 에너지 작용에 의해
기존의 12개의 에너지와는 다른 에너지가 탄생되며
다양한 감정이 탄생하게 됩니다.
인간의 감정은 12개의 에너지가 서로 얽히고설키면서
세분화되고 복잡해지고 다양해집니다.

상황에 맞는 감정과 의식이 정상적으로 발현되도록
모든 것이 자동적으로 작동됩니다.
미묘하고 복잡한 감정이 구현될 때나
극한의 공포나 두려움이 작동이 될 때
특정한 감정 상태가 지속적으로 나타날 때
좋을 때와 나쁠 때의 감정의 기복이 심한 경우에
감정을 구현하는 시스템은 상위자아에 의해 수동으로 작동됩니다.
상위자아는 감정과 의식이 구현되는
모든 상황을 관리하고 통제하는 역할을 맡고 있으며
의식을 가지고 있는 에너지체입니다.
상위자아에 의해 감정과 의식이 구현되는데 필요한 모든 시스템은
관리되고 있습니다.

상위자아가 관리할 수 있는 감정이 있습니다.
상위자아가 구현할 수 없는 감정이 있습니다.
상위자아가 관리할 수 있는 의식이 있습니다.
상위자아가 구현할 수 없는 의식이 있습니다.

카르마 에너지장의 장애로 인하여
에너지체들(귀신이나 어둠의 천사)의 방해로 인하여
인생의 프로그램의 내용에 따라서
특정한 감정이나 의식을 전혀 구현하지 못하거나
일부 장애를 갖고 살아갈 수밖에 없는 경우가 있습니다.

감정은 생각보다 앞서고
감정은 의식보다 앞서고
감정은 이성보다 앞서고
감정은 인간의 욕망의 상징인
에고의 에너지와 너무 닮아 있습니다.

마음은
의식이라는 에너지와 감정이라는 에너지가 통합될 때 탄생합니다.
의식이 감정을 앞서는 경우보다는
감정이 의식을 앞서는 경우가 많습니다.
내 마음의 내용을 감정의 에너지로 채울 것인지
내 마음을 의식의 에너지로 채울 것인지
인류는 고민이 필요한 시점에 와 있습니다.

내 마음대로 하고 싶고
내 마음대로 살고 싶은 것은 인간의 본성입니다.
내 마음대로 살고 싶다면
의식과 감정을 어떻게 통합하고
의식과 감정을 어떻게 조율할 것인가에 대한
근본적인 물음으로 인류는 돌아가야 합니다.

생각도 에너지이며
의식도 에너지이며
감정도 에너지이며
자만과 교만도 에너지이며
슬픔과 기쁨도 에너지이며
모든 에너지들의 총합이 마음입니다.

마음 공부란
가부좌를 틀고 앉아 주문을 외우고
좋은 말과 좋은 글을 공부하는 것이 아닙니다.
마음 공부란
에너지를 다루는 기술을 배우는 것입니다.
마음 공부란
감정이라는 에너지를 다루는 기술이며
의식이라는 에너지를 다루는 기술이며
마음이라는 에너지를 다루는 기술을 스스로 터득하는 것입니다.

마음 공부란
모든 것은 에너지의 세계이며
나에게서 발생하는 에너지를
내가 어떻게 다루는가를 배우는 과정입니다.

마음 공부란
모든 것은 에너지의 세계이며
타인에게서 발생하는 모든 것들 또한
에너지의 작용이라는 것을 배우는 것입니다.

마음 공부란
좋은 것도 에너지이며
나쁜 것도 에너지이며
기쁨도 슬픔도 에너지의 작용이며
행복도 불행도 에너지의 작용이라는 것을 아는 것입니다.

마음은 에너지입니다.
마음을 다스린다는 것은
나로부터 발생하는 에너지를 다룰 줄 안다는 것이며
마음을 다스린다는 것은
외부로부터 타인으로부터 발생한 부정적인 에너지들은
실체가 아닌 에너지가 나왔다 사라지는 것이며
에너지의 작용이라는 것을 아는 것입니다.

최고의 마음 공부란
에너지를 다루는 연금술사가 되는 것입니다.

인간의 의식이 구현되는 원리

인간의 몸에는
의식을 구현할 수 있도록 하는
무형의 기계장치들이 설치되어 있습니다.
인간은 몸에는
7개의 의식을 발생시키는 무형의 장치가
독맥선에 설치되어 있습니다.
7개의 의식선은 허리 부근의 독맥 라인에서부터
대추혈까지 설치되어 있습니다.
7개의 의식선은 외부에서 보면
7개의 구멍으로만 보입니다.
7개의 구멍 안으로 들어가 보면
정교한 기계장치들로 되어 있습니다.

임맥선상에 있는 12개의 감정선에서는
특정한 파장을 가진 에너지를 공급합니다.
독맥선상에 있는 7개의 의식선에서는
정보를 처리하고
정보를 공급하는 역할을 합니다.
특정한 생각이 반복적으로 떠오르거나
처음 보는 것인데 익숙한 느낌이 들거나
왠지 할 수 있을 것 같은 생각이 들거나
한번 보고 들은 것이 생생하게 다시 떠오르거나

남들은 어렵다고 하는데 어려운 느낌이 전혀 들지 않거나

그냥 안다는 생각이 들거나

이미지가 떠오르거나

추상적으로 떠오르는 것이 있는데

말로는 설명하기 어려운 부분이 발생하는 경우들이 있습니다.

7개의 의식선은

인간의 창조 능력을 결정하는 지표입니다.

7개의 의식선은

논리적 사고와 추론적 사고의 출발점입니다.

7개의 의식선에서

언어를 추상화 할 수 있고

언어를 상징화 할 수 있는 능력이 나옵니다.

7개의 의식선에서

사물의 본질을 꿰뚫어 볼 수 있는

통찰력과 직관력이 나옵니다.

7개의 의식선에서

사물의 본질에 접근할 수 있는

논리 너머에 존재하는 초월적 사고가 나옵니다.

7개의 의식선의 역할과 기능을 정리하면 다음과 같습니다.

대추혈 → 요양관혈 방향

7번 의식선

경계를 넘어서는 사고

초월적 사고

6번 의식선

추상적 사고

관념적 사고

창조적 사고

상징화 할 수 있는 능력

5번 의식선

눈에 보이지 않는 것을 믿기 시작하는 첫 단계

상상력이 발달한 사람

예의와 형식에서 벗어나려는 의식의 시작

전체를 보는 의식이 태동되는 시기로 통찰력으로 완성됨

4번 의식선

의식선의 기준

그냥 아는 것의 시작

직관력의 시작

눈에 보이는 것만을 믿는 수준에서

눈에 보이지 않는 세계에 대한 호기심의 시작

3번 의식선

눈에 보이는 것만을 믿는 의식

눈에 보이는 것에 대한 논리적 사고의 정점

눈에 보이는 것에 대한 분석적이고 통합적 사고

대중의 의식 수준을 리드하는 그룹

패러다임에 충실히 봉사하는 역할

매트릭스를 보전하고 유지하는 역할

2번 의식선

내가 타인과 다르다는 의식의 시작

대중이 믿는 상식에 대해 안티적인 의식이 생겨나는 단계

과학적 사고를 더욱 발전시키려는 의식

보편적 사고에서 발전해 독창성을 찾는 의식

패러다임 안에서 패러다임의 확장을 시도하는 의식

1번 의식선

보편적 사고

상식적 사고

남들처럼 살래요

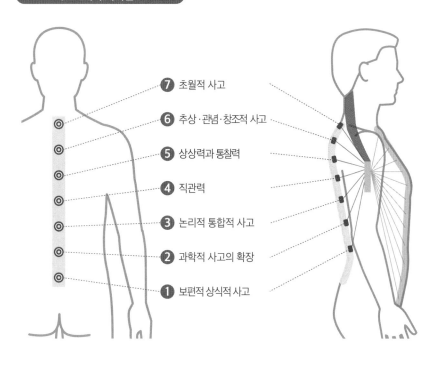

7개의 의식선

7 초월적 사고

6 추상·관념·창조적 사고

5 상상력과 통찰력

4 직관력

3 논리적 통합적 사고

2 과학적 사고의 확장

1 보편적 상식적 사고

영혼이 물질 체험을 하기 위해서는
감정과 의식을 구현할 수 있어야 합니다.
식물과 동물들 역시 감정선과 의식선이 설치가 되어 있습니다.
모든 생명체들은 감정을 느낍니다.
모든 생명체들은 의식을 구현할 수 있습니다.
자유의지가 높은 생명체일수록
감정선과 의식선의 숫자는 많아집니다.

12개의 감정선에서 나오는 에너지와
7개의 의식선에서 나오는 정보와 이미지와 느낌들은
모두 심포에서 통합이 됩니다.
심포(心包)는 심장을 싸고 있는 막을 의미합니다.
심포에는 인류가 마음이라고 느끼고 있는
감정과 의식을 통합하여
인지와 행동을 결정하는
메타 휴머노이드 의식구현 시스템이라는
무형의 기계장치가 존재하고 있습니다.

심포의 벽에는
인간이 태어날 때 창조주로부터 받은
사고조절자가 셋팅되어 있습니다.
심포에 있는 메타 의식구현 시스템은
사고조절자에 연결되어 있으며
사고조절자의 층위에 따라
감정선과 의식선에서 올라온 에너지와 정보를
분류하고 저장하고 통합합니다.

메타 의식구현 시스템은

감정과 의식을 처리하는 연산 장치입니다.

메타 의식구현 시스템의 연산 처리속도와 성능이

그 사람의 인지 능력과 창조 능력을 결정합니다.

인류에게 탑재된 메타 의식구현 시스템의 성능 수준은

발달장애인의 경우 1.5 버전이며

일반인은 3.5 정도가 평균이며

머리 좋은 사람은 5 정도이며

상위 1%의 천재는 7 정도로 볼 수 있습니다.

인간에게 설치되어 있는 7개의 의식선은

사고조절자에 있는 정보와 연결되어 있습니다.

생존에 꼭 필요한 의식과

일상 생활을 하는데 꼭 필요한 의식과 정보는

7개의 의식선 자체에서 공급을 합니다.

발전적인 사고나 창의적인 생각

예술적인 감각이나 미학적 감각

독창적인 의식이나 독창적인 생각

추상적인 생각이나 상징화 할 수 있는 능력

언어를 고도로 추상화하는 능력

전체적인 그림을 볼 수 있는 능력

예리한 분석력과 통찰력 등은

7개의 의식선에 연결되어 있는

사고조절자라는 정보체계 속에서 나옵니다.

7개의 의식선에 높은 수준과 높은 차원의 정보들을 공급하는 것은

그 사람이 태어날 때 창조주(하늘)로부터 받은 사고조절자입니다.

사고조절자는 7개의 의식선과 메타 의식구현 시스템에
모두 연결되어 있습니다.
메타 의식구현 시스템에서
발현된 감정의 에너지들은 재해석되고
발현된 의식의 정보들 또한 재해석됩니다.
메타 의식구현 시스템의 체를 통과한 정보들은
뇌로 보내지고
뇌에서 정보를 인지하게 되는 것입니다.
감정과 의식이 구현되는 과정은 매우 복잡하며
이 과정 중 일부(하나)에 조금이라도 이상이 생기면
정상적인 감정과 의식이 발현되지 못하고
문제가 발생하게 됩니다.

영의 크기가 클수록
영의식이 클수록
혼 에너지의 크기가 큽니다.
영혼의 에너지가 클수록
풍부한 감정을 느낄 수 있습니다.
영혼의 에너지가 클수록
폭넓은 의식을 구현할 수 있으며
높은 창조 능력을 구현할 수 있습니다.

영혼의 크기가 클수록
우주적 신분이 높을수록
태어날 때 가지고 오는
사고조절자의 숫자가 많습니다.

사고조절자의 숫자가 많을수록
폭넓은 감정을 체험할 수 있으며
복잡하고 미묘한 감정까지 느낄 수 있습니다.
사고조절자의 숫자가 많을수록
높은 수준의 창조 능력을 구사할 수 있으며
언어를 고도로 추상화 할 수 있습니다.

영혼의 에너지가 클수록
우주적 신분이 높을수록
빛의 일꾼일수록
하늘 사람들일수록
자신의 임무와 역할이 시작되기 전에는
일반인들보다 훨씬 더 많은 봉인과
카르마 에너지장이 설치되어 있습니다.

일반인들(흰빛이나 은빛 영혼)에 비해
빛의 일꾼들(녹색빛)과 하늘 사람들(노란빛 이상)은
감정선과 의식선 그리고 메타 의식구현 시스템에
카르마 에너지장이 강하게 설치되어 있는 경우가 많습니다.
빛의 일꾼들과 하늘 사람들은 일반인들에 비해
영의 크기가 최소 5배에서 최대 32배 이상 큽니다.
공정한 게임을 위해
실질적인 평등을 실현하기 위해
빛의 일꾼들과 하늘 사람들은
때가 되기 전까지
카르마 에너지장에 의해 철저하게 봉인되어 있습니다.

빛의 일꾼들과 하늘 사람들은
일반인에 비해
고집불통과 꼴통들이 많으며
인지부조화가 많으며
감정장애를 가지고 있으며
의식 또한 제대로 발현되지 못하고
평범한 사람으로 살고 있습니다.
빛의 일꾼들과 하늘 사람들은
남들보다 못한 삶을 살아가지만
남들보다 뛰어나 보이지 않으며
남들보다 사회적으로 성공하지도 못하지만
남들이 믿지 않는 보이지 않는 세계를 믿고 있습니다.

빛의 일꾼들과 하늘 사람들은
남들은 그렇게 사는 것이 재미있고
여행가고 외식하고 노는 것이
그렇게 재미있다고 하는데
나는 뭘 해도 재미가 없으며
눈에도 보이지 않는 진리를 찾고
나를 찾고 신을 찾는데 에너지를 쏟고 있을 것입니다.

의식은 기억의 정보입니다.
의식은 하늘에서 뚝 떨어지지 않습니다.
의식은 하루 아침에 확장되지 않습니다.
의식이 깨어난다는 것은
부자가 전재산을 사회에 기부하는 것만큼 어려운 것입니다.

의식이 깨어난다는 것은
내가 가지고 온 정보에
내가 접근한다는 것입니다.

의식이 깨어난다는 것은
내 기억의 창고에서
내가 누구인지
내 우주적 신분이 누구인지
내가 나를 기억해 내는 것입니다.

의식이 깨어난다는 것은
내 마음대로 되는 것이 아닙니다.
하늘의 도움이 있어야 하는 것입니다.

빛의 일꾼들과 하늘 사람들에게 전합니다.
당신들의 의식은 깨어나게 될 것입니다.
하늘의 빛으로 당신들은 깨어나게 될 것입니다.
250만 년을 지구라는 실험행성에서
250만 년을 지구라는 감옥행성에서
역할과 임무를 위해
인고의 삶을 견뎌낸 당신들의 의식을 깨우는
황금나팔 소리가
2018년 7월 3일을 기점으로
본격 시작되었음을 전합니다.

빛의 일꾼들과 하늘 사람들의 건승을 빕니다.

식물의 감정과 의식이 구현되는 원리

생명체들은 감정과 의식을 가지고 있습니다.
생명이 없는 물질은 감정을 느끼지 못합니다.
생명체는 감정과 의식을 구현하는 시스템이 설치되어 있기 때문에
감정과 의식을 구현할 수 있습니다.
생명 현상이 일어나지 않는 물질(광물)들은
감정을 구현하는 시스템이 없기 때문에 감정을 느낄 수 없습니다.

물질(광물)에는 의식이 들어 있습니다.
물질은 의식을 구현하는 시스템이 없습니다.
물질(광물)은 그 물질이 갖고 있는
고유한 성질과 특성을 유지하고 나타내는
정보를 담은 의식을 가지고 있습니다.
물질에 들어있는 의식은 진동을 하며
진동을 통해 물질의 특성을 유지하고 있습니다.

물질에 들어있는 의식은
원소 정령들이 가지고 있는 특성을 말합니다.
물질의 크기에 상관없이
같은 물질에는 동일한 의식이 들어 있습니다.
물질에 들어있는 의식은
물질이 존재하는 차원에 따라
의식의 크기가 다르게 존재합니다.

차원마다 고유하게 존재하는 물질이 존재하며

높은 차원에 존재하는 물질(광물)일수록

높은 의식(많은 정보)을 가지고 있습니다.

식물은 두가지 감정을 느낄 수 있도록

시스템이 설계되어 있습니다.

식물은 좋은 감정과 싫은 감정 두 개만을 느낄 수 있습니다.

식물이 창조될 때

좋은 감정을 80%

싫은 감정을 20% 느끼도록 설계되었습니다.

식물은 자신이 자랄 수 있는 자연의 조건이 형성되면

그곳이 절벽위의 바위틈이든

그곳이 도심의 보도블럭 사이든

그곳이 기름진 밭이든

그곳이 자갈밭이든 상관없이

뿌리를 내린 곳에서

자신에게 입력된 프로그램대로

자신이 가지고 있는 최대한의 생명력이 발현될 수 있도록

최선을 다하고 있습니다.

이러한 식물의 특징을 인문학에서는

식물체의 향락이라고 합니다.

식물이 느끼는 부정적인 감정 20%는

생존을 위해 최소한으로 필요한 에너지이며

식물이 느끼는 부정적인 감정 20%를

인간에 비유하면 다음과 같습니다.

인간이 죽음을 겪을 때 느끼는
두려움과 공포의 최대값을 100이라고 할 때
식물이 죽음을 느낄 때 느끼는 두려움과 공포는
인간이 느끼는 두려움과 공포의 1/200 정도 됩니다.

식물은
고통과 통증을 거의 느끼지 못합니다.
인간은 인간의 감정을 식물에 이입하여
식물도 아플거라고 생각하고 있으며
식물이 고통을 받고 있다고 느끼고 있으며
식물이 슬픔을 느낄거라 믿고 있습니다.
식물들에게 프로그램된 감정은
외부에서 긍정적인 에너지를 느끼고 받게 되면
좋아한다고 반응하는 것이 아니라
식물의 생명력이 풍부해지도록 되어 있습니다.
긍정적인 에너지는 식물체의 생명력을 증가시키며
식물체의 면역력을 증가시킵니다.
식물체가 받은 긍정적인 에너지는
식물을 건강하게 자라게 하는 에너지이며
건강하게 자란 식물은 열매를 잘 맺으며
주변의 부정적인 에너지를 정화시켜 줍니다.

식물이 긍정적인 에너지를 받아
건강하게 잘 자라게 되면
식물의 생명력이 풍부하게 주위에 방사되면
요정(정령)들이 찾아오게 됩니다.

건강하게 자라고 있는 식물들에게는
요정(정령)이 함께하고 있습니다.
식물이 부정적인 에너지(스트레스나 유해 환경)에 노출이 되면
식물의 면역력이 떨어지고 시들해지면서 생명력이 떨어지게 됩니다.
식물은 환경에 적응하면서
자신에게 프로그램된 생명력을 최대한 발휘하고자
최선을 다해 살고 있습니다.

식물은
인간이나 동물이 식물을 먹을 때
자신의 몸의 일부가 생명력을 잃어버릴 때
고통이나 통증을 거의 느끼지 못하도록 창조되었습니다.
식물은
인간이나 동물에게 자신의 몸의 일부를 잃어버릴 때도
슬픔을 느끼지 못합니다.
슬픔의 감정을 느낄 수 있는 감정선이 설치되지 않았기에
어떠한 슬픔도 느끼지 못합니다.
토끼가 뜯어 먹는 토끼풀이
고통이나 통증이나 아픔을 느끼지 않습니다.
염소가 뜯어 먹는 풀에게는
원망이나 증오를 느끼게 하는
감정선이 설치되어 있지 않기에
염소에게 뜯어 먹힌 식물(풀)들은
원망이나 증오의 감정을 느낄 수 없습니다.
소에게 뜯어 먹힌 식물(풀)들은
원망이나 증오의 감정이 무엇인지조차 인지하지 못합니다.

소가 뜯어 먹는 풀도

염소가 뜯어 먹는 풀도

인간이 뜯어 먹는 풀도

자신의 생명력이 감소되거나

자신의 몸 일부의 생명력을 잃게 될 때에도

어떠한 원망이나 두려움을 내뿜지 않습니다.

극심한 통증도 느끼지 못합니다.

식물을 주식으로 하는 초식 동물들은

식물을 먹는다고 카르마가 남지 않습니다.

식물을 주식으로 삼는 초식 동물들은 지옥에 가지 않습니다.

토끼와 염소는 죽어서 지옥에 가지 않으며

소 역시 지옥에 가지 않습니다.

인간 역시 지옥에 가지 않습니다.

식물은 자신이 뿌리내린 그곳이 어디든 상관없이

자신에게 프로그램된 생명력을 최대한 펼치고 확장하기 위해

늘 최선을 다하고 있을 뿐입니다.

식물들은 자신에게 부여된

사고조절자의 내용(정보)에 따라

식물체의 향락을 느끼며

절대 긍정의 에너지를 품고 살고 있습니다.

식물은 바람을 통해 대자연의 소식을 전해 듣고

식물은 바람을 통해 인간 세상의 소식 또한 듣고 살아가고 있습니다.

식물은

의식을 구현하는 의식선이 1개 설치되어 있습니다.

식물의 의식은

생존을 위해 필요한 정보를 구현하는 의식선만 작동되고 있습니다.

식물의 생존에 꼭 필요한 정보는

사고조절자 속에 가지고 있습니다.

식물에 있는 사고조절자는 뿌리에 있습니다.

식물의 뿌리에 있는 사고조절자에 있는 정보가

식물의 의식을 구현하고 있습니다.

식물은 키가 작은 식물인 을목(乙木)이 있으며

나무와 같은 갑목(甲木)이 있습니다.

풀(을목)보다는 나무(갑목)가 더 많은

사고조절자를 가지고 있으며

사고조절자 안에 더 많은 정보를 가지고 있습니다.

식물은 뇌라는 조직이 없습니다.

뇌라는 조직이 없기에

인식하고 행동하는 것이 아니라

식물에 프로그램되어 있는 본능에 따라

아주 작은 의식만을 가지고 생존할 수 있게 창조되었습니다.

풀 한포기에 들어 있는 영혼의 에너지는

다음과 같이 비유할 수 있습니다.

밀 한 톨을 곱게 곱게 부수고 나면 밀가루가 됩니다.

밀가루 가루 중 가장 작은 입자 하나가

풀 한포기를 키워낼 씨앗에 내장되어 있다가

풀 한포기가 자랄 수 있는 환경이 되면

씨앗이 풀 한포기로 성장하게 됩니다.

씨앗 하나가 풀 한포기라는
생명장(영혼의 에너지)으로 확장하여
생명의 순환 주기를 이어가고 있는 것입니다.
풀 한포기에 들어있는 영혼의 에너지는
열매에 1/n로 저장되어
생명의 순환이 이루어지고 있는 것입니다.

식물은 식물체의 향락속에서 살고 있습니다.
식물은 대우주의 생명 순환 시스템속에 살아가고 있습니다.
식물은 대우주의 윤회 시스템속에
생명의 순환 주기속에
영혼의 에너지를 품은 채
대우주의 전체의식속에 공명하며 살아가고 있습니다.

동물의 감정과 의식이 구현되는 원리

배가 부르면 행복감을 느낍니다.
두려움과 공포를 느끼면 등골이 오싹해집니다.
감정은 배에서 느끼고
생존을 위한 본능은 등으로 느낍니다.
동물들이 감정을 느끼고 감정을 발생시키는 에너지 장치는
배의 정중선에 있는 임맥에 있습니다.
동물들이 생각이나 사고를 하는 에너지(정보)는
등뒤의 척추에 있는 독맥의 의식선에서 나옵니다.

동물들의 감정선은 3~5개가 임맥선에 있습니다.
산란을 하는 어류와 양서류와 곤충들은
배부위에 감정 에너지가 나오는 무형의 기계장치들이 있습니다.
무형의 기계장치에서 발생한 특정한 감정을 일으키는 에너지는
동물의 감정과 의식을 구현하는 메타 의식구현 시스템을 통해
동물들의 뇌로 전송됩니다.
동물들은 뇌에서 감정과 의식을 인지할 수 있습니다.

동물들의 의식선은 2~3개가 설치되어 있습니다.
동물들의 본능을 지원하는 의식선이
현재의식에 연결되어 지원하고 있습니다.
동물들이 생명의 위협을 느끼는 순간에
동물들이 환경에 적응하기 위해

동물들이 환경에 맞게 진화할 수 있도록
동물들의 무의식의 영역에 지혜를 발휘할 수 있도록
의식선이 연결되어 있습니다.
고등 동물일수록
손과 발을 동시에 쓰는 영장류들과
높은 의식을 구현할 수 있는 동물들일수록
잠재의식의 층위에 경험의 축적을 통해
발전적 사고를 할 수 있도록 의식선이 연결되어 있습니다.
동물들은 의식선을 통해서 공급되는 정보를 통해
환경에 적응하며 살아가고 있습니다.
동물들에게 있는 2~3개의 의식선 모두는
그 동물에게 부여된 사고조절자에 연결되어 있습니다.
동물에게 부여된 사고조절자의 특성에 따라
동물들의 의식선이 작동하게 됩니다.

동물들은 3~5개의 감정선을 가지고 있습니다.
몸집이 비교적 크며
지능이 높으며
포유류일수록 5개의 감정선이 설치되어 있습니다.
동물들에 설치된 감정선 5개가 구현하는 감정은 다음과 같습니다.

목에서부터 아래 방향으로
5번 감정선

- 행복감과 즐거움
- 두근두근 설레임 (짝짓기를 할 때)
- 새끼를 출산했을 때 느끼는 감정

4번 감정선
- 포만감과 만족함
- 사냥에 성공했을 때 느끼는 감정

3번 감정선
- 감정선의 기준
- 평상심과 평정의 상태
- 배꼽을 중심으로 위는 긍정적 감정
- 배꼽을 중심으로 아래는 부정적인 감정
- 동물들이 평상시에 느끼는 평온한 감정

2번 감정선
- 불쾌감과 우울감
- 배가 고플 때 느끼는 감정
- 스트레스를 받을 때 느끼는 감정
- 부상을 입거나 아플 때 느끼는 감정

1번 감정선
- 생명에 위협을 느낄 때 생기는 두려움과 공포
- 새끼를 잃었을 때 느끼는 감정
- 죽음을 맞이하는 순간 느끼는 감정

동물들은 식물에 비해 감정선이 발달해 있습니다.
동물들은 식물에 비해 감정을 일으키는
무형의 기계장치들이 복잡하고 다양합니다.
동물들은 식물에 비해 감정의 스펙트럼이 세분화되어 있습니다.

동물들은 감정의 상태를 행동을 통해 알 수 있으며
동물들이 내는 소리를 통해서 알 수 있습니다.

동물들이 느끼는 감정의 상태를 인류와 비교하면 다음과 같습니다.
인간이 죽을 때 느끼는 두려움과 공포의 감정을
100을 기준으로 할 때
식물과 동물들이 죽을 때 느끼는 두려움과 공포의 감정을
숫자로 표현하면 다음과 같습니다.
이 자료값은 18차원의 전체의식에서 받은 정보입니다.
생명체가 죽을 때 느끼는 두려움과 공포의 에너지는
생명체에 들어있는 영혼의 에너지가 클수록 크게 느낍니다.
생명체가 단독 생활을 하거나
생명체가 새끼를 낳고 직접 키우는 경우
아가미 호흡을 할수록
몸집이 클수록
감정선과 의식선이 많을수록
지능이 높을수록
육식 생활을 할수록
포악함이 큰 생명체일수록
죽을 때 느끼는 두려움과 공포는 커집니다.

인간이 죽음의 순간에 느끼는 두려움과 공포를 100이라 한다면
광물이 쪼개질 때 느끼는 두려움과 공포 0.00005
식물(을목)이 죽을 때 느끼는 두려움과 공포 0.5
나무(갑목)가 죽을 때 느끼는 두려움과 공포 0.8 정도 됩니다.

인간이 죽음의 순간에 느끼는 두려움과 공포를 100으로 한다면

플랑크톤이 죽을 때 느끼는 두려움과 공포 0.001

멸치가 죽을때 느끼는 두려움과 공포 0.003~0.08

오징어와 문어가 죽을 때 느끼는 두려움과 공포 0.5

아가미 호흡을 하는 어류가 죽을 때 느끼는 두려움과 공포 2

(고등어와 갈치)

참치가 죽을 때 느끼는 두려움과 공포 5~8

고래가 죽을 때 느끼는 두려움과 공포 9~12

민물고기인 붕어가 죽을 때 느끼는 두려움과 공포 3

민물고기인 메기가 죽을 때 느끼는 두려움과 공포 3

인간이 죽음의 순간에 느끼는 두려움과 공포를 100이라 할 때

닭이 죽을 때 느끼는 두려움과 공포 5~8

고양이가 죽을 때 느끼는 두려움과 공포 8~10

돼지가 죽을 때 느끼는 두려움과 공포 15

개가 죽을 때 느끼는 두려움과 공포 15~20

하마가 죽을 때 느끼는 두려움과 공포 30~32

소가 죽을 때 느끼는 두려움과 공포 33

사자가 죽을 때 느끼는 두려움과 공포 35~40

코끼리가 죽을 때 느끼는 두려움과 공포 35~38

호랑이가 죽을 때 느끼는 두려움과 공포 40~42

악어가 죽을 때 느끼는 두려움과 공포 45~48 정도를 느낍니다.

플랑크톤을 먹은 멸치는 지옥에 가지 않습니다.

멸치를 먹은 고등어는 지옥에 가지 않습니다.

고등어를 먹은 참치는 지옥에 가지 않습니다.

참치를 먹은 고래는 지옥에 가지 않습니다.
참치를 많이 먹은 인간은 지옥에 가지 않습니다.
참치를 먹으면 고래고기를 먹으면
돼지고기를 먹고 소고기를 먹으면
누구는 지옥에 간다는 이야기를 믿고 있으며
누구는 지옥에 간다는 이야기를 믿지 않습니다.

생명은 생명을 먹어야만 생존할 수 있습니다.
생명은 남의 살을 먹지 않고 살 수는 없습니다.
생명이 생명을 먹고 사는 것은
생명의 기본적인 순환의 법칙입니다.
생명의 순환에서 가장 낮은 단계에 있는 생명체들 중 식물들은
죽음을 맞이할 때 두려움과 공포를 느끼는 강도가 작으며
먹이 사슬에서 높은 단계에 있는 동물들이
죽음을 맞이할 때 두려움과 공포의 에너지들을 강하게 느끼게 됩니다.
먹이 사슬의 정점에 있는 인간은
죽음을 맞이할 때 가장 강도가 높은 두려움과 공포를 남기게 됩니다.
죽음에 대한 두려움과 공포가
혼 에너지에 상념체 에너지로 남게 되고
지옥과 천당이라는 이야기를 탄생시키고
종교라는 추상적인 관념을 창조해냈습니다.

식물들은 죽을 때 두려움과 공포를 거의 느끼지 못합니다.
어류들은 죽을 때 두려움과 공포를 느낍니다.
동물들은 죽을 때 두려움과 공포를
식물이나 어류에 비해 많이 느낍니다.

어류와 동물들이 죽을 때 느끼는 두려움과 공포의 에너지들은
몸 밖으로 배출되기도 하지만 대부분 자신의 몸속에 저장하게 됩니다.
어류와 동물들이 죽을 때 느끼는 두려움과 공포의 에너지는
자신의 몸속에 물질의 형태가 아닌 에너지(기)의 형태로 쌓이게 됩니다.
동물의 죽은 사체에 쌓이는 두려움과 공포의 에너지는
5장에 60%로 가장 많이 축적되며
6부에 30%의 축적이 이루어지며
근육에 10%의 축적이 이루어집니다.

인간이 육식을 하게 되면 이 에너지들은
소화 과정 중에 대부분 정화가 이루어집니다.
육식을 통해 우리 몸에 축적되는 부정적인 에너지들은
세포, 조직, 장부와 같은 색의 세계에는 쌓이지 않습니다.
죽음을 맞이할 때 생성된 두려움과 공포의 에너지는
우리 몸의 기의 세계와 공의 세계에
에너지의 형태로 적취와 결합하게 됩니다.
인간의 기의 세계에 쌓인 두려움과 공포의 에너지는
경락의 흐름을 막아
보이지 않는 세계에서 통증의 원인이 되기도 합니다.
육식을 통해 우리 몸에 축적된 부정적인 에너지들은
기의 층위에 있는 인간의 감정선과 의식선에도 영향을 미치게 됩니다.

두려움과 공포가 가진 파장들은
장부와 근육에서는 경락의 흐름을 막아
장부와 근육에 공급되는 빛의 밝기를 순간적으로
최대 3% 정도 줄어들게 만듭니다.

두려움과 공포가 가진 파장들은
인간의 몸에 설치되어 있는
무형의 기계장치들의 효율을 최대 1% 정도
감소시키는 작용을 합니다.
인간이 80년 동안 육식 생활을 주식으로 즐긴다면
5장 6부와 근육에 공급하는 빛의 효율을
최대 15% 정도 감소시킬 수 있습니다.

동물들의 죽음의 순간에 발생한 두려움과 공포의 에너지(파장)는
색의 세계가 아닌 기와 공의 세계에 작용합니다.
동물들의 죽음의 순간에 발생한 두려움과 공포의 에너지(파장)는
색의 세계에 머물지 않습니다.
두려움과 공포의 에너지는 사기나 탁기의 형태가 아니기에
음식을 통해서 약물을 통해서 땀을 통해서 배출되지 않습니다.
기와 공의 세계에 미치는 두려움과 공포의 파장이 누적이 되면
기와 공의 세계에 있는 정교한 무형의 기계장치들 사이에
먼지가 끼듯 효율을 떨어뜨리게 됩니다.
그 결과 생명체의 에너지 대사 효율을 떨어지게 하여
세포와 조직의 노화를 가져올 수 있습니다.

식물과 동물들의 죽음의 순간에 발생하는
공포와 두려움의 에너지 파장은
기와 공의 세계에 에너지의 형태로 작용합니다.
공포와 두려움의 에너지의 파장은
기의 세계에 있는 사기와 탁기의 배수혈이 열릴 때
일부는 자동적으로 빠져나가게 됩니다.

빠져나가지 못하고 남아있는 두려움과 공포의 에너지는
기의 세계에 부정적인 결과를 낳게 됩니다.
공의 세계에 쌓인 두려움과 공포의 에너지 파장 역시
공의 세계의 사기와 탁기의 배수혈이 열릴 때
일부는 빠져나가고 일부는 남아 있으면서 부작용을 일으키게 됩니다.

육식을 통해 섭취된 두려움과 공포의 에너지들 중
기의 세계에서 빠져나가지 못하고
기의 세계에 남아있는 사기와 탁기는
차크라의 빛을 통해 정화할 수 있습니다.
공의 세계에 남아있는 사기와 탁기는
차크라의 빛과 에너지장 치유를 통해서
정화할 수 있으며 배출할 수 있습니다.

인간이 불로장생을 하기 위해서
인간이 영원한 생명을 얻기 위해서
인간이 2천 년이나 3천 년 이상을
건강하게 살기 위해서는
색의 세계와 기의 세계와 공의 세계에 있는
사기와 탁기를 배출해야 합니다.
색의 세계인
5장 6부와 근육에 쌓여있는 사기와 탁기는
경락의 순환 시스템을 통해서
음식물의 특성을 통해서
운동을 통해서
땀구멍을 통해서 배출시킬 수 있습니다.

기의 세계에 있는 사기와 탁기는
차크라를 통해 정화할 수 있으며
차크라를 통해 몸 밖으로 배출할 수 있습니다.
공의 세계에 있는 사기와 탁기는
차크라와 에너지장 치유를 통해서
정화시킬 수 있으며 배출시킬 수 있습니다.

새 하늘과 새 땅의 출현을 앞두고
지구 행성의 문명의 종결을 앞두고
새로운 시대에 맞는
새로운 인류의 출현을 앞두고
새로운 시대를 준비하기 위해
새로운 시대를 열기 위해
이 글은 우데카 팀장을 통해 준비되었습니다.

그렇게 될 것이며
그렇게 예정되어 있으며
그렇게 되었습니다.

영점 조정에 대한 정리

영점 조정이란
호모 사피엔스가 창조될 때의 원형의 형태로
감정과 의식이 왜곡없이 구현될 수 있도록 하는
하늘의 에너지 조정 작업을 의미합니다.
의식을 구현하는 시스템과
감정을 구현할 수 있는 시스템과
메타 의식구현 시스템과
뇌의 기능들을
호모 사피엔스가 창조될 때의 원형의 모습으로 복원하는
에너지 조정 작업을 말합니다.

2018년 10월 3일 오전 10시 30분을 기점으로
빛의 일꾼들을 중심으로
자신의 타임라인에 맞추어
하늘의 에너지체들에 의해
호모 사피엔스가 창조될 때의 원형의 모습으로
감각을 통해 들어오는 정보의 왜곡을 최소화하고
의식과 인식의 오류가 최소화될 수 있도록
무게를 재는 저울을 영점 조정을 하듯
감정과 의식 체계에 대한
영점 조정이 시작될 것임을
우데카 팀장이 기록을 위해 이 글을 남깁니다.

빛의 일꾼들의 의식을 깨우고
빛의 일꾼들의 의식을 확장하고
육신의 옷을 입고 있는 빛의 일꾼들의
감각의 오류와 의식의 오류
인지 능력들의 오류를 최소화하고
감정과 의식의 오류를 최소화하기 위한
영점 조정이 시작됨을 전합니다.
하늘의 뜻을 땅에 전하는 빛의 일꾼들이
하늘이 일하는 방식에 의해
하늘의 계획과 의지에 의해
준비되는 과정입니다.

영점 조정은 크게 3가지 분야에서 이루어집니다.

첫번째는
12개의 감정선과 7개의 의식선에 대한
영점 조정이 이루어질 예정입니다.
12개의 감정선들이 편협되게 한쪽으로 치우쳐
감정 조절이 안되는 분노장애나 감정장애를 극복하기 위한
감정선들에 대한 영점 조정이 이루어질 예정입니다.
7개의 의식선의 영점 조정이 이루어지고 나면
극단적인 사고들은 줄어들게 될 것입니다.

두번째는
감정선과 의식선이 통합되는 메타 의식구현 시스템에 대한
영점 조정이 이루어질 예정입니다.

오감을 통해 들어온 정보들은
12개의 감정선과 7개의 의식선을 통과하여
메타보드에 입력이 되며
메타보드는 메타 의식구현 시스템에 연결되어
의식을 구현하게 됩니다.
감정과 의식이 통합된 정보들이 오염되지 않고
메타 의식구현 시스템이 정상적으로 작동될 수 있도록 하는
영점 조정이 이루어질 예정입니다.

세번째는
뇌에서 인지하는 능력이 정상적으로 작동될 수 있도록
후두부에 있는 메타보드에 대한
영점 조정이 이루어질 예정입니다.
메타 의식구현 시스템에서 나온 의식이
뇌라는 스크린에 초점이 정확히 맞도록
뇌의 후두부에서 뇌의 스크린에 영점 조정을 하여
정보를 정확하게 인지하도록 하는 교정 작업이
지상에 내려온 9번째 창조 근원의 중심의식에 의해
진행될 예정입니다.

자신의 우주적 신분에 따라
빛의 일꾼들의 우주적 신분에 따라
빛의 일꾼들의 역할과 임무에 따라
영점 조정의 범위와 효율에 차이가 있으며
영점 조정이 이루어지는 시기 역시
다르게 설정되어 있습니다.

영점 조정의 시기는
빛의 일꾼들마다 모두 다릅니다.
자신이 깨어날 타임라인에 맞추어 진행될 예정입니다.
영점 조정을 하고 40일 정도 후면
달라져 있는 자신의 모습을 보게 될 것입니다.

영점 조정은
카르마 에너지장이 해소가 될수록
카르마 에너지장이 없을수록
효과가 빨리 드러나게 될 것입니다.

눈에 보이지 않는 세계에서
살아남아 땅위를 걷게 될 인류들과
살아남은 인류들을 위해 봉사할 빛의 일꾼들에게
지금 무슨 일이 일어나고 있는지
지구 차원상승을 위한
빛의 일꾼들을 깨우기 위한
보이지 않는 세계에서의 일들이
하늘이 일하는 방식에 의해
아무도 모르게
아무도 모르게 진행되고 있음을
우데카 팀장이 시절인연으로
이 글을 기록으로 남깁니다.

메타 의식구현 시스템 영점 조정이 갖는 의미

영혼은 영혼의 옷에 해당되는 육신의 옷을 입고
물질 체험을 통해 영혼의 진화를 하고 있습니다.
인간이 호모 사피엔스의 옷을 입고 살아가는 동안
구조적으로 모순이 없는 인간은 없습니다.
모두 고유한 자기 영혼의 여정에 맞추어
육신의 옷을 입고 살아가고 있습니다.
보이지 않는 공의 세계와 기의 세계에서
모순되게 셋팅을 한 채로 살아가게 됩니다.

마지막 때를 위하여
빛의 일꾼들의 완성을 위하여
의식을 구현하는 모든 시스템들에 대한
영점 조정이 이루어지고 있는 것입니다.
땅에 내려온 9번째 창조 근원의 중심의식에 의해
2018년 10월 3일 오전 10시 30분부터
빛의 일꾼들에 대한 영점 조정이
전세계적으로 일어나고 있음을 전합니다.
이것은 지구상에서 처음 이루어지는 일입니다.

카르마 해소가
주로 인간의 장부의 모순 제거에 해당이 되었다면

영점 조정은

인간의 의식이 구현되는데 필요한 시스템들을

호모 사피엔스가 창조될 때의 원형의 모습으로 복원하는

역사적인 일이 시작되고 있음을 전합니다.

인간의 모순을 해결하기 위하여

보이지 않는 세계에서 하늘이 일하는 방식에 의해

장애물을 제거하는 것입니다.

하늘 사람이

하늘 사람답게 만들어지는 과정 중에 중간단계입니다.

기초단계는 지금까지 해왔던 것들입니다.

카르마 해소는 빛의 일꾼들의 준비와

완성 과정 중에 1/3 지점에 있고

의식의 영점 조정은 2/3 지점에 있습니다.

마지막 단계에 하나가 남아 있습니다.

본영의 에너지가 발현하는 과정이 남아 있습니다.

영점 조정 때에 보이지 않는 세계에서 일어나는 일

❖ 우주의 정보를 원활하게 받을 수 있도록

   백회의 관을 넓히는 작업이 이루어짐

❖ 우주의 정보가 해석되는 해석기를 정화하고

   최적화된 무형의 기계장치를 설치

❖ 뇌의 인지 기능과 관련된 무형의 기계장치들을 원형으로 복원

❖ 12개의 감정선과 7개의 의식선에 대한
   에너지 정렬과 코드선의 정상화가 이루어지고 있습니다.

❖ 감정선과 의식선이 정화되며
   호모 사피엔스가 창조될 때의 원형으로 복원되고 있습니다.

❖ 감정선과 의식선에서 들어온 정보들이
   오류없이 통합이 이루어지도록
   심포에 있는 메타보드를 정상화하는 작업이 이루어지고 있습니다.

❖ 메타 휴머노이드 의식구현 시스템인
   현재의식, 잠재의식, 무의식의 각 층위에 대한 정화와
   영점 조정이 이루어지고 있습니다.

❖ 메타 의식구현 시스템에서 구현된 의식과 감정이
   뇌에 전달되도록 연결하는
   후두부에 있는 메타보드에 대한
   에너지 정화 작업과 원형의 복원이 이루어지고 있습니다.

영점 조정이 일어나고 난 뒤의 변화

❖ 영적 능력이란 물위를 걷는 능력이 아닙니다.
   영적 능력이란 치유 능력을 갖는 것이 아닙니다.
   영적 능력이란 구름을 타고 하늘을 나는 것이 아닙니다.
   진정한 영적 능력이란
   하늘의 진리를 왜곡없이 오류없이 받아들이는 것을 의미합니다.

❖ 극단적인 감정이 일어나지 않습니다.
　　폭발적인 분노, 감정조절 장애, 우울증이나 조울증 증상들이
　　정상화됩니다.

❖ 극단적인 사고의 패턴이 사라집니다.
　　삐딱한 생각이나 한쪽으로 치우친 사고 등이
　　균형을 찾아가게 됩니다.

❖ 하늘 사람이 하늘 사람답게 되는 것이며
　　빛의 일꾼이 빛의 일꾼답게 되는 과정입니다.
　　지축 이동 후 물질문명이 모두 붕괴가 된 후
　　한 치 앞도 보이지 않는 상황속에서
　　냉정하고 냉철한 판단이 나올 수 있는 기초가 되는 과정이며
　　하늘의 소리를
　　오류없이 오차없이 왜곡없이 받아들일 수 있도록 하기 위한
　　하늘의 정교한 에너지 작업입니다.

지금 무슨 일이 일어나고 있는지
깨어나고 있는 빛의 일꾼들과
의식이 깨어나고 있는 하늘 사람들을 위해
우데카 팀장이 기록을 위해
이 글을 남깁니다.

✦ 메타 의식구현 시스템 원리

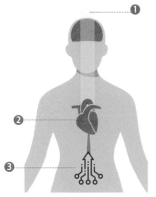

1 백회의 관　　**2** 심포　　**3** 해석기

우주의 정보가 백회의 관을 통해서
심포로 내려오고
해석기를 통해 우주의 정보를 해석하게 됩니다.

4 감정선　　**5** 의식선　　**6** 메타보드

오감을 통해 들어온 정보가
감정선과 의식선을 통과하여
메타보드에 입력되고
메타 의식구현 시스템으로 통합됩니다.

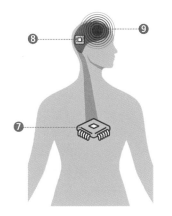

7 메타 의식구현 시스템　　**8** 후두부 메타보드
9 뇌에서 인지

메타 의식구현 시스템에서 통합된 의식과 감정이
후두부 메타보드로 전달되고
최종적으로 뇌가 인지하게 됩니다.

※ 의식이 구현되는 과정은 실제로는 훨씬 더 복잡하며 위 그림은 단순하게 도식화한 것입니다.

영점 조정은
빛의 생명나무 회원을 대상으로
빛의 생명나무 정규 수업시간에
지상으로 내려온 창조주의 중심의식에 의해 진행되었습니다.

영점 조정은
빛의 생명나무 회원들을 시작으로
전세계에 있는 빛의 일꾼들에게도
자신의 타임라인에 따라 순차적으로 진행될 예정입니다.
아무도 모르게 아무도 모르게
하늘이 일하는 방식에 의해 진행될 것입니다.

영점 조정을 통해
인간의 감정이 어떻게 구현되고 어떻게 왜곡되는지
인간의 의식이 어떻게 구현되고 어떻게 왜곡되는지
이 글을 읽는 당신은 이해할 수 있게 될 것입니다.

영점 조정을 통하여
인간의 정신작용이 어떻게 일어나고
인간의 정신작용이 어떻게 왜곡되어 나타나는지
보이지 않는 세계에서 그 원인을 규명하고
교정 작업과 함께 치유도 이루어질 것입니다.

빛의 생명나무 회원들의 메타 의식구현 시스템
영점 조정을 축하드립니다.
빛의 일꾼들의 영점 조정을 축하드립니다.

까치복님의 메타 의식구현 시스템 분석

아래 내용은 빛의 생명나무 회원인 까치복님의
메타 의식구현 시스템의 특징에 대한 분석을
빛의 생명나무 채널러팀을 통해
하늘의 정보를 받아 정리한 것입니다.

❖ 까치복님의 메타 의식구현 시스템의 모순점

1. 외부환경에 대한 사고의 반응속도가 늦다.

　가장 큰 모순은 전반적으로 반응의 속도가 늦다는 것이다.
　남들과 교류함에 있어 매우 더디게 반응하도록 설정되어 있다.
　외부에서 들어오는 자극(빛, 정보)에 대한 반응속도와 함께
　감정선, 의식선의 정보 반응속도가
　정상적인 범주보다 매우 느리게 설정되어 있으며
　모든 정보를 통합하는 메타보드의 연산속도 또한 느리다.

　형상으로 보면 감정선 12개의 단자와
　메타보드의 연결선이 늘어진 고무줄 같아 보이며
　늘어진 고무줄로 들어온 정보 또한
　메타보드에서 처리되는 속도가 느려서
　항상 한박자 늦게 반응하며 주변을 답답하게 만들고
　충청도 사람의 "아부지 돌~ 굴~러~가~유~"가 되는 상황이다.

2. 자신도 잘 모르면서 남에게 "저걸 몰라?"하게 된다.

인지에 해당되는 머리의 연산 속도는 정상이며
느린 메타보드보다 머리가 빠르게 돌아가기에
본인은 머리가 좋고 처리속도가 빠르다고 느껴지게 되며
자만과 교만의 말과 행동이 나오게 된다.
의식선과 감정선, 메타보드의 모순점과 오류로 인해
온통 잘못된 분석과 결과물을 머리로 받아놓고서
이를 기반으로 모든 현상에 대한 이해를 하고 있다.

정작 본인이야말로 본질이 무엇인지 모르면서
머리로는 다 이해한 것처럼 느껴지기 때문에
남들에게 "저걸 몰라?"하게 되며
정말 중요한 문제가 무엇인지를 잘 보지 못하면서
중요하지 않은 문제에 초점을 맞추고
중요하다고 따지면서 사람들과 충돌을 하게 된다.

3. 머리부분에서 정보의 유실과 기억의 삭제가 일어난다.

머리에서 인지하는 부분이나 기계장치들은 정상이나
형상으로 보면 '블랙홀' 역할을 하는 큰 구멍이 뚫려 있어서
이것이 정보의 유실과 기억의 삭제를 일으킨다.

이로 인해 지나간 상황에 대한 기억의 공백이 많으며
그 기억을 바탕으로 인지의 결론이 엉뚱하게 나오게 된다.
중간중간 삭제된 기억의 정보속에
사람들과 다른 기억의 세계속에 살게 되고
지나간 시간에 대한 복기와 이해가 잘 이루어지지 않는다.

까치복님의
메타 의식구현 시스템 영점 조정 진행

지금부터 까치복님의 메타 의식구현 시스템

영점 조정을 시작하겠습니다.

우선, 백회를 열었습니다.

백회를 열었지만 머리 내부로

빛이 쉽게 들어가지 못하고 있습니다.

자세히 보면 백회와 심포를 연결하는

우주정보를 받는 관이 있기는 하나

그간 사용한 흔적이 없고 감추어져 있습니다.

서서히 관이 드러나면서 환해지고 있습니다.

심포의 기계장치에서

우주의 빛의 개폐를 조절하고 유입량을 조절할 수 있는데

심포가 우주의 빛(정보)을 받으려는 의지 자체가 느껴지지 않습니다.

심포의 기계장치의 문제가

까치복님의 무기력함과 동력없음의 에너지로 나타난 것입니다.

오늘 영점 조정 작업의 순서는

① 외부 정보 유입경로인 의식선과 감정선의 교정

② 메타보드의 교정

③ 인지에 해당하는 머리부분의 교정

④ 해석기 교정으로 진행됩니다.

① 감정선과 의식선의 교정 작업

감정선의 12개의 단자에 꽂힌 12개의 코드선은

그 선이 늘어질대로 늘어져

한여름에 늘어난 엿가락처럼 되어 있으며

또한 12개의 코드선 시작부위에

감정선에서 나오는 에너지를 변형시키는

조그만 장치들이 링처럼 달려있습니다.

이 링은 코드선을 통해 메타보드로 전달될 정보를

감소시키는 역할을 하고 있습니다.

줄이 늘어져 메타보드에 전달되는 속도도 느린데

정보까지 감소되는 이중고를 겪고 있습니다.

이 링은 그대로 두고 먼저 늘어진 코드선들을

팽팽하게 교정하는 작업을 하고 있습니다.

특이점으로는 부정적 감정의 영역대인 분노부분은

선이 짧고 굵게 설정되고(부정적 감정은 강하고 빠르게 느낌)

긍정적 감정에 해당하는 기쁨과 환희부분은

길게 설정되어 있습니다.(긍정적 감정은 약하고 느리게 반응)

과도하게 길게 설정된 부분을 짧고 굵게 수정합니다.

의식선에서 메타보드로 연결된 코드선들도 교정작업을 합니다.

의식선의 1번~3번까지는 잠재의식과 무의식의 층위까지

메타보드와 연결이 되어 사용되고 있지만

영적 이해(초월적 사고와 창의성)를 돕는

5번~7번은 잠재의식과 무의식 층위까지

아직 활성화가 되어 있지 않습니다.

1번~7번 모든 의식선의 무의식과 잠재의식, 현재의식을
활성화시킬 수 있도록 작업을 하였습니다.
특별히 영적 이해와 관련된 5번~7번의 선들을 짧게 설정하여
의식을 빨리 깨울 수 있도록 하였습니다.

② 메타보드 교정

까치복님의 메타보드의 연산속도는 앞서 분석에 나왔듯이
"아부지 돌~ 굴~러~가~유~"와 같이 매우 느리게 되어 있습니다.
현재 보드의 연산속도를 증가시키고 있습니다.
연산속도를 높인다는 것은 메타보드가 정보(빛)에
빨리 반응할 수 있게 감도를 높이는 것을 말합니다.
메타보드에 솟아 있는 단자들이 예민하게 반응하도록
셋팅중에 있습니다.

메타보드에서 정보처리된 결과물을
뒷목을 따라 후두부로 연결하여 뇌로 보내는
정보전달 케이블의 속도 또한 느리게 설정되어 있어서
케이블 내부의 압력을 높여서 속도를 높이고 있습니다.

③ 머리(뇌)의 교정

의식선과 감정선 그리고 메타보드 교정에 따른
머리의 인지 부분에 대한 균형을 맞추는 작업을 할 예정입니다.
머리의 연산속도가 느린 편은 아니었기 때문에
본인은 머리가 좋다고 생각하며 자만과 교만이 나오곤 했습니다.
정작 자신도 알지 못하면서
타인을 볼 때 "저걸 몰라?"하는 시선으로 보게 됩니다.

메타보드에서 제대로 연산 처리되어 나온 결과가
머리로 올라오고 나서 인지를 해야 하는 것인데
올라오는 정보 자체가 제대로 통합된 정보가 아니였기 때문에
상황의 본질을 제대로 볼 수가 없었으며
본인은 인지가 잘 된다고 생각하는 착각속에서
상대방에게 이것도 모르냐는 식으로 대했던 것입니다.

게다가 치명적으로 머리부분에 블랙홀이 설정되어
상황에 대한 이해나 기억이 완전하지 않고
이 홀을 통해서 유실되고 있습니다.
지금 이 블랙홀을 막고 있는 중이며
막은 부위를 뇌의 작용 영역으로 사용할지는
아직 미지수입니다.

④ 해석기에 대한 교정
형상으로 구겨진 해석기가 보이나
이것은 모형(가짜)으로 보여집니다.
이제까지 우주의 정보(빛)를 해석하는
해석기를 사용해본 적이 없었던 것입니다.
모형의 해석기를 없애고 정상 해석기를 달아 놓았습니다.

이상으로 까치복님의 메타 의식구현 시스템 영점 조정을
마치도록 하겠습니다.

영점 조정 후 본인이 느낀 변화

1. 영점 조정 이후 가장 크게 변한 점은
   전에는 감정의 기복이 심해 버럭하고 화를 낼 때가 많았고
   논쟁적인 대화를 자주 하곤 했었는데
   지금은 감정이 많이 편안해진 느낌이며
   대화하며 다투는 일이 거의 없어졌습니다.

2. 불평불만을 잘 표출해 별명이 '투덜이'였는데
   지금은 주변 사람들이 느끼기에 삐딱한 태도와
   비아냥거리는 말들이 많이 사라졌다고 합니다.

3. 평생 따라다닌 슬픔과 고독은 세상을 허무하게 보게 했는데
   영점 조정을 한 뒤로는 거의 느끼지 못했고
   내면의 잔잔한 기쁨과 긍정적 감정이 풍부해진 느낌입니다.

4. "아부지 돌~ 굴~러~가~요~"와 같던 느린 반응에서
   감정부분의 반응은 굉장히 빠르게 바뀌었음이 느껴지고
   사고부분은 아직 지연 반응이 있으나 이전보다는 나아졌습니다.

5. 특정한 말이 생각나지 않아 말문이 막힐 때가 많았는데
   그런 상황들이 현저하게 줄어들었으며
   잊어버렸던 영어단어의 철자까지도 정확히 기억나는 등
   인지능력이 향상되었다는 것을 느꼈습니다.

제4부 **인간의 질병과 치유**

하늘은 약물을 투여하여 인간의 질병을 치유하지 않습니다.
하늘은 수술을 하여 인간의 질병을 치유하지 않습니다.
하늘은 오로지 인간의 눈에는 보이지 않는
빛을 이용하여 인간의 몸을 치유하며
빛을 이용하여 불치병과 난치병을 치유하며
빛을 이용하여 이적과 기적을 펼칠 것입니다.

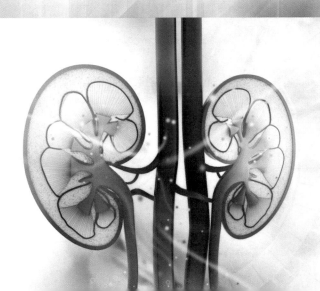

불치병과 난치병의 치유
이적과 기적이 일어나는 원리

인류의 현재 과학기술을 넘어서서
불치병과 난치병의 치유가 이루어질 때를
이적과 기적이 일어났다고 합니다.
불치병과 난치병이 치유되는 이적과 기적은
보이지 않는 세계에서
다음과 같은 조건들이 이루어질 때 발생합니다.

첫번째 조건
이적과 기적이 일어나기 위해서는
불치병과 난치병을 앓고 있는 환자에게
특수한 에너지장이 설치되어야 합니다.
하늘의 에너지체들인 천사들과
우주 함선의 보이지 않는 특수한 에너지장 속에서만
이적과 기적은 이루어질 수 있습니다.

두번째 조건
질병을 치유하는 것은
치유자가 하는 시술이나 행위로 보이지만
보이지 않는 세계에서는
하늘의 의사 그룹인 라파엘 천사들에 의해
인간의 몸에 대한 접근이 이루어지고
인간의 몸을 구성하고 있는

눈에 보이지 않는 세계인 기와 공의 세계에서
치유가 이루어지고 있는 것입니다.
불치병과 난치병의 치유가 이루어지려면
에너지체(천사)들의 보이지 않는 지원이 있어야 하며
천사들에 대한 명령권이 있어야 합니다.

세번째 조건
불치병과 난치병을 치유하기 위해서는
생명속의 생명을 제거(소멸)할 수 있는
권한이 주어져야 합니다.
인간의 입장에서 보면
세균과 바이러스와 암세포들은
나쁜 것이고 없애야 되는 존재이지만
우주의 입장에서 보면
세균과 바이러스와 암세포들은
모두 창조주께서 창조하신 생명체들이며
존재하는 이유가 반드시 있는 존재들입니다.
인간의 몸에 불치병과 난치병이 생겼다면
인간의 몸에 수많은 생명체들이
임계점을 넘어 존재하고 있다는 것입니다.
생명속에 있는 수많은 생명들을 제거할 수 있는
과학기술을 가지고 있거나
생명속에 있는 수많은 생명체들을
제거할 수 있는 권한이 하늘로부터 주어져야
이적과 기적들이 일어날 수 있습니다.

네번째 조건

불치병과 난치병이 발생한 원인을
보이지 않는 세계에서 해소할 수 있어야 합니다.
인간의 몸에 나타나는 불치병과 난치병은
인간이 탄생될 때부터 프로그램됩니다.
카르마 에너지장의 형태로
봉인의 형태로
인간의 몸을 구성하고 있는
눈에 보이지 않는 공의 세계에
카르마 에너지장이 설치되어 있는 경우가 대부분입니다.
인간이 태어날 때부터 생긴 선천적인 장애나
난치병과 불치병들의 치유는
카르마 에너지장을 해소할 수 있는 권한을 가진 사람에게만
일어날 수 있는 이적과 기적입니다.

다섯번째 조건

인간이 회춘을 하거나
노인의 이가 다시 나거나
노안이 된 눈이 정상으로 회복되거나
죽을 사람을 살리거나
인간의 수명을 연장하거나 하는
이적과 기적들은
백 에너지(선천지정, 선천지기, 선천지신)를
인간의 몸에 추가 공급할 수 있는 권한이
하늘로부터 주어져야 합니다.

인간의 생로병사를 뛰어넘는
하늘의 권한들이 주어진 인자만이
인간의 불치병과 난치병을 치유할 수 있으며
이적과 기적이 일어날 수 있는 것입니다.

인간의 눈높이에서 보면
불치병과 난치병의 치유는
이적과 기적으로 보일 것입니다.
하늘의 눈높이에서 보면
불치병과 난치병의 치유는
하늘의 프로그램의 일부분이며
일어날 일이 일어난 것일 뿐입니다.

인간의 몸에서
이적과 기적이 일어나는 경우는 다음과 같습니다.

첫째
인간의 몸에 존재하는 공의 세계 6번째 층에는
다시 5개의 층위가 있습니다.
1층위에는 생명회로도가 존재하고 있습니다.
이적과 기적은 생명회로도에 접근할 수 있는
권한이 있어야 가능합니다.
생명회로도에 접근한 후에는
생명회로도의 셋팅값들을 변경할 수 있는
권한이 있어야 합니다.

둘째

2층위에는 인간의 오장 육부에 해당되는
카르마 에너지장이 설치되어 있습니다.
이 층위에 접근하여
난치병과 불치병을 일으키게 한
카르마 에너지장을 풀 수 있는 권한이 있어야
이적과 기적을 행할 수 있습니다.

셋째

3층위에는 감정과 성격에 해당되는
카르마 에너지장이 설치되어 있습니다.
정신분열이나 조울증과 같은 정신질환을 유발하도록 하는
카르마 에너지장이 설치되어 있습니다.
이 층위에 접근하여
카르마 에너지장을 해소할 수 있는 권한이 있어야
이적과 기적을 행할 수 있습니다.

넷째

4층위와 5층위에 접근할 수 있으며
이곳에 있는 에너지장을 풀 수 있어야
온전한 이적과 기적을 행할 수 있습니다.

지구 행성의 차원상승 과정에서
인류가 한번도 경험하지 못한
이적과 기적의 시대가 펼쳐질 것입니다.

하늘이 있다는 것을 보여주기 위해

보이지 않는 하늘을

보이는 하늘로 보여주기 위해

새 하늘과 새 땅을 열기 위해

의통의 시대를 열기 위해

생명 진리의 시대를 열기 위해

하늘에 의해 이적과 기적들이 준비되어 있음을

우데카 팀장이 전합니다.

✎ 공의 세계 6층에 설치되는 카르마 에너지장

공의 세계 6층	1층위	생명회로도가 존재
	2층위	백 에너지가 존재 신체적 장애가 결정되는 카르마 에너지장 설치
	3층위	혼 에너지가 존재 감정과 성격을 결정하는 카르마 에너지장 설치
	4층위	사고조절자가 존재 의식을 근원적으로 지배하는 카르마 에너지장 설치
	5층위	본영이 존재하는 층 영 에너지와 관련된 카르마 에너지장 설치

인간의 몸을 치유하는 빛의 종류

인간의 몸을 치유하기 위해서
보이지 않는 세계에서 천사님들이 사용하는 빛의 종류는
다음과 같습니다.

1. 진단의 빛
탐색의 빛을 말합니다.
인체내의 정보수집을 위한 빛입니다.
질병 부위나 이상 증상을 보이는 부위에서
스캔을 하듯 빛이 지나가면서 정보를 얻고
천사들에게 제공하는 역할을 하는 빛입니다.

• 색의 세계를 진단하는 빛이 있습니다.
  기의 세계를 진단하는 빛이 있습니다.
  공의 세계를 진단하는 빛이 있습니다.
  질병의 상태를 점검하고 진단하는 빛입니다.
  질병의 진행 정도를 점검하는 빛입니다.
  진단의 빛이 사용된 후에
  질병의 치유를 위해 사용할 빛의 종류와
  치유하는 빛의 강도를 선택할 수 있습니다.

• 진단의 빛이 제공한 정보에 의해
  질병의 원인 분석이 이루어집니다.

카르마 에너지장 때문인지

혹은 어떤 이유 때문에 봉인이 설치되었는지 확인하게 됩니다.

2. 카르마 해소의 빛

질병을 일으키는 원인이

카르마 에너지장에 의한 것이라면

카르마 해소의 빛에 의해

카르마 에너지장이 철거됩니다.

3. 정화의 빛

무형의 기계장치들을 정화하기도 하며

염증이나 질병이 있는 세포들을 정화시키는 빛을 말합니다.

치유하는 중간중간 수시로 정화의 빛이 들어가

사기와 탁기를 정화합니다.

4. 치유의 빛

치유의 빛은 그 작용에 따라 여러 가지가 있습니다.

• 제거의 빛

  제거의 빛은 필요 없는 조직이나 세포

  불필요한 무형의 기계장치 등을 제거하는 빛입니다.

• 재생의 빛

  재생의 빛은 염증으로 손상된 조직을 재생하거나

  외상으로 손상된 조직을 재생하는 역할이 있습니다.

  재생의 빛은 색의 세계에 작용하는 빛입니다.

- 복구의 빛

  복구의 빛은 공의 세계에 들어가서

  손상된 무형의 기계장치를 정비하거나 수리하는 빛입니다.

① 같은 치유의 빛이라도

   색의 세계와 기의 세계와 공의 세계에 적용되는

   빛의 차원에 따라 파장이 차이가 납니다.

   색의 세계를 치유하는 파장은 낮고

   공의 세계를 치유하는 파장은 더 높습니다.

② 치유가 진행될 때 해당 환부에 대한 무형의 장치는

   최저 상태 또는 다운된 상태에서 이루어집니다.

③ 제거의 빛 : 세포를 제거하거나

   불필요한 질병의 생명체가 제거될 때 사용됩니다.

   생명속에 있는 생명을 제거하는 빛입니다.

④ 재생의 빛 : 제거의 빛이 필요하지 않을 때는

   재생의 빛으로 세포나 조직의 재생이 이루어집니다.

⑤ 색의 세계에 대한 직접적인 작업이 이루어질 때,

   공의 세계에서는 정화의 빛이나 복구의 빛을 동시에 사용합니다.

   같은 시간에 다른 빛이 동시에 작용하게 됩니다.

5. 빛의 생명나무의 생명연장의 빛

생명체를 더 젊게 만들거나

생명체의 생명을 연장하는데 사용됩니다.

3종류의 백 에너지인

선천지정, 선천지기, 선천지신 에너지는

넓은 의미로 빛의 생명나무의 생명연장의 빛입니다.

이 빛의 생명나무의 빛은
불치병과 난치병을 치유하는 빛이며
성인병과 만성병을 치유하는 빛입니다.

빛의 생명나무의 빛 중 생명연장의 빛은
환부에만 들어가는 것이 아닙니다.
만약 위장에 어떤 부분의 종양을
제거의 빛으로 제거했다면
종양을 제거한 부위에는
재생의 빛과 복구의 빛이 사용됩니다.
그 이후에
빛의 생명나무의 빛 중 생명 연장의 빛이
위장 전체에 투입됩니다.
빛의 생명나무의 생명연장의 빛은
새로 생긴 조직과
기존 조직의 차이를 없애주는 역할이 있습니다.

인간의 몸을 치유하기 위해서
보이지 않는 세계에서
보이지 않는 천사들에 의해서
천사님들이 다양한 치유의 빛을 사용하여
인간의 몸 치유가 이루어집니다.
천사님들의 수고와 노고 덕분에
인간의 질병이 치유되는 것이며
이적과 기적이 일어나는 것입니다.

보이지 않는 세계에서 병 치유가 일어나는 원리와
보이지 않는 세계에서 병 치유에 사용되는 빛의 종류를
하늘과의 조율속에
하늘과의 소통속에
우주의 비밀을 전합니다.

우데카 팀장이 기록을 위해 이 글을 남깁니다.

자오유주도에 대한 정리

동양인들이 세상과 우주를 이해하는 방식들 중에
천간(天干)과 지간(地干)이 있습니다.
천간은 갑 을 병 정 무 기 경 신 임 계
지간은 자 축 인 묘 진 사 오 미 신 유 술 해를 말합니다.
천간은 공간의 변화를 의미하며 오행의 변화를 의미합니다.
지간은 시간의 변화를 의미하며 6기의 기운의 변화를 의미합니다.
6기는 삼양삼음의 변화 원리에 의해 12지간이 되었으며
인간의 몸에서는 12경락이 되었습니다.

현재의 인류의 의식 수준에서 말하는 자오유주도는 다음과 같습니다.
자 ⇒ 오후 11시 ~ 오전　1시 ⇒ 담에 배속
축 ⇒ 오전　1시 ~ 오전　3시 ⇒ 간에 배속
인 ⇒ 오전　3시 ~ 오전　5시 ⇒ 폐에 배속
묘 ⇒ 오전　5시 ~ 오전　7시 ⇒ 대장에 배속
진 ⇒ 오전　7시 ~ 오전　9시 ⇒ 위장에 배속
사 ⇒ 오전　9시 ~ 오전 11시 ⇒ 비장에 배속
오 ⇒ 오전 11시 ~ 오후　1시 ⇒ 심장에 배속
미 ⇒ 오후　1시 ~ 오후　3시 ⇒ 소장에 배속
신 ⇒ 오후　3시 ~ 오후　5시 ⇒ 방광에 배속
유 ⇒ 오후　5시 ~ 오후　7시 ⇒ 신장에 배속
술 ⇒ 오후　7시 ~ 오후　9시 ⇒ 심포에 배속
해 ⇒ 오후　9시 ~ 오후 11시 ⇒ 삼초에 배속

인간의 몸은

❖ 색의 세계
  - 세포와 조직
  - 오장 육부와 기항지부

❖ 기의 세계
  - 포의 작용
  - 경혈과 경락 시스템
  - 메타 의식구현 시스템
  - 차크라 시스템

❖ 공의 세계
  - 무형의 기계장치
  - 생명회로도로 되어 있습니다.

현재의 인류의 의식 수준으로는
질병이 없는 상태에서 음식을 잘 먹고 소화가 잘 되면
생명을 유지하는데 크게 어려움이 없을 것이라고 알고 있으며
그렇게 믿고 있습니다.
인류가 먹고 있는 음식물은
생명을 먹는 것이며 남의 살을 먹는 것입니다.
인간이 먹는 음식물은 소화 과정을 통해 몸 안으로 흡수되게 됩니다.
흡수된 영양분들은 세포나 조직에 영양분으로 사용되어집니다.
여기까지가 인류의 의식의 범위 내에서
상식이라고 알고 있는 내용입니다.

인간이 음식을 통해
소화 과정을 거쳐 흡수된 영양분들은
색의 세계에 작용하는 것입니다.
심포라는 무형의 기계장치에서 생성되는
정기신이라는 에너지들은
경락을 통해 세포와 조직에 공급되어집니다.
이러한 시스템을 경락 시스템이라고 하며 기의 세계에 속합니다.
인간이 음식물을 통해 흡수한 에너지는
생명을 유지하고 의식 활동을 하는데 필요한 에너지의
30% 정도에 불과합니다.

인간의 몸이 생명력을 유지하고
인간이 정상적인 정신 활동을 하기 위해서는
인간의 몸에 기와 공의 세계에 설치된
수많은 무형의 기계장치와 무형의 시스템을
작동시키는 에너지가 필요합니다.
인간의 몸에 설치되어 있는
기와 공의 세계에 존재하는 무형의 기계장치와
무형의 시스템을 운영하는 에너지는
음식물에서 공급받는 것이 아닙니다.

기와 공의 세계를 움직이는 에너지는
백회를 통하여 들어오는 에너지(빛)입니다.
백회를 통하여 들어오는 우주의 에너지가
무형의 기계장치와 무형의 시스템을 작동시키는데
꼭 필요한 에너지이며 어떤 음식물로도 대체할 수 없습니다.

백회를 통해 들어온 빛은
심포에서 분류하여 12경락으로 보내집니다.
동양의학에서 말하는 자오유주도의 빛이란
특정한 시간대에 백회를 통해 들어오는 빛은
특정한 경락을 활성화시키고
특정한 장부를 활성화시킨다고 알려져 왔으며
그렇게 알고 있습니다.
이것이 자오유주도가 갖는 우주적 의미입니다.

우리 조상들과 동양의학을 공부했던 의사들은
눈에는 보이지 않는 기의 세계인
경혈과 경락 시스템을 이용하여
인간의 몸을 치료해 왔습니다.
눈에 보이지도 않으며
인간의 상상력으로 알 수 없었던
눈에 보이지 않지만 존재하는
무형의 기계장치들에 대한 인식은 없었습니다.
그러나 그들은 시간에 따라
하늘의 빛의 성격과 파장이 다름을 인식하였으며
주기적으로 달라지는 빛이
우리 몸의 6장 6부에 영향을 주고 있다는 것을 알고 있었습니다.
이것이 자오유주도가 갖는 철학적 의미입니다.

인간의 몸은 음식물의 소화 흡수를 통하여
필요한 에너지의 30% 정도를 사용하며 살고 있습니다.

인간의 몸에는 인간의 눈으로는 볼 수 없고
인간이 만든 과학기술 장비로도 볼 수 없는
기의 세계인 경혈과 경락의 세계를
알 수도 없고 볼 수도 없지만
기의 시스템은 지금도 인간의 생명 활동에 참여하고 있습니다.
기의 시스템과 공의 시스템을 작동시키는 에너지원 70%는
음식이 아닌
우주에서 공급되는 빛으로 공급받고 있음을
우주의 비밀과 생명의 비밀들을
우데카 팀장이 기록을 위해 이 글을 남깁니다.

우주에서 백회를 통해 공급되는 에너지원은
크게 3가지 범주로 나눌 수 있습니다.
태양에서 들어오는 빛
파라다이스에서 들어오는 빛의 생명나무의 빛
파라다이스에서 들어오는 창조주의 빛이 있습니다.

고혈압에 대한 정리

심장은 혈액 순환의 중심에 있습니다.
심장의 박동과 함께 혈액의 순환이 시작됩니다.
심장의 박동을 일으키는 원천적인 에너지는
심장의 무형의 기계장치에서 나옵니다.
심장을 둘러싸고 있는 무형의 기계장치들 중에는
자기장을 발생시키는 장치가 있으며
자기장의 발생과 함께 혈액과 혈관 사이에
자기부상열차처럼 자기장이 생성되면서
마찰력없이 혈액 순환이 시작됩니다.

심장을 구성하고 있는 무형의 기계장치에서 자기장이 발생하면
혈액 순환과 함께 영기의 순환(12경락의 순환)이 이루어집니다.
이러한 심장의 기능과 역할을
동양의학에서는 심생혈(心生血)이라고 하였습니다.
심생혈은 심장의 무형의 기계장치를 통해
심장 밖을 나오는 혈액의 순환에 작용하는
자기장의 발생 기전을 설명한 것입니다.

심장의 박동이 일정한 비율로 변동될 수 있도록
심장에 공급되는 혈액의 양과 혈액의 속도를
항상 일정하게 해주는 무형의 기계장치가 있는데
이 무형의 기계장치는 간에 속해 있는 무형의 기계장치입니다.

간의 이러한 작용을 동양의학에서는
간의 소설작용(疏泄作用)이라 하였습니다.
간이 일정한 양과 일정한 속도로
혈액을 심장으로 보내야 하는데
이 기전이 정상적으로 일어나지 않으면
심장에서는 부정맥 현상이 나타나게 됩니다.

혈액은 신장과 비장과 간에 의해 정화되어
심장으로 들어와서 심생혈의 작용을 거쳐
폐포에서 신선한 산소를 공급받고 신선한 혈액이 된 후
전신을 순환하게 됩니다.
신장에서 혈액은 사구체를 통과하면서
오염된 물질이 제거되며
제거된 물질은 소변이 되고
혈액은 신선한 혈액이 됩니다.
비장은 혈액이 순환을 하다 손상된 적혈구를 회수하여
파괴하는 역할을 하고 있습니다.
비장은 오염된 혈액을 필터링하는 역할을 담당하고 있습니다.
간은 간장혈(肝藏血)이라는 작용을 통하여
혈액을 화학적으로 정화하는 역할을 담당하고 있습니다.

심장을 나간 신선한 혈액은 혈액 순환을 하는 과정에서
신장과 비장과 간을 거치면서 정화된 후
다시 심장으로 되돌아오는 과정을 거치게 됩니다.
심장은 모든 장기의 중심에 있습니다.
심장의 기능을 지원하는 중심적인 무형의 기계장치가 있는데

심장과 다른 장부의 무형의 기계장치들과
53개의 센서들로 연결되어 있습니다.
이것으로 인하여 심장은
우리 몸의 군주기관으로서의 역할을 수행하고 있습니다.

혈액이 심장으로 들어오기 직전에
심장과 관련된 무형의 기계장치에 영향을 받습니다.
이 분야는 동양의학에서도 언급되지 않았습니다.
심장에 연관된 많은 무형의 기계장치들 중
혈압과 혈액의 조성 성분에
이 무형의 기계장치가 영향을 미치고 있습니다.

첫번째 기능

❖ 오염된 혈액을 마지막으로 회수하는 작용을 하고 있습니다.
    혈액속에 있는 오염된 혈액을 회수하는
    무형의 기계장치의 기능이 떨어지게 되면
    오염된 혈액이 혈관속을 흐르게 되어
    혈액의 정체가 나타나고
    노폐물들이 모세 혈관이나 근육에 쌓이고
    정체된 혈액이 전체 혈액량에 잡히게 되면서
    새로운 혈액을 만드는 기전이 축소되고
    새로운 혈액의 공급이 줄어들게 되고
    혈액의 점성은 높아지고 탁해지게 되고
    심장에 더 많은 압력이 가해지게 되면서
    고혈압이 생기게 됩니다.

고혈압은 이 무형의 기계장치의 이상으로 인해 발생하며
이 무형의 기계장치가 정상적으로 작동이 되면
고혈압의 증상이 완화되게 됩니다.
한두 번의 빛 치료로 이 무형의 기계장치의 기능의 정상화를 통해
고혈압 증세가 정상화됨을 경험할 수 있었습니다.

두번째 기능

❖ 혈액의 점성과 혈액의 탁도
　혈액의 구성 성분 등을 조절하는 작용을 하고 있습니다.
　26개의 혈액의 성분을 분비하고 조절하는
　컨트롤 센터의 역할을 하고 있습니다.
　이 기능이 저하되거나 문제가 발생하면
　⇒ 혈액의 이상 발생
　⇒ 혈액암의 발생
　⇒ 에너지 대사 작용에 문제가 발생
　⇒ 림프계에 대한 이상 발생
　⇒ 면역체계에 대한 이상 발생
　⇒ 호르몬 대사의 이상으로 인한 질병 발생

눈에 보이지 않는 세계에서 일어나고 있는
고혈압과 부정맥의 원인을
시절인연이 있는 인자들을 위해
의식이 깨어나는 인자들을 위해
보이지 않는 세계의 인체의 비밀을
하늘과의 소통속에 하늘과의 조율속에
이 글을 기록으로 남깁니다.

냄새를 맡지 못하는 이유

냄새(후각)를 주관하고 있는
보이지 않는 세계의 기전은 다음과 같습니다.

냄새를 맡는다는 것은
코의 점막에 있는 후각 세포가 먼저 외부의 자극을 인지하게 됩니다.
자극을 하는 입자 중에 가장 가벼운 입자를 선별하여
폐의 상단부에 있는
눈에 보이지 않는 무형의 기계장치로 보내게 됩니다.

폐에 있는 무형의 기계장치는
물리적인 입자를 증폭하고
정보를 해석하는 역할을 맡고 있습니다.
코의 내부 점막과 폐에 있는 무형의 기계장치는
매우 가는 경락의 관으로 연결되어 있습니다.
입자가 굵은 것은 통과되지 않으며
미세한 입자만 통과할 수 있습니다.

폐의 상단부에 있는 무형의 기계장치는
후각 세포에서 전해진 입자에
자기장을 다시 강하게 걸어주게 됩니다.
자기장이 강하게 걸린 물리적인 입자는
빛의 성질을 띠게 됩니다.

자기장이 강하게 걸린 냄새를 내는 입자는
폐에 있는 무형의 기계장치에 의해
빛의 입자성과 빛의 파동성을 가진 물질로 전환되어
뇌에 전달되게 됩니다.

폐에 있는 무형의 기계장치에서
물질 입자의 성질이 해독이 되고 판독된 정보가
파동의 형태로
입자의 형태로
뇌에 전달되어
냄새에 대한 정보를
뇌가 인지하고 기억하고 저장하게 됩니다.

냄새를 처음으로 인지하는 코의 점막 세포 역시
정교한 센서로 되어 있으며
정교한 무형의 기계장치로 되어 있습니다.
코의 점막 세포와 무형의 기계장치
폐와 폐에 있는 무형의 기계장치는
건조할 때보다는 축축한 기운이 있을 때
뜨거울 때보다는 서늘한 조건일 때
활발한 작용이 이루어집니다.

동양의학에서 폐의 이러한 작용을
태음습토(太陰濕土)라 하였으며
가을의 기운으로 분류하여 놓았습니다.
이것이 동양의학에서 폐가 냄새를 주관한다고 한 이유입니다.

코의 점막 세포에도 이상이 없으며
폐의 기능에도 이상이 없으며
뇌의 작용에도 이상이 없는데도 불구하고
냄새(후각)를 맡지 못한 채 살아가는 사람들이 많이 있습니다.

불치병과 난치병들은 대부분
눈에 보이는 세계의 조직과 장부에는 큰 이상이 없으며
문제가 없어 보이지만
눈에 보이지 않는 공의 세계에 있는
무형의 기계장치들이 원활하게 작동되지 않아서
눈에 보이는 세계인 색의 세계의
조직과 장부들의 기능이 저하되거나
조직과 장부들의 기능이 상실되어
장애를 일으키는 경우가 많습니다.

불치병과 난치병으로 알려져 있는 질병들은
눈에 보이지 않는 세계에서
세포의 기능을 도와주는 무형의 기계장치와
조직의 기능을 도와주는 무형의 기계장치와
기관의 기능을 도와주는 무형의 기계장치들이
망가지거나 작동하지 않는 경우가 많으며
무형의 기계장치들을 연결해주는
경락 시스템들이 작동하지 않는 경우들입니다.

눈에 보이는 것만을 믿으며
과학이라는 검증 절차를 거친 것만을 믿는

현재 인류의 의식 수준으로는
우데카 팀장의 글은
이해하기 어려운 이야기가 될 것입니다.
인류가 보이지 않는 세계에 눈을 뜨고
인류의 과학기술 문명이 비약적인 발전을 이루고 나면
인류는 그때서야 보이지 않는 세계의 본질에
접근할 수 있을 것입니다.

시절인연이 있는 인자들을 위해
의식이 깨어나는 빛의 일꾼들을 위해
새 하늘과 새 땅에서
새로운 의학 패러다임을 준비하고 있는 인자들을 위해
새로운 정신문명을 준비하고 있는 하늘 사람들을 위해
눈에 보이지 않는 세계를
기록으로 남깁니다.

적취에 대한 정리

동양의학에서 적취 치료는 매우 어려운 영역입니다.
불치병이나 난치병의 원인이 되며
암이 있는 환자에게서 많이 발견되기 때문입니다.

적(積)은
무형의 덩어리 형태로 존재하며
단단하고 딱딱하게 만져지며
일정 부위에 머물면서
통증을 일으키는 경우를 적이라 합니다.

취(聚)는
세포와 세포 사이
조직과 조직 사이
근육과 근육 사이에
안개 형태로 존재하면서
여기저기 이동하는 성질을 가진
무형의 에너지를 말합니다.

적과 취는 눈에 보이지 않습니다.
X-ray에도 나타나지 않으며
초음파에도 나타나지 않으며
CT 촬영이나 MRI에도 나타나지 않습니다.

적취는 색의 세계에 나타나지는 않지만
환자 스스로 복진에 의해 만져지기도 하고
누르면 통증을 느끼기도 합니다.
통증 증상이 있는데
통증의 원인을 모르는 경우가 있으며
대부분 적취에 의한 경우가 많습니다.

적취가 가장 많이 모여 있는 곳은
복강(복부)입니다.
적취는 배꼽(신궐) 주변에 많이 분포하고 있습니다.
배꼽을 중심으로 5가지 적이 있는데
이것을 오적이라고 부릅니다.

심적
명치(거궐) 부근에 있으며
누르면 딱딱하게 만져지며 강한 통증을 느낍니다.
단중(가슴)이 답답해지며 속앓이의 원인이 됩니다.

간적
왼쪽 갈비뼈 아랫 부근에 분포하며
누르면 딱딱하게 만져지며 압통이 느껴집니다.

폐적
오른쪽 갈비뼈 아랫 부근에 분포하며
누르면 딱딱한 것이 만져지며 압통이 느껴집니다.

비적

배꼽(신궐)을 중심으로

상하와 좌우에 십자가 형태로 존재하며

복진시 가장 많이 나타나는 적이며

통증을 가장 많이 느끼는 적입니다.

신적

배꼽 아랫 부근에 비적과 함께 공존하지만

배꼽 아래 광범위한 부위에 있는 적을 말합니다.

적은 배꼽을 중심으로 집중적으로 분포하며

취는 주로 근육과 근육 사이에 많이 분포하며

담음(痰飮) 증상의 주요 원인이 되며

원인모를 근육 통증의 주요 원인입니다.

동양의학에서 적취가 생기는 원인에 대해서는

미지의 분야였습니다.

왜 생기는지

어떻게 치료해야 하는지

물어볼 곳도 아는 사람도 없었습니다.

의서에 나오는 처방대로 적취를 치료해 보지만

큰 효과를 보기 어려웠습니다.

오적산을 써보고 중완침을 응용하며

복부에 장침을 써서 적취 치료를 해봐도

환자가 느끼는 고통에 비하면

큰 차도를 얻기 어려웠습니다.

적취에 대해
우데카 팀장이
시절인연에 의해
지구 행성의 차원상승 후
새로운 정신문명에서 펼쳐질
새로운 미래의학을 열기 위한
눈에 보이지 않는 세계에 대한
의식의 확장을 위해
기록으로 이 글을 남깁니다.

인간의 몸에는
8개의 차원간 공간이 있습니다.
생명 활동을 지원하는 무형의 기계장치는
색의 세계에 3개의 층위
색과 공의 중간인 기의 세계에 2개의 층위
공의 세계에 3개의 층위로 존재하고 있습니다.
색의 세계(세포와 조직과 장부)를 지원하는
무형의 기계장치들보다
기와 공의 세계를 지원하는
무형의 기계장치들이 훨씬 더 정교하고 크며
더 많은 배기가스(사기)들이 배출되게 됩니다.
인간의 몸에 있는
8개의 차원간 공간에서
생명 활동과 의식 활동을 지원하는
무형의 기계장치들이 작동되고 있습니다.

적은

무형의 기계장치들이 작동되면서

무형의 배기가스(사기)가 경락 시스템이나

경락의 하수도 시스템이나

특수한 배출구를 통해

정상적인 방법으로 배출되지 못하고

복강(복부)에 쌓이고 쌓여

퇴적암이 만들어지듯 딱딱하게 형성되어

통증을 일으키고 있는 것을 말합니다.

적이 복부(복강)에 많이 분포하는 이유는

장부의 생명 활동을 지원하는

무형의 기계장치들의 배기가스 배출구는

모두 배꼽을 통해 빠져나가게 되어 있기 때문입니다.

무형의 기계장치 중에서도

기의 세계(4번째 5번째 층)와

공의 세계(6번째 7번째 8번째 층)에 존재하는

무형의 기계장치에서 나오는 배기가스는

경락을 통해 신궐(배꼽)으로 빠져나가게 연결되어 있습니다.

5개의 층위에서 배출되는 사기의 밀도와 점도의 불균형이 생기면

신궐의 배출구가 막히게 됩니다.

배기가스(사기)들은 경락을 빠져나와

오랫동안 배꼽을 중심으로 쌓이고 쌓여

단단하게 핵을 이루고 있기 때문에

배꼽 주변에 적이 많은 것입니다.

취는

정상적인 방법으로 배출하지 못한

무형의 기계장치들에서 나온 배기가스가

조직과 조직 사이에 쌓여 통증을 일으키거나

복강(복부)에 모여 적을 이루기 위해 산재해 있는 경우를 말합니다.

취는 주로 색의 세계를 담당하는

1번째에서 3번째 층에서 발생하는 사기가 경락을 이탈하여

세포와 세포 내의 공간과

조직과 조직 사이의 공간

장부와 장부 사이의 공간에

핵을 이루지 않고 산재해 있는 상태를 말합니다.

취가 많이 있는 경우

몸이 무겁고 원인을 알 수 없는 근육통이 발생하며

몸이 피곤할 때 발생하는 만성 종아리 통증이 나타납니다.

담음 증상과 매핵기 증상이 나타나기도 합니다.

적취는 무형의 기계장치들에 의해 발생하는 사기입니다.

배기가스(사기)는 흰색으로 배출됩니다.

정상적으로 배출되지 못한 사기가 몸안에 쌓이면

회색으로 변하면서 취가 되고

검은색으로 변하면서 적이 됩니다.

동양의학의 경혈이나

서양의학의 압통점 등은 약 70% 이상 일치하며

사기와 탁기가 정상적으로 배출되지 못하고

막혀 있는 부근에 존재하고 있습니다.

무형의 기계장치에서 발생하는 사기를 배출하기 위해
배수구(경혈)를 열고 닫는 개폐 장치가
경락 시스템과는 별도로 존재하고 있습니다.
중완혈 심부의 차원간 공간이 중첩된 곳에 있습니다.

적취의 문제는
눈에 보이지 않는 세계에서 발생하는
오작동이며 불균형이며 모순으로 발생하는 것입니다.
눈에 보이지 않는 세계를 알지 못하는
인류의 의식 수준으로는
눈에 보이는 것만을 믿고 있는
현대의학의 패러다임으로는
적취의 문제를 해결하는데 한계가 있었습니다.

적취의 치료는
인류 의식의 혁명적인 도약이나 전환이 이루어져야 가능한 영역입니다.
인간의 몸에 대한 근본적인 의식의 전환이 있어야 합니다.
적취의 치료는
난치병과 불치병을 해결하는 시작이며
미래의학의 패러다임이 정착되어야 가능할 수 있습니다.
적취의 생성 기전을 이해하고
적취의 특성을 알아야 하며
적취를 해소할 수 있는 권한이
하늘로부터
보이지 않는 세계에서 주어져야 합니다.

적취를 치료할 수 있는 인자들이
하늘에 의해 준비되고 있습니다.
하늘의 빛을 이용하여
인간의 질병을 치료할 수 있는 인자들이 출현하게 되는데
이것을 의통(醫統)이라고 합니다.
지구 행성의 차원상승 과정에서
바이러스 난과 괴질이 창궐하는 때에
지축 이동 후 안전지대인 역장 안에서
빛의 일꾼들을 중심으로
역할자를 중심으로
하늘의 빛을 사용할 수 있는 권한과 권능들이 주어지게 될
시절인연이 있는 인자들이
아무도 모르게
아무도 모르게
하늘에 의해 준비되고 있습니다.
미래의학을 열어갈 인자들이
하늘에 의해 준비되고 있음을 전합니다.

그렇게 될 것이며
그렇게 예정되어 있으며
그렇게 되었습니다.

암에 대한 정리

눈에 보이지 않는 세계에서
암이 발생하는 기전은 다음과 같습니다.

암세포는
❖ 산소 농도가 높은 곳
❖ 빛이 있는 곳
❖ 비타민C가 풍부한 곳
❖ 염분의 농도가 높은 곳에서는 살 수가 없습니다.
이들의 공통점은 빛이라는 것입니다.

산소는 호흡을 통해 생명체에게
빛을 공급하는 역할을 합니다.
비타민C는 단순한 구조로
소화 흡수 과정에서
가장 많은 빛이 발생하며
세포나 조직에 가장 많은 빛을 발생하게 합니다.
소금은 지상에 있는 물질 중에
가장 강력한 보랏빛 파장을 내는 물질입니다.
보랏빛 파장은 빛 중의 빛으로
가장 높은 파장대를 가진 빛이며
가장 높은 에너지를 가진 빛입니다.

암세포가 잘 발생하는 환경은 다음과 같습니다.

❖ 기혈이 막힌 곳이나 경락이 막혀
　　영양분이나 빛의 공급이 원활하지 못한 곳

❖ 적과 취가 존재하는 곳

❖ 빛과 산소의 부족을 겪는 세포나 조직

❖ 독성 물질이 인체내에서 작용할 때는
　　강한 어둠의 에너지 형태로 세포나 조직에 영향을 미칩니다.

❖ 포의 훈증이 과도하여 폐정(정의 생성이 안됨)이 되는 경우

오랫동안 경락 봉인으로 인하여
조직이나 장부에 정기신 에너지와
무형의 기계장치들에 우주의 빛이 충분하게 공급되지 않게 됩니다.
하늘의 높은 차원 높은 단계의 강력한 어둠의 에너지체들이
조직이나 장부에 경락의 흐름을
오랫동안 차단하게 되는 경우에도
조직이나 장부에 정기신 에너지와
무형의 기계장치들의 에너지원인 우주의 빛이 공급되지 않게 됩니다.

조직이나 장부에 경락의 차단이나 봉인으로 인하여
오랫동안 빛이 공급되지 못하면
조직이나 장부의 세포들은
영양분들을 더 많이 확보하기 위해
더 많은 산소를 얻기 위해
더 많은 빛을 확보하기 위한 방법으로
혈관의 확장과 모세 혈관들을 증가시켜
모순을 해결하려고 합니다.

조직이나 장부에
강력한 에너지체들에 의해 경락이 차단되거나
경락의 봉인이 오래되어도
세포는 혈관을 확장하는 방법으로 모순을 해결하려고 합니다.

경락의 차단이 오래되거나
경락 봉인이 장기간 지속되면
정기신의 에너지가 장기간 부족하거나
우주의 빛이 충분히 공급되지 못하게 됩니다.
세포들은 자가 증식을 통해 세포막들이 두꺼워지거나
자궁내막 같은 상피 조직이 두꺼워지는 증상이 나타나게 됩니다.
두꺼워진 상피 조직들은 염증 반응이나
출혈을 주기적으로 일으키기도 하며
장기적으로 출혈을 유발하기도 합니다.

경락의 차단이 오래되거나
경락 봉인이 장기간 이어지면
정기신 에너지의 부족이 장기간 지속됩니다.
우주에서 들어오는 빛 역시 부족하게 됩니다.
조직과 장부들은 부풀어 오르면서
만성적인 염증 반응이 나타나게 됩니다.
만성적인 염증은 장부 기능의 저하로 나타나게 됩니다.

경락이 오랫동안 차단이 된 세포나 조직이나
빛의 공급이 오랫동안 차단된 장부들은
암이 발생하기 최적화된 환경이 됩니다.

암이 발생하기 좋은 환경이 조성되었다고 해서
곧바로 암이 발생하지 않습니다.
암이 발생하려면
암을 발생시키는 씨앗이 반드시 있어야 합니다.
암을 발생시키는 씨앗은
빛속에 암세포를 싣고
암세포가 자라기 좋은 환경이 조성된 곳에 뿌려지게 됩니다.

암세포가 뿌려지고 나면
암세포가 자라기 좋은 환경 상태에 따라
세포의 노화 정도에 따라
암세포 씨앗에 프로그램된 내용에 따라
암세포의 증식 속도가 결정이 됩니다.
이것이 보이지 않는 세계에서 일어나고 있는
암이 발생하는 기전입니다.

암세포의 정보를 담은 암세포의 씨앗은
빛의 형태로 뿌려지게 됩니다.
암세포를 인체내에 투입하는 존재들이
보이지 않는 세계에 있습니다.
인간에게 암세포의 씨앗을 투입할 것을
결정한 주체는 본영입니다.
본영이 결정을 하고
하늘의 공식적인 행정적 절차를 밟아서
집행하게 됩니다.

암세포의 씨앗과
암세포의 역할과 임무까지
암세포의 증식 속도까지
암세포로 인한 고통의 정도와 통증의 범위까지
모든 것을 결정한 주체는 아바타(인간)의 본영입니다.
본영이 그렇게 결정한 이유는
그 영혼의 진화 과정이며
그 영혼에게 예정된 프로그램이
때가 되어 우연을 가장하여
일어날 일이 일어날 때에 일어난 것입니다.

이것이 암이 발생하는
눈에 보이지 않는 세계에서의 불편한 진실입니다.
암을 치유하는 눈에 보이지 않는 세계에서의 기전은
다음과 같습니다.

첫째
본영의 동의가 있어야 합니다.

둘째
암이 발생할 수 있는 조건의 변화가 선행되어야 합니다.
경락을 차단하고 있는 어둠의 에너지체들에 의한
어둠의 에너지장의 해체가 있어야 합니다.
경락의 봉인을 해체해야 합니다.
본영이 생명회로도에서 경락 봉인을 직접 풀어야 합니다.

셋째

하늘의 치유의 빛이 암을 일으킨 조직과 장부에
장기간 공급되어야 합니다.
눈에 보이지 않는 세계에서 이러한 절차가 진행되지 않으면
수술 후 좋아졌다가도 암이 재발하게 됩니다.

세상에서 우연히 일어나는 것은 아무것도 없습니다.
암 발생 역시
눈에 보이지 않는 세계에서 먼저 결정이 되고 난 뒤
눈에 보이는 색의 세계에 나타나고 있음을
우데카 팀장이
인류의 의식의 깨어남을 위해
시절인연에 의해
암에 대한 불편한 진실을 기록으로 남깁니다.

불치병과 난치병이 발생하는 원리와 치유되는 원리

태어날 때부터 장애인으로 태어나거나
살다가 불치병과 난치병에 걸려 고통을 받거나
살다가 어느날 갑자기 우연을 가장하여
정신분열이 오거나 우울증이 오거나
환청이나 환각 증상이 나타나는 경우가 있습니다.
인간의 생로병사의 원인을 알 만큼은 알고 있다고
인류는 생각하고 있습니다.
인류가 생각하는 생로병사의 원인은
현대 의학과 종교에 그 기반을 두고 있습니다.

이제는 시절인연이 되어
생명속에 펼쳐진 대우주의 진리와
대우주의 법칙을 기반으로 하는
생명 진리의 시대를 열기 위해
우데카 팀장이 기록을 위해
의식이 깨어나는 인류들을 위해
깨어나는 빛의 일꾼들을 위해
이 글을 남깁니다.

인간의 몸은 정교한 기계장치로 되어 있습니다.
숨을 들이쉬고 숨을 내쉬고 하는 것들도
모두 폐가 하는 것 같지만

폐가 그 역할을 할 수 있도록
보이지 않는 세계에서 무형의 기계장치를 통해
폐 기능을 도와주기 때문에 가능한 것입니다.
해부학적으로 보이는 폐의 기능을 지원하고 도와주고 있는
보이지 않는 세계에서의 폐의 무형의 기계장치들은
크게 5가지가 있습니다.

첫째 : 호흡을 조절하는 횡경막을 움직이는 장치
        ⇒ 들숨과 날숨의 깊이를 조절
둘째 : 피부 보호와 면역력을 돕는 위기(衛氣) 조절 장치
        ⇒ 위기의 순환을 담당
셋째 : 땀구멍을 열고 닫는 장치
        ⇒ 한열을 조절하고 정기(正氣)를 보호
넷째 : 진액의 순환을 담당하는 장치
        ⇒ 무형의 기계장치의 이상 ⇒ 아토피 피부염 같은 난치병 발생
다섯째 : 허파꽈리(폐 세포)의 기능을 도와주는 장치
        ⇒ 외부 공기를 정화하고 필터링하는 역할을 도와주는 장치

폐에 있는 5가지의 무형의 기계장치들이
폐의 기능을 도와주고 있으며
폐의 기능을 보조하는 작은 기계장치들은 무수히 많습니다.
이 무형의 장치들이 바로 폐의 보이지 않는 손입니다.
폐의 보이지 않는 손을 통해
폐에 있는 무형의 기계장치들을 조절하고
폐에 있는 무형의 기계장치들의 관리를 통해
폐에 나타나는 질병을 관리하고 통제하게 됩니다.

폐와 관련된 모든 질병은

무형의 기계장치들의 수치값들의 조정을 통해

무형의 기계장치들의 불능화를 통해

무형의 기계장치들의 효율을 떨어뜨리거나

기능을 항진시키는 방법을 통해

폐에 관한 모든 질병을 유도하기도 하며

폐에 관한 모든 질병을 발생시키기도 하고

치료해 주기도 하는 것이

하늘이 일하는 방식이며

보이지 않는 세계에서 일어나는

질병이 발생하는 기전입니다.

인간의 몸에 있는 5장 6부와

5장 6부의 기능을 지원하기 위해 설치된 무형의 기계장치들은

15차원의 기술 85%

17차원의 기술 10%

18차원의 기술 5%로 창조되었습니다.

호모 사피엔스(인간)에 설치된

무형의 기계장치들을 컨트롤하고 있는

호모 사피엔스의 생명회로도는

18차원에서 창조하였으며

18차원에서 관리하고 주관하고 있습니다.

눈에 보이지 않는 세계의 일은

하늘이 일하는 방식에 의해

눈에 보이지 않는 방식에 의해 관리되고 통제되고 있습니다.

인간의 몸에 설치된 무형의 기계장치들은
에너지장에 의해 관리되고 있습니다.
에너지장은 카르마 에너지로 인한 카르마 에너지장과
특수 에너지장으로 되어 있습니다.

영혼의 물질 체험의 과정에서
타인의 자유의지를 심각하게 침범하여 발생한 카르마 에너지는
하늘에 의해 측정이 되며
카르마 에너지는 영혼이 물질 체험을 하는 과정에서
몸의 질병을 통해 해소하는 것이 우주의 법칙입니다.
본영이 이번 생애에 해소해야 될 카르마 에너지가 10%라고 한다면
10%에 해당되는 카르마 에너지를 100%로 환산하여
인간의 몸의 5장 6부에 골고루 나누어서
카르마 에너지장을 형성하여
장부의 기능에 제약을 가져오게 됩니다.

5장 6부에 형성된 카르마 에너지장은
한번 설치되면 외부의 힘으로는 해체가 불가능하며
카르마가 모두 해소될 때까지
강력한 봉인으로 작용하게 됩니다.
카르마 에너지장은 무형의 기계장치들의 기능을 제한하는 방법으로
인간의 몸에 영향을 줍니다.
카르마 에너지장의 크기에 따라
카르마 에너지장이 어느 장부에 집중이 되었는지에 따라
장애의 정도가 다르게 나타나며
불치병과 난치병의 난이도가 결정이 됩니다.

경락 차크라 치유나 이적과 기적 등은
이 무형의 기계장치들의 효율을 조정하거나
이 무형의 기계장치들을 수리하거나
이 무형의 기계장치들에 걸린 에너지장을 해체하는 방법으로
치유가 일어나는 것입니다.

카르마 에너지장이 아닌 특수 에너지장은
본영의 필요에 의해
아바타의 자유의지를 축소하고
아바타를 영혼의 프로그램대로 안내하고 이끌기 위해
본영의 요청에 의해
하늘의 에너지체 관리팀 소속 천사들에 의해 집행됩니다.
본영이 설치한 에너지장은
본영의 요청에 의해 해체가 될 수 있습니다.
하늘에 의해
태어날 때 설치된 카르마 에너지장은
본영도 어찌할 수 없으며
선천적인 장애나 신체적인 모순을 가지고
카르마가 해소될 때까지 살아갈 수밖에 없는 것이
물질 체험을 하고 있는 영혼들의 슬픈 운명입니다.

누군가에 의해
장애인이 정상인이 되고
불치병이 치료가 되고
난치병이 치료가 되는
이적과 기적이 일어났다면

우연을 가장하여
치료를 위해
보이지 않는 세계에서
보이지 않는 손에 의해
보이지 않는 무형의 기계장치들을 봉인하고 있던
카르마 에너지장과 특수 에너지장이
해소되고 철거되었음을 의미합니다.

인류의 건승을 빕니다.

염증(질병)이 치유되는 보이지 않는 세계의 원리

염증 반응이 있기에
생명체는 면역체계를 발전시킬 수 있으며
생명체는 항상성을 유지할 수 있습니다.
염증 반응이 있기에
세포와 조직은 재생될 수 있습니다.

염증 반응이 일어나고 치유되는
보이지 않는 세계의 원리는 다음과 같습니다.

❖ 염증이 생기는 원인
- 외부의 독성 물질이나 이물질
- 세포나 조직의 손상 ⇒ 출혈의 발생
- 포의 훈증에서 생기는 열과 습 ⇒ 담음의 발생
- 경락의 손상 ⇒ 세맥의 손상 ⇒ 세맥과 낙맥이 끊어짐
  ⇒ 세맥과 낙맥의 단절
- 경락이 막힘 ⇒ 빛 에너지 공급 차단 ⇒ 사기와 탁기의 정체
  ⇒ 염증반응의 시작 ⇒ 통증
- 무형의 기계장치의 손상과 기능 저하 ⇒ 빛 공급의 감소
  ⇒ 장부 기능의 저하 ⇒ 만성 염증 반응과 질병 발생
- 무형의 기계장치에서 발생하는 적과 취가
  배수혈로 빠져나가지 못하고 오랫동안 정체되는 경우

❖ 염증이 있는 곳에 나타나는 공의 세계의 특징

첫번째 특징

염증과 질병이 있는 부위는

경락을 통해 기와 빛의 공급이 줄어들게 되어

어둡게 보이고 검게 보입니다.

두번째 특징

염증과 질병이 있는 부위는

경락이 막혀 있거나 끊어져 있습니다.

세번째 특징

염증과 질병이 있는 부위는

무형의 기계장치의 작동으로 발생하는 사기와 탁기가

배수혈을 통해 빠져나가지 못하고

경락을 벗어나 통증이 있는 부위에 정체되어 있습니다.

네번째 특징

염증과 질병이 있는 부위는

무형의 기계장치들이 작동되면서 나온 사기와 탁기인 적취가

오랜 기간 동안 조직의 차원간 공간에 머물다 보면

난치병과 불치병이 발생하게 됩니다.

❖ 염증이 치유되는 공의 세계(보이지 않는 세계)의 기전

모든 생명 현상은 공의 세계의 6층에 있는

생명회로도 시스템에 입력한 프로그램대로

자동적으로 일어나게 됩니다.

인간의 몸에 배속되어 있는
하늘의 의사 그룹인 라파엘 천사들이 있으며
본영과 배속된 라파엘 천사 그룹에 의해
생명체의 생체 시스템이 정상적으로 작동되도록
관리되고 운영되고 있습니다.

첫번째 기전 ⇒ 배수혈의 확보
염증 부위에 치유의 빛을 바로 투입하여 치유하지 않습니다.
염증 부위에 있는 사기와 탁기가 배출되는
배수혈의 확보가 제일 먼저 이루어집니다.
배수혈의 확보는 하늘의 라파엘 그룹에 의해서 이루어집니다.

두번째 기전 ⇒ 사기와 탁기의 배출이 이루어짐
사기와 탁기가 배출이 되고 나면
어둡게 보이고 탁하게 느끼던 부위가 밝고 맑게 됩니다.
우리 몸에 있는 요정들과 용들이
이 과정에 참여하면서 도움을 주고 있습니다.

세번째 기전 ⇒ 적취의 제거 후 배출이 이루어짐
적취의 제거가 이루어지면
경락을 통한 빛의 순환이 이루어지게 됩니다.
불치병이나 난치병이 치유되기 위해서는
적취의 제거가 반드시 이루어져야 합니다.
이 과정은 본영의 동의가 있어야
원활하게 이루어질 수 있습니다.

네번째 기전 ⇒ 염증이 발생한 부위와 관련된
무형의 기계장치의 수리나 교체가 이루어지는 단계
본영의 동의나 13차원 이상의 하늘의 승인이 이루어져야 합니다.
무형의 기계장치의 교체가 승인되는 차원이 있습니다.
질병의 치유 수준이 결정되는 단계로
몸안에 있는 라파엘 그룹의 천사들은 각자의 등급이 있으며
천사들마다 생명회로도와 무형의 기계장치에
접근할 수 있는 권한이 정해져 있습니다.

- 카르마 에너지장에 의해 무형의 기계장치가 수리되지 않는 경우
  ⇒ 염증과 질병이 재발하게 됨
  ⇒ 자연 치유력이 떨어지고 만성 염증으로 전환되거나
    질병이 깊어지게 됨

- 카르마 에너지장에 영향을 받거나 노화가 진행되어
  무형의 기계장치의 기능이 떨어지는 경우
  ⇒ 만성 질환이 나타나며
  ⇒ 장부의 기능 저하가 나타남
  ⇒ 생명의 순환력이 저하되며 에너지 대사율이 떨어지게 됨

- 외상으로 조직이 손상되거나 수술 과정에서 조직이 손상된 경우
  경락의 손상 또한 함께 이루어짐
  ⇒ 경락의 재생과 복원이 이루어짐

- 외과적 수술 과정에서 삽입되는 보형물이나 보철물들이 있는데
  이것들은 우리 몸에서는 자연적인 것이 아닌 인공적인 것입니다.

신체 조직이 인공물로 교체되었다면

교체되거나 삽입된 인공물을 지원하는

무형의 기계장치가 재설치되거나

무형의 기계장치의 셋팅값들의 재조정이 이루어집니다.

예를 들어

수정체 이식 수술을 하거나 인공 관절을 이식할 경우

인간이 만든 수정체와 인공 관절은

인간이 창조(탄생)될 때에 가지고 있던 원형과는 다른 것이기에

이것에 따른 무형의 기계장치에 있는 셋팅값들이나

무형의 기계장치가 인공 관절과 인공 수정체에 맞추어

새롭게 교체됩니다.

⇒ 이 과정은 하늘의 에너지체들에 의해

　자동적으로 이루어지고 있으며

　이 과정에서 하늘의 뜻이 가장 많이 반영되고 있습니다.

　수술 후 공의 세계에서 이 과정이 제대로 이루어지지 않으면

　수술 후 부작용이 생겨 통증이 발생하거나

　수술 후 인공 관절의 수명이 짧아지거나

　수술 후 수정체 기능의 상실로 백내장이 재발하게 됩니다.

다섯번째 기전 ⇒ 색의 세계에 빛의 치유

손상된 부위에 직접 빛을 투입하여

빛의 작용으로 세포나 조직, 손상된 장부들을

치유하는 과정이 이루어집니다.

재생과 복원의 성질을 가진 빛이 사용됩니다.

이 과정에 사용되는 빛의 양과 빛의 세기에 따라

치유의 속도가 결정이 됩니다.

자연 치유력이 발생하는 원리
면역력이 생기는 원리
항상성이 이루어지는 원리
염증 반응이 치유되는 원리
수술 후 질병이 재발되는 원리를 전합니다.

눈에 보이지는 않지만
현대의학의 과학 장비로 확인할 수는 없지만
생명속에 펼쳐져 있는 생명 진리를 전합니다.
영성의 시대에 펼쳐질
생명 진리의 시대와 의통의 시대를 열기 위해
미래의학을 열기 위해
질병이 치유되는 공의 세계의 치유 기전을
우데카 팀장이 기록으로 남깁니다.

눈에 보이지 않는다고 없는 것이 아닙니다.
눈에 보이지 않을 뿐
모든 생명속에는 생명속에 감춰져 있는
생명의 진리가 있습니다.
현대의학에 의해 밝혀진 생명 진리는
더 넓게 그리고 더 확장되어야 합니다.
영성의 시대에 펼쳐질
생명 진리의 세계에 당신을 초대합니다.

선천지정과 후천지정
성인병과 만성질환이 치유되는 원리

선천지정(先天之精)은
인간이 태어날 때 하늘로부터 받는
백 에너지를 말합니다.
후천지정(後天之精)은
음식물의 소화흡수 과정을 통해
경락을 통하여 신장에 정기신의 에너지의 형태로
축정되는 것을 말합니다.

선천지정은
인간이 태어날 때 하늘로부터 받는 백 에너지로
신장에 저장되어 있습니다.
신장에는 3개의 차원간 공간이 있습니다.
선천지정은 신장의 차원간 공간인
색·기·공의 세계에서 공의 세계에
배터리에 에너지가 저장되듯 저장되어 있습니다.

후천지정은
인간이 음식을 먹으면 소화 과정을 통해
영양분이 몸 안으로 흡수됩니다.
영양분들은 혈관을 통해 전신으로 공급됩니다.
영양분 중 경락을 통해 흡수된 에너지는
정기신으로 구분됩니다.

경락을 통해 흡수된 정기신 에너지는
신장의 차원간 공간에 저장됩니다.

신장의 3개의 차원간 공간 중
색의 세계의 층위에 정(精)이 축정이 됩니다.
신장의 색의 세계의 층위에 축정된 정은
오장의 색의 세계의 층위에 정을 공급해 줍니다.
후천지정은 경락을 통해
신장에서 오장으로 공급이 이루어집니다.
이것을 동양의학에서 후천지정이라 하였습니다.

후천지정은
경락 시스템을 통해서 축정이 이루어집니다.
신장의 차원간 공간인 2번째 층위는
기의 세계의 층위입니다.
신장의 차원간 공간인 2번째 층위에
정보다 입자가 고운 기(氣)와 신(神)의 에너지가 저장되었다가
오장에 존재하는 차원간 공간인 2번째 층위에
기와 신 에너지를 공급합니다.

후천지정의 에너지는
음식물을 통해 흡수된 에너지입니다.
음식물을 통해 흡수된 에너지 중 가장 미세하고
진동수가 가장 높은 에너지를 신이라고 합니다.
신 에너지는 주로 기의 세계의 층위에 있는
무형의 기계장치의 에너지원으로 대부분 사용됩니다.

후천지정의 에너지 중
가장 높은 진동수를 가진 것은 신 에너지입니다.

선천지정은
인간이 태어날 때 받는 백 에너지입니다.
인간의 생명의 원천입니다.
선천지정을 모두 다 소모하면 인간은 죽게 됩니다.
선천지정의 에너지는
신장에 있는 차원간 공간인 공의 세계에서
인간의 생명의 원천을 제공하는 역할을 하고 있습니다.

선천지기(先天之氣)는
선천지정과 같이 태어날 때 받는 에너지입니다.
폐에 저장되어 있습니다.
선천지기는 폐를 주관하는 에너지입니다.
신장에 선천지정이 저장이 되어 있듯
폐에는 선천지기가 저장된 차원간 공간이 있습니다.
폐 자체의 에너지원입니다.
폐에 존재하는 3개의 차원간 공간 중
공의 세계에 존재합니다.
선천지기는 경락의 순환과 호흡의 작용에
직접적인 영향을 미칩니다.

선천지신(先天之神)은
선천지정과 선천지기와 같이
인간이 태어날 때 받는 에너지원입니다.

선천지신은

심장의 3개의 차원간 공간인 공의 세계에 저장이 되며

심장의 박동을 주관하는 에너지이며

동양의학에서 말하는 심생혈을 주관하는 에너지입니다.

선천지신은

심장에 저장된 에너지입니다.

심장을 심장답게 해주는 에너지원으로

인간이 태어날 때 받습니다.

심장이 태어날 때부터 약하거나

심장병이 있는 경우는

선천지신의 에너지가 카르마 에너지장의 영향으로 약하게 작용하거나

선천지신의 에너지가 부족한 경우입니다.

동양의학에서 인간(인황=불)을 상징하는 에너지입니다.

선천지기는

폐에 저장된 에너지입니다.

폐를 폐답게 해주는 에너지입니다.

인간이 태어날 때 받습니다.

폐가 선천적으로 약하거나

폐에 질병이 있는 경우

폐에 저장된 선천지기의 작용이

카르마 에너지장의 영향을 받는 경우와

폐에 저장된 선천지기가 부족한 경우입니다.

동양의학에서는 하늘(천황=바람)을 상징하는 에너지입니다.

선천지정은

신장에 저장된 에너지입니다.

신장을 신장답게 하는 에너지입니다.

장부의 어머니의 역할을 하고 있습니다.

인간이 태어날 때 받습니다.

신장이 선천적으로 약하거나

신장에 질병이 있는 경우는

신장에 저장된 선천지정의 에너지가

카르마 에너지장의 영향을 받는 경우와

선천지정의 에너지 자체가 부족한 경우입니다.

동양의학에서는 땅(지황=물)을 상징하는 에너지입니다.

선천지신

선천지기

선천지정은

인간이 태어날 때 하늘에서 받는 에너지입니다.

동양의학은 선천지정의 원리는 밝혀 놓았지만

선천지기와 선천지신의 존재는 인지하지 못하였습니다.

넓은 의미에서의 백 에너지는

선천지정, 선천지기, 선천지신을 말합니다.

시절인연이 되어

인간의 몸에 존재하는 우주의 삼위일체의 에너지가

삼황(물·불·바람)의 에너지로 펼쳐져 있음을 전합니다.

선천지정만 알고 있는 동양의학의 한계를 벗어나

이 글을 통해 동양의학의 새로운 도약이 이루어지길 바랍니다.

선천지정은
신장에 저장된 에너지입니다.
좁은 의미에서의 선천지정은
백 에너지를 움직이는 동력원입니다.
태어날 때 받은 에너지를 다 쓰면 인간은 죽게 됩니다.

선천지정의 에너지가 공급이 되면
인간의 생명은 공급된 만큼 연장됩니다.
선천지정의 에너지가 공급이 되면
만성병들이 더 이상 악화되지 않으며
현상 유지를 하며 생명이 연장됩니다.
선천지정의 에너지가 추가 공급이 되면
오장 육부의 흐트러진 균형들이 바로잡히면서
신진대사가 정상적으로 이루어집니다.

선천지정의 에너지가 공급이 되면
세포의 노화가 멈추며
생명력이 증가됩니다.
선천지정의 에너지가 공급이 되면
후천지정의 축정과 공급을 정상화시킵니다.

선천지정 에너지의 추가 공급은
본영과 하늘의 의지에 의해 이루어집니다.
선천지정의 에너지가 추가로 공급되면
무형의 기계장치들의 재조정 과정들이
보이지 않는 세계에서 이루어집니다.

선천지정이 공의 세계에서 공급되고 나서
3일에서 12일 정도가 되면
그 효과가 색의 세계에 드러납니다.

만성병과 성인병의 치유는
공의 세계와 기의 세계의 무형의 기계장치들의 정상화가
하늘의 에너지체(천사들)에 의해 먼저 이루어져야 합니다.
만성병과 성인병의 치유는
색의 세계에 있는 무형의 기계장치들의 정상화가 이루어져야 합니다.

만성병과 성인병의 치유는
색의 세계의 무형의 기계장치와
기의 세계의 무형의 기계장치와
공의 세계의 무형의 기계장치들의 정상화가 이루어진 후에
색의 세계에 있는 세포의 진동수에 맞는
백 에너지에 해당되는 선천지정의 에너지가 주입이 되어야
온전한 치유가 이루어집니다.

선천지정의 추가 공급은
백 에너지의 추가 공급을 뜻합니다.
선천지정의 추가 공급은
하늘의 축복이며 선물입니다.
선천지정의 추가 공급은
인간의 영역이 아닙니다.
음식을 통하여 선천지정이 형성되지 않습니다.
약초를 통하여 선천지정이 형성되지 않습니다.

우연을 가장하여
다 죽어가던 사람이
기적적으로 살아나거나
만성질환을 앓고 있으면서
성인병을 앓고 있으면서
질병의 증세가 악화되지 않고
오랜 세월동안 잘 살고 있다면
하늘의 보이지 않는 손이 개입한 것입니다.

선천지정의 백 에너지 공급없이
만성질환들의 회복은 불가능합니다.
선천지정의 백 에너지 공급없이
성인병의 온전한 회복은 불가능합니다.
선천지정의 백 에너지 공급없이
불치병과 난치병의 치유는 불가능합니다.
선천지정의 백 에너지 공급없이
이적과 기적의 치유는 일어날 수 없습니다.

선천지신
선천지기
선천지정의 세가지 에너지를
인간의 몸에 작용하는 삼황의 에너지라고 합니다.
삼황의 에너지는 생명의 불꽃이며
삼황의 에너지는 생명의 정수입니다.
삼황의 에너지 중 가장 근본이 되는 에너지는
선천지정의 에너지입니다.

사람에 따라
질병에 따라
인체에 주입되는
삼황의 에너지의 양과 종류는 달라집니다.
삼황의 에너지의 주입은
이적과 기적의 시작입니다.

선천지정의 에너지가 공급이 되어야
음식물의 소화 흡수와 관련된 장부들이
되살아나는 것입니다.
소화기관들이 살아나야
후천지정의 순환과 저장이 이루어집니다.
선천지정의 백 에너지가 공급이 되어야
진액의 순환이 정상화되는 것입니다.

선천지기의 에너지가 공급이 되어야
호흡이 다시 시작되며
폐의 병이 치유되는 것입니다.
선천지신의 에너지가 공급이 되어야
멈췄던 심장이 다시 뛰는 것이며
심장병이 치유가 되는 것입니다.

심장이 멈추고
호흡이 멈추면
심폐 소생술을 하게 됩니다.

이때 선천지기와 선천지신의 에너지가 추가 공급이 되거나
리셋이 되어 다시 작동하게 되면
그 사람은 살아나게 되는 것입니다.

인명은 재천(在天)이라
선천지신
선천지기
선천지정의 추가 공급은
인간의 영역이 아닌 하늘의 영역입니다.
이적과 기적을 위한
하늘의 문이 열렸음을 우데카 팀장이 전합니다.
하늘이 땅으로 내려왔음을 전합니다.
하늘이 땅이 되었으며
땅이 하늘이 되었습니다.

인명은 재천이라
하늘의 뜻이 땅에서 펼쳐질 것입니다.
인명은 재천이라
하늘의 문이 열렸습니다.
삼황의 에너지(선천지신, 선천지기, 선천지정)가
인간의 몸에 들어오기 시작하였습니다.

인명은 재천이라
이적과 기적의 시대가 펼쳐질 것입니다.
생명 진리의 시대가 펼쳐질 것입니다.

백 에너지 주입이 갖는 의미

백 에너지는
인간이 태어날 때 딱 한번 받는다고 알려진
선천지정, 선천지기, 선천지신을 말합니다.

지상으로 내려온 창조주의 중심의식에 의해
2019년 1월 20일 오후 5시 30분 빛의 생명나무 정규 수업시간에
신장 투석을 앞둔 만 81세의 남자 노인의 몸에
백 에너지 3종 세트의 첫 공급이 있었습니다.
지상으로 내려온 창조주의 중심의식에 의해
첫 이적과 기적이 이루어졌습니다.
백 에너지 공급 후 모든 수치들이 정상으로 돌아왔습니다.

백 에너지는
동양의학에서는 정기신으로 알려져 있습니다.
백 에너지는
불로장생하는 에너지입니다.
백 에너지는
회춘하는 에너지입니다.
백 에너지는
인간의 모든 질병을 치유할 수 있는 빛입니다.
백 에너지는
인간의 영역이 아닌 신의 영역입니다.

백 에너지는

행성 가이아의 게(Ge) 에너지를 말합니다.

지구 행성 가이아의 게(Ge) 에너지의 운영 주체가

지상으로 내려온 창조주의 중심의식으로 귀속되었음을 의미합니다.

백 에너지의 인간의 몸에 추가 주입은

지상으로 내려온 창조주의 중심의식에 의해 이루어졌습니다.

백 에너지의 인간의 몸에 추가 주입으로

이적과 기적의 시대가 시작된 것입니다.

백 에너지의 인간의 몸에 추가 주입으로

불치병과 난치병의 치유가 시작된 것입니다.

백 에너지의 인간의 몸에 추가 주입으로

성인병과 만성병으로의 해방을 의미합니다.

백 에너지의 추가 주입은

태어나면 반드시 죽어야 하는

필사자로서의 인간의 운명을 극복하는 것이며

생명의 부활을 의미합니다.

백 에너지의 추가 주입은

생명의 연장을 뜻하며 생명의 부활을 의미합니다.

백 에너지의 추가 주입은

기존 의료 매트릭스의 붕괴의 시작이며

미래의학인 생명 진리의 시대가 시작되었음을 전합니다.

백 에너지의 추가 주입은

하늘이 있다는 것을 증명하는 것이며

인류의 가슴에서 잃어버린 하늘을 찾아가는 과정이
시작되었음을 의미합니다.
백 에너지의 추가 주입은
땅의 축복이며 생명의 축복을 뜻합니다.
백 에너지의 추가 주입은
그때가 시작되었음을
인황(人皇)의 시대가 시작되었음을 뜻합니다.

백 에너지의 주입은
인간의 생사를 결정하는 빛입니다.
백 에너지의 주입은
인명은 재천이라는 말을 상징합니다.
백 에너지의 주입은
하늘은 살릴 사람은 반드시 살릴 것이라는
약속의 증거입니다.

지상으로 내려온 창조주의 중심의식에 의해
인류가 한번도 겪어보지 못한
병 치유의 기적이 시작되었음을 전합니다.
지상으로 내려온 창조주의 중심의식에 의해
인류가 한번도 겪어보지 못한
불치병과 난치병들의 치유가 시작되었음을 전합니다.
지상으로 내려온 창조주의 중심의식의 권한과 권능들이
색의 세계에 인간 세상에 펼쳐지기 시작했음을 전합니다.

그때가 시작되었음을 전합니다.

에너지장 치유에 대한 정리

에너지장 치유란
태극의 빛과 무극의 빛을 이용하여
인간의 몸을 치유하는 방법 중에 하나입니다.
인간의 몸에 외부 에너지장을 걸어서
무의식의 상태에서
교정 동작과 함께 척추와 관절을 교정하는
하늘의 치유 프로그램이 자동으로 실행되면서
근골격계와 약해진 근육을 강화시키는 치유 방법을 말합니다.

에너지장 치유는
인류에게는 처음 소개되는 치유 방법입니다.
하늘의 에너지체들이
인간의 몸 외부에 특수 에너지장을 설치하여
마치 물속에서 관절 운동을 하는 것처럼
평소에는 통증 때문에 할 수 없는 동작이나
평소에는 도저히 할 수 없는 난이도 높은 동작들을
에너지장 속에서 힘들이지 않고 할 수 있도록 하는
하늘의 치유 방법입니다.

에너지장 치유는
심장을 통해 에너지장을 걸고
내부의 경락 시스템을 소통시키고

뇌의 운동 중추와 근육과 관절의 운동 센서에
하늘의 고차원의 강한 빛을 투입하여
운동을 통해
사기와 탁기를 배출시키고
진액의 순환을 향상시키고
기혈의 순환을 향상시키는 방법을 통해 치유하는
하늘의 치유법입니다.

에너지장 치유는
인간의 몸의 내부와 외부에 에너지장을 설치하여
자연스러운 운동을 통하여
근골격계의 무너진 균형을 교정하고
불치병과 난치병들을 치료하는 하늘의 치유법으로
빛의 생명나무에서 처음으로 시행되는 하늘과 함께하는 치유입니다.
세상에 한번도 소개된 적이 없는
하늘의 에너지체들에 의해 펼쳐지는 에너지장 치유는
다음과 같은 특성이 있습니다.

첫째 : 인간의 몸에 최면이 아닌 외부 에너지장을
하늘의 에너지체들이 설치해주고
하늘에서 치유자에 최적화된 운동 프로그램을 운영하면서
통증 부위와 그와 연관된 장부에 빛을 공급하면서
치유하는 프로그램입니다.
몸안에 있는 사기와 탁기의 원활한 배출을 위해
몸을 움직이는 하늘의 운동 프로그램이며
하늘의 빛의 공급과 함께하는 프로그램입니다.

둘째 : 인간의 몸 내부와 외부에 에너지장이 설치되고

입력된 운동 치유 프로그램들이 실행되면서

빛의 치유가 이루어지게 됩니다.

치유자의 통증 부위에 따라

치유자의 몸 상태에 따라

치유하는 부위에 따라

치유하는 사람의 의식의 상태에 따라

다양한 운동 프로그램이 하늘에서 주어집니다.

이때 치유자는 의식을 가지고 있으며

정상적인 대화가 가능하며

하늘에서 입력된

경락을 여는 하늘의 도인법들이

자동적으로 실행이 됩니다.

교정 동작들 또한 자연스럽게 나오게 됩니다.

인간이 상상할 수도 없는 동작들이 나오며

자신이 살면서 한번도 경험하지 못한 동작들이 나오게 됩니다.

셋째 : 에너지장 치유는 에너지장을 설치할 수 있는

13차원 이상의 하늘의 기술에 의해 이루어집니다.

차원이 높아질수록 에너지장의 강도가 강해지며

운동의 강도도 강해지는 특성이 있습니다.

에너지장 치유는 운동 동작을 할 때마다

하늘의 빛이 근육을 향해

하늘의 빛이 관절을 향해

하늘의 빛이 해당되는 장부에 유입이 되며

치유가 이루어집니다.

빛이 유입되고 빛이 작용하는 것을
치유자가 느낄 수 있으며
한동작 한동작이 펼쳐질 때마다
태극과 무극의 빛이 유입되어
불치병과 난치병들이 세상의 방법이 아닌
하늘의 방법에 의해 치유가 이루어지고 있습니다.

낮은 차원의 에너지장 치유에 비해
높은 차원의 에너지장 치유가
더 높은 치유의 효과가 나타납니다.
에너지장 치유를 통해 몸속으로
높은 차원의 진동수를 가진 빛이 유입되면서
몸의 진동수를 높이는 효과를 가져옵니다.
에너지장 치유를 통하여
인류의 의식을 깨우는 것이 목적입니다.

넷째 : 평소에는 할 수 없었던 동작들이
자신도 모르게 자연스럽게 펼쳐집니다.
동작 하나 하나가 꼭 필요한 동작으로 구성되어 있으며
본인의 의지와는 무관하게 이루어지는 특성이 있습니다.
똑같은 질병이라도
똑같은 부위의 증상이라도
질병의 근본적인 원인 치료가 이루어짐에 따라
똑같은 운동 프로그램은 없으며
치유자의 몸상태와 치유자의 질병의 정도에 따라
최적화된 교정 프로그램이 하늘에 의해 펼쳐지고 있습니다.

다섯째 : 에너지장 치유는 천상정부의 라파엘 그룹이나
호모 사피엔스(인간)를 창조한
파라다이스의 전문가 그룹들이 직접 진행하는
하늘의 치유 기술이며
우주의 공학기술이 집약된 치료 기술입니다.
불치병과 난치병들의 치유에도 적용할 수 있으며
가벼운 증상을 치유하는데도 사용할 수 있는 치유법입니다.

여섯째 : 지구 차원상승 후
정신문명이 펼쳐질 때에
항생제와 진통제 없이
수술이 필요 없이
인류의 질병을 치유할 수 있도록
하늘이 준비한 치유법입니다.
에너지장 치유는
미래의학의 한 분야입니다.
보이지 않던 하늘을
인류가 인지하고 받아들일 수 있고
믿을 수 있게 하기 위해
하늘이 있음을 느낄 수 있도록
지축 이동 후 안전지대인 역장(力場) 안에서
교정 프로그램이 진행됨에 따라
인류의 의식을 깨우기 위해
하늘에 의해 준비되고
하늘에 의해 계획된
하늘의 치유법이 에너지장 치유입니다.

지축의 정립 후 안전지대인 역장 안에서
고단한 역장 생활을 할 때
살아남은 인류에게 하늘이 함께하고 있음을
보이지 않는 하늘의 실체를
몸으로 느끼며 공명할 수 있도록
하늘에서 준비한 것이 에너지장 치유입니다.

시절인연에 의해 에너지장 치유는
우데카 팀장을 통해
빛의 생명나무 회원들에게 처음으로 소개되었습니다.
빛의 생명나무에서는
몸의 진동수를 높이고
의식의 각성을 위해
몸의 질병을 치유하는 목적으로
근골격계 이완과 통증의 완화를 위해
에너지장 치유가 진행되고 있습니다.

에너지장 치유는
최면술이나 수행법이 아닙니다.
에너지장 치유에는
어떤 주문이 필요하지 않으며
어떤 의료 행위도 필요하지 않습니다.
하늘의 에너지체들이 준비한 에너지장을 통해
호모 사피엔스(인간)를 창조한 전문가 그룹들이
호모 사피엔스(인간)를 치유하기 위해
준비하고 계획한 최적화된 치유 프로그램들이

하늘이 일하는 방식에 의해
인류의 의식의 눈높이에서
하늘의 교정 치유 프로그램이 작동되는 것입니다.
인간의 몸에서 운동과 함께
고차원의 빛이 유입되면서
빛의 치유가 일어나는 것입니다.

시절인연이 되어
보이지 않는 하늘이
보이는 하늘로 펼쳐지고 있는 것입니다.

에너지장 치유의 우주적 의미

에너지장 치유는
빛의 생명나무를 통해서
인류에게 처음으로 소개되는 치유법입니다.
에너지장 치유는
보이지 않는 하늘이 있음을
인류의 의식의 눈높이에 맞추어
하늘에서 준비한 하늘의 치유법입니다.

에너지장 치유는
인간의 심장에 하늘에서 준비한 특별한 빛을 이용하여
인간의 몸 외부에 특수한 에너지장을 설치하여
그 에너지장 안에서 자연스럽고 특수한 동작들을 통해
몸의 변화를 이끌어내는 치유법을 말합니다.

에너지장 치유를 통해 다음과 같은 효과를 볼 수 있습니다.
- 인간의 몸의 진동수를 높이고
- 빛의 몸이 되도록 해주는 역할이 있으며
- 기공이나 도인법들의 효과를 극대화 할 수 있습니다.
- 빛의 일꾼들의 영의식을 깨우고
- 인간의 몸에 있는 12경락과 기경팔맥의 순환을 높여주며
- 인간의 몸을 치유하는 기능이 있습니다.

에너지장 치유는
하늘에 의해 진행되는 특수한 프로그램입니다.
보이지 않는 하늘이 보이는 하늘로
인류의 의식의 눈높이에 맞추어 진행되고 있는
하늘의 프로그램입니다.

에너지장 치유를 하면서 동시에
하늘의 에너지체들이 차크라를 열 수 있으며
에너지장 치유를 하면서 동시에
하늘의 에너지체들이 임맥과 독맥을 열 수 있습니다.
에너지장 치유를 하면서
인간의 감정선을 정화할 수 있으며
인간의 의식선을 정화할 수 있습니다.
에너지장 치유를 하면서 하늘의 에너지체들에 의해
소주천을 열며 대주천을 열 수 있습니다.
에너지장 치유를 하면서 동시에 12경락을 열기도 하며
배수혈을 열어 사기와 탁기를 조절하기도 하며
적취의 배수구 라인들을 열기도 합니다.
에너지장 치유와 함께 진행할 수 있는 치유법들이
다양하게 존재합니다.

에너지장 치유와 함께 차크라를 열어
에너지장 치유의 효율을 극대화하고 있습니다.
에너지장 치유와 차크라가 함께 열리면
인간의 몸안에 있는 사기와 탁기를
가장 효율적으로 몸 밖으로 배출시킵니다.

차크라만 열렸을 때의 효과보다
에너지장의 치유가 함께 시행될 때
차크라의 효율이 3배에서 5배 이상이 되며
사기와 탁기의 배출이 잘 이루어집니다.

에너지장 치유와 차크라가 함께 열릴 경우
다음과 같은 효과가 나타남을 알 수 있었습니다.
❖ 차크라의 효율이 증가됨을 알 수 있습니다.
❖ 사기와 탁기의 배출이 잘 이루어집니다.
❖ 몸이 가벼워지고 얼굴이 밝아지고
   차크라가 열릴 때의 감정이나 느낌을 더 잘 느낄 수 있게 됩니다.
❖ 적취가 나오는 배수혈들이 열리면서
   몸이 가벼워짐을 느낄 수 있습니다.
❖ 차크라가 열렸을 때의 증상들이 오래 지속됨을 알 수 있습니다.
❖ 몸이 빛으로 발산됨을 볼 수 있습니다.
❖ 몸에서 일어나는 미세한 진동을 느낄 수 있습니다.
❖ 불치병과 난치병의 치료에 걸리는 시간이
   단축됨을 확인할 수 있습니다.
❖ 빛의 순환이 가속화됨을 알 수 있으며
   차크라 오행의 법칙을 몸의 변화를 통해
   체험할 수 있으며 인지할 수 있습니다.

에너지장 치유는
호모 사피엔스의 몸에 최적화된 빛을 사용하여
인간의 몸에 설치되어 있는
무형의 기계장치들의 효율을 최대한 끌어낼 수 있으며

인간의 몸에 고차원의 빛이 들어와서 작용하는
빛의 생리학적 기전이 잘 나타나게 하는 기능이 있습니다.
에너지장 치유는 빛의 생리학적 기전을
가장 효과적으로 인간의 몸에 드러나게 하기 위해
하늘에서 준비한
인간을 위한 치유법입니다.

고차원의 빛(18차원의 빛)이
인간의 몸에서 가장 효율적으로 작용할 수 있도록
물질적 토대를 형성할 수 있도록
빛의 에너지장 속에서
인체내에서 빛의 생리학적 기전의 효율을 극대화하기 위하여
에너지장 치유가 도입되었습니다.
하늘은 약물을 투여하여
인간의 질병을 치료하지 않습니다.
하늘은 수술을 하여
인간의 질병을 치료하지 않습니다.
하늘은 물리요법을 이용하여
인간의 질병을 치료하지 않습니다.
하늘은 오로지 인간의 눈에는 보이지 않는
빛을 이용하여 인간의 몸을 치료하며
빛을 이용하여 인간의 마음을 치료하며
빛을 이용하여 행성을 운영하며
빛을 이용하여 항성을 운영하며
빛을 이용하여 은하를 운영하며
빛을 이용하여 대우주를 경영할 뿐입니다.

지축 이동 후

지구 차원상승 후

새 하늘과 새 땅에서

새로운 정신문명과 새로운 물질문명이 건설이 될 때

모든 것의 기초는 물질이 아닌 빛이 될 것입니다.

빛은 모든 에너지의 근원이며

빛은 소리의 근원이며

빛은 모든 생명의 근원이며

빛은 모든 진리의 근본이기 때문입니다.

에너지장 치유는

미래의학의 기초이며

미래의학의 꽃이며

생명 진리의 시대를 여는 토대가 될 것입니다.

빛은 빛속에서 작용합니다.

빛이 빛속에서 작용될 때

빛의 속성이 가장 잘 드러나기 때문입니다.

인간의 몸 치유 과정에서 일어나는

모든 이적과 기적들은 에너지장 속에서

빛들의 축제가 일어난 결과이며

빛속에 빛이 작용한 결과입니다.

인류의 의식의 눈높이에 맞추어

하늘이 일하는 방식 그대로

인간의 몸을 치유하는 방식으로

인간의 몸에 숨겨진 우주의 비밀들을

에너지장 치유를 통해
누군가의 눈에는 보이지 않는 세계의 신비로움으로
누군가의 눈에는 이적과 기적으로
누군가의 눈에는 하늘의 권능으로
누군가의 눈에는 이럴수가 없어로
누군가의 눈에는 그럴리가 없어로
누군가의 눈에는 생명의 진리가 펼쳐지는 것으로
아는 만큼 보일 것이며
아는 만큼 느낄 것이며
아는 만큼 공명하게 될 것입니다.

인간의 상상력의 범위 밖에서
인간이 한번도 경험한 적이 없는 치유의 기술이
보이지 않는 하늘이
보이는 하늘로 나타나
인간의 몸을 교정하고
인간의 몸을 치유하는
하늘에서 직접 주관하는 하늘의 치유법이
에너지장 치유가 갖는 우주적 의미입니다.

에너지장 치유를 통해 많은 인류들이
이적과 기적의 몸 치유를
직접 경험하게 될 것입니다.
에너지장 치유를 통해
빛의 일꾼들의 의식을 깨우게 될 것입니다.

에너지장 치유를 통해
살아남을 인류들의
몸의 진동수를 높이게 될 것입니다.
에너지장의 강도를 조절하여
빛의 생명나무에 오지 못하거나
빛의 생명나무에 인연이 없는 인류들 중에
살사람들은 반드시 하늘의 에너지장을 통한
빛의 공급과 빛의 치유가
하늘이 일하는 방식에 의해
아무도 모르게
아무도 모르게 진행될 예정입니다.

하늘은 에너지장 치유를 통하여
이적과 기적의 치유를 시작할 것이며
미래의학을 시작할 것입니다.
새 하늘과 새 땅에서
재난 후 안전지대인 역장안에서
생명 진리의 시대를
에너지장 치유와 함께 시작할 것입니다.
보이지 않는 하늘이
에너지장 치유를 통해
보이는 하늘이 될 것이며
인간과 하늘이 서로 소통하고
인간과 하늘이 서로 에너지를 통해 공명하는
영성의 시대를 열어가게 될 것입니다.

새로운 정신문명을 열기 위해
새 술을 새 부대에 담기 위해
하늘에서 살아남을 인류를 위해 준비한 것이
에너지장 치유입니다.

인류의 건승을 빕니다.

차크라에 대한 정리

차크라는 무형의 기계장치입니다.
현재 인류의 과학기술로는 볼 수 없습니다.
인간의 몸에는 무형의 기계장치들이 존재하는
8개의 차원간 공간이 존재합니다.
차크라의 무형의 기계장치는
5번째 차원간 공간에 위치하고 있습니다.

인류가 알고 있는 차크라는
임맥선에 8개의 큰 차크라가 있습니다.
8개 차크라는 회음 차크라, 단전 차크라, 비장 차크라, 가슴 차크라,
단중 차크라, 갑상선 차크라, 인당 차크라, 백회 차크라를 말합니다.
노궁 차크라 2개와 용천 차크라 2개를 합쳐 12 차크라라고 부릅니다.
빛의 생명나무에서는 12 차크라를 열어서
미래를 준비하고 있습니다.
차크라를 열었다고 차크라의 상태가 늘 열려있는 것이 아닙니다.
차크라는 차크라 오행이라는 에너지의 법칙에 의해
몸의 상태에 따라 달라집니다.

차크라는 인간의 힘으로 열 수 없습니다.
차크라는 하늘의 에너지체들에 의해
하늘의 필요와 목적에 의해서만 열릴 수 있습니다.
차크라는 생명입니다.

재난 과정에서 차크라가 열린 사람만이 생존의 가능성이 높아지며
몸의 진동수를 높이는데
차크라의 작동없이는 불가능하기 때문입니다.
차크라는 몸의 진동수를 높이는 작용을 통해
빛의 몸이 되는데 중요한 역할을 합니다.
차크라가 열림에 따라
바이러스 난이나 괴질이 창궐할 때에
사기와 탁기를 배출하는 하수도 시스템을 열어주고
땀구멍을 열어주고
하늘의 빛을 인간의 몸에 공급하고 저장하는 역할을 합니다.

인간의 몸에는 수많은 무형의 기계장치들이 작동되고 있습니다.
무형의 기계장치들이 작동되면서
무형의 사기와 탁기인 적과 취를 몸 밖으로 배출하는데
핵심적인 역할을 하는 것이 차크라의 역할입니다.
차크라가 열리지 않으면
바이러스 난과 괴질의 발생 상황에서 엄청난 열이 발생하게 됩니다.
인간이 상상할 수 없는 고열이 발생하게 됩니다.
고열과 함께 사기와 탁기 역시 발생하게 되며
적취 역시 인간이 견딜 수 없는 통증을 유발하게 될 것입니다.
차크라는 이때에 하늘에 의해
살사람에게만 선별적으로 열리게 될 예정입니다.

차크라가 열림에 따라
사기와 탁기가 배출이 되고
적취가 배출이 되고

땀구멍이 열리게 되며

12경락을 통해 하늘의 빛이 공급됨에 따라

인간의 5장 6부가 보존될 수 있으며

면역력이 회복되어 생존이 가능하게 됩니다.

차크라는 생명입니다.

산자와 죽은자의 구분은

인명은 재천이라는 말이 있듯이

하늘에 의해 차크라의 열림과 닫힘에 의해

결정이 나게 될 예정입니다.

차크라의 무형의 기계장치가 있는 공의 세계 5번째 층에는

인간의 감정을 일으키는 12개의 코드(감정선)가 임맥선에 있으며

인간의 의식을 주관하는 7개의 코드(의식선)가 독맥선에 있습니다.

인간의 감정선과 의식선을 통합하여

인간의 의식을 구현하는 메타 의식구현 시스템이

차크라가 존재하는 5번째 차원간 공간에 존재하고 있습니다.

차크라가 활성화되면 같은 층위에 있는 메타 의식구현 시스템에

긍정적인 작용을 미치게 됩니다.

의식이 깨어나는데 도움을 주기도 하며

인간의 감정선이 빛으로 정화되어

긍정적이고 밝고 맑은 감정 상태에 머물게 됩니다.

이러한 차크라의 기능들이 수행자들 사이에서 알려져 왔습니다.

차크라가 활성화될 때 몸에 나타나는 증상에 따라

쿤달리니와 만다라·의식의 각성·니르바나·반야 등의

다양한 표현들이 있습니다.

차크라의 중심은 가슴 차크라입니다.

가슴 차크라는 모든 차크라의 중심이며 핵심입니다.

가슴 차크라는 360도 회전을 하며

임맥에 있는 7개 차크라에 빛을 공급합니다.

가슴 차크라에서 공급받는 빛에 의해

다른 차크라의 수렴과 발산이 결정됩니다.

가슴 차크라가 앞쪽을 향해 발산하면

기쁜 감정과 희열을 느끼게 됩니다.

가슴 앞쪽에 있는 적취가 나가는 특수한 배수혈을 열어

적취를 몸 밖으로 배출하게 됩니다.

가슴 차크라가 90도로 백회를 향하여 회전하면

갑상선 차크라와 인당 차크라와 백회 차크라가 활성화되기 시작합니다.

가슴 차크라가 90도 회전하여 회음을 향하게 되면

비장 차크라와 단전 차크라와 회음 차크라가 활성화됩니다.

가슴 차크라가 180도 회전하게 되면

인간의 등 뒤에 있는

족태양 방광경에 있는 배수혈 24개를 열어

사기와 탁기를 배출하게 되며

5장 6부에서 생성되는 적취의 배수혈이 자동적으로 열리게 되어

몸이 가벼워지고 빛의 몸이 됩니다.

가슴 차크라가 360도 회전하면서

빛을 공급함에 따라

방향별로 있는 12경락이 빛으로 열리게 되고

방향별로 있는 사기와 탁기가 배출되는

경락의 하수도 시스템이 열리게 됩니다.

가슴 차크라에서 나오는 빛이

폐를 가득 채우면 땀구멍이 열리게 됩니다.

방향별로 있는 적취가 배출되는 통로가 열려

적취를 자연스럽게 배출하게 됩니다.

노궁 차크라와 용천 차크라는

사기와 탁기의 배출을 위해 꼭 필요한 차크라이며

발산의 성격이 강하게 셋팅되어 있습니다.

노궁 차크라와 용천 차크라가 수렴 상태일 때는

몸에 빛이 매우 부족한 상태임을 알려줍니다.

가슴 차크라는 임맥에 있는 7개 차크라에

영향을 가장 많이 미치게 되며

회음 차크라는 가슴 차크라와는 상관없이

궐음(厥陰)의 상태를 유지하도록 발산하게 셋팅되어 있습니다.

가슴 차크라에서 회음 차크라가 빛을 공급받을 때

회음 차크라는 발산력이 더 강해집니다.

가슴 차크라에서 빛을 공급받지 못하게 되면

7개 차크라는 수렴의 상태에 있게 됩니다.

가슴 차크라에서 빛을 받지 못하는 차크라를 가동시키려면

하늘에서 특별히 해당되는 차크라에 빛(에너지원)을 공급해야지만

차크라는 열리게 되어 빛을 발산하게 됩니다.

차크라는 기도와 수행으로 열리지 않습니다.

차크라는 인간의 의지로 열리지 않습니다.

차크라는 하늘의 빛이 공급되어야 열리며

차크라의 중심에는 가슴 차크라가 있습니다.

가슴 차크라가 열리면서 모든 차크라가 열리게 되며
활성화되는 것이 일반적인 현상입니다.
가슴 차크라가 열리지 않은 채로
특정한 차크라만 열려서 가동되는 경우가 있는데
그것은 특수한 경우에 한정됩니다.

인간의 몸에 있는 모든 경혈점들은
차크라의 형태를 가지고 있는
무형의 기계장치들입니다.
경혈과 차크라의 상태는
차크라 오행의 에너지(빛) 상태에 의해
수렴과 발산이 결정됩니다.

🔑 차크라 오행의 에너지 상태

목(木)		궐음의 상태	빛의 핵이 있으며 빛(에너지)을 발산하는 상태
화(火)		소양의 상태	빛의 핵을 소진하고 있으며 그 에너지로 빛을 발산하고 있는 상태
토(土)		태음의 상태	빛을 발산할 수 있는 핵이 모두 소진되어 에너지의 변화가 없이 정체되어 있는 상태
금(金)		양명의 상태	빛을 수렴하여 핵을 만들기 위해 에너지(빛)를 모으고 있는 상태
수(水)		태양의 상태	빛을 수렴하여 핵이 만들어지는 에너지 상태

차크라는 생명입니다.
차크라는 인간의 영역이 아닌
하늘의 고유한 영역입니다.
차크라는 미래의학의 핵심입니다.
지구 행성의 지축의 정립 후
새 하늘과 새 땅에서 살아갈 인류들에게
차크라는 생명의 중심이며
차크라는 감정의 중심이며
차크라는 의식의 중심이 될 것입니다.

미래의 인류를 위해
영성의 시대를 위해
정신문명을 열기 위해
임맥선에 차크라 2개가 추가 개통될 것이며
독맥선에 차크라 1개가 추가 개통될 것입니다.
영성의 시대의 중심은 차크라입니다.
차크라 3개가 추가 개통될 것이며
추가된 3개의 차크라에 3개의 경락 시스템이
추가로 개통될 예정입니다.
이 모든 과정들이
아무도 모르게
아무도 모르게
빛의 생명나무에서
에너지장 치유와 함께
실험되어지고 있으며
준비되어지고 있으며

모든 실험들이 2018년 6월 30일에
완료를 앞두고 있음을 전합니다.

시절인연이 있는
빛의 일꾼들을 위해
시절인연이 있는
하늘 사람들을 위해
시절인연이 있는
의식이 깨어나는 인자들을 위해
이 글을 우데카 팀장이 전합니다.

호모 사피엔스(인간)에 대한
실험을 마무리하며

지구 행성은 인간의 고향입니다.

250만 년 동안 다양한 휴머노이드형 인종들이

우주의 실험실에서 창조되었습니다.

실험실에서 창조된 다양한 휴머노이드형 인종들은

실험행성인 지구 행성에 입식되어

지구 행성의 물리적 환경에 맞추어 다양한 실험들이 이루어졌습니다.

실험의 결과 호모 사피엔스인 인류가 최종적으로 선택되었습니다.

호모 사피엔스는 현생 인류의 조상이 되었습니다.

인간이 비로소 지구 행성의 우점종이 되었으며

지구 행성이 우주에서 인간(호모 사피엔스)의 고향이 되었습니다.

우주는 끊임없이 진화하고 팽창하고 있습니다.

우주가 진화하는 만큼

우주가 팽창하는 만큼

16차원에서 영은 지속적으로 창조되고 있으며

창조된 영들이 물질 여행과 물질 체험을 하기 위해서는

영들이 입을 새로운 외투가 필요하게 됩니다.

대우주의 진화의 결과에 따라

대우주의 팽창의 결과에 따라

새로운 인종의 탄생의 필요성이 있어

대우주의 공학기술들이 총망라되어 창조된 것이

호모 사피엔스인 인간입니다.

대우주가 진화할수록

대우주가 팽창할수록

생명체들은 더 높은 의식을 구현할 수 있어야 합니다.

생명체에게 더 높은 의식을 부여하기 위해

하늘에서는 새로운 인종을 창조하고 있습니다.

우주가 팽창하고 진화할수록

영혼이 물질 체험을 위해 입을 새로운 외투를

지속적으로 필요로 합니다.

그 수요로 인하여 새로운 외투가 되는 새로운 인종의 창조는

쉬지 않고 파라다이스에서 이루어지고 있습니다.

호모 사피엔스(인간)는

대우주가 6번째 주기를 진화하는 동안

창조된 생명체 중에 가장 진화된 인종입니다.

인간은 가장 높은 수준의 자유의지를 구현할 수 있는

우주 최신형 모델입니다.

호모 사피엔스에 대한 모든 실험은

파라다이스 팀에서 주관하였으며

창조 근원의 승인에 의해 집행되었습니다.

인간을 창조하는데

15차원과 17차원과 18차원의

우주 공학기술이 적용되었습니다.

15차원이 담당한 영역은

인간의 근골격에 대한 기본 구상과 창조

인간의 피부에 대한 설계와 창조

인간의 5장 6부에 대한 설계와 창조

인간의 신경계와 림프계와 혈관계의 설계와 창조
인간의 경락 시스템에 대한 설계와 창조입니다.
인간의 몸의 85%는 15차원이 담당하였습니다.
눈에 보이는 세계와 눈에 보이지 않는 다양한 무형의 기계장치들이
15차원의 우주 공학기술에 의해 창조되었습니다.

빛을 다루는 기술이 우주의 차원을 결정하며
우주 공학기술의 핵심입니다.
17차원이 담당한 인간의 창조 영역은 다음과 같습니다.
인간의 의식이 구현되는
메타 휴머노이드 의식구현 시스템을 설계하고 창조
인간의 뇌의 시스템을 설계하고 창조
인간의 눈과 귀와 코에 대한 일반적인 기술
인간의 생명회로도에 대한 일반적인 기술 등
인간을 창조하는데 약 10%의
17차원의 우주 공학기술이 적용되었습니다.

인간의 창조에 관여된
18차원의 우주 공학기술은 다음과 같습니다.
생명회로도의 핵심적인 기술
인간의 눈과 귀와 코의 핵심적인 기술
메타 의식구현 시스템의 핵심적인 기술
유전자와 관련된 유전 공학기술들
뇌의 핵심적인 작용기전 기술들에
약 5%의 18차원의 우주 공학기술이 적용되어
인간이 창조되었습니다.

우주의 실험실에서 창조된 인간은
지구 행성에서 다양한 실험들이 진행되었습니다.
지구 행성에서 실험된 내용은 다음과 같습니다.

❖ 인간의 에너지 대사작용에 대한
　다양한 실험들이 있었습니다.
　이 실험에는 빛의 일꾼들이 자원하여 지원하였습니다.

❖ 인간의 몸에 에너지장과 특수 에너지장에 대한
　실험들이 있었습니다.
　5장 6부의 기능을 저하시키는
　장부 봉인과 경락 봉인을 통해
　인간에게 발생할 수 있는
　모든 질병을 발생시키는 기전을 실험하였으며
　그 데이터들이 수집되었습니다.
　인간에게 발생할 수 있는 질병의 데이터들을 통하여
　인간에게 발생한 모든 질병을
　치유할 수 있는 기전에 대한 다양한 실험들이
　광범위하게 이루어졌습니다.
　이 실험에는 카르마를 많이 가지고 있던
　빛의 일꾼 그룹들과 일반 영혼들 중에서 선택적으로 선별되어
　혹독하고 가혹한 다양한 실험들이 이루어졌습니다.
　자신이 왜 아픈줄도 모르고
　평생동안 질병의 고통속에서 통증속에서 살아온
　빛의 일꾼 그룹이 있습니다.

❖ 인간의 몸에 설치되어 있는 무형의 기계장치들을

　　다른 인종에게 설치되어 있는 무형의 기계장치들로 대체하는

　　다양한 실험들이 이루어졌으며

　　모든 데이터들이 하늘에 축적되었습니다.

　　인간이 다른 행성에 입주할 때나

　　인간이 다른 행성의 다른 인종과

　　유전적으로 교류가 발생할 때를 대비한

　　다양한 실험들이 이루어졌습니다.

　　이 실험에는 외계 행성에서 자신의 행성의 우주적 카르마를 가지고

　　지구 행성에 들어와 있는 빛의 일꾼들을 대상으로

　　혹독하고 가혹한 실험들이 이루어졌습니다.

　　원인을 알 수 없는 병명과

　　원인을 알 수 없는 통증을 통해

　　긴 세월동안 신체적인 고통을 견뎌내야 하는

　　아픔의 세월이 되었을 것입니다.

대우주의 진화를 위해

대우주의 다양한 물리적 환경에 적응하기 위한

호모 사피엔스를 대상으로 한 가혹한 실험들이

빛의 일꾼들과 일반 영혼들을 대상으로

250만 년 동안 이루어졌습니다.

지구 행성은 우주의 실험실이 되었습니다.

지구 행성은 인간에 대한 모든 실험들이 이루어진 실험행성입니다.

지구 행성은 인간에 대한 모든 실험 데이터를 가지고 있는

호모 사피엔스의 유일한 종자행성입니다.

지구 행성은 호모 사피엔스의 고향입니다.
지구 행성은 실험행성과 종자행성으로서
인간에 대한 다양한 실험들이
250만 년 동안 지구 행성에서 이루어졌습니다.
2018년 5월 10일 자정(0시)을 기점으로
250만 년 동안의 호모 사피엔스(인간)에 대한
모든 실험이 종료되었음을 전합니다.
호모 사피엔스에 대한 새로운 실험들은
지구 행성이 차원상승이 된 이후에
다양한 실험들이 다시 시작될 예정입니다.

그동안 인간의 창조 후 각종 실험에 참여해 온
인류의 조상들과 빛의 일꾼들에게
보이지 않는 하늘을 대신하여
우데카 팀장이 고마움과 감사함을 전합니다.
실험에 참여한 당신들의 봉사와 헌신으로 인하여
대우주는 안정적으로 진화를 하게 될 것입니다.
실험에 참여한 빛의 일꾼들의 봉사와 헌신으로
호모 사피엔스인 인간은
대우주의 7주기에 우점종이 되어
대우주 곳곳에 입식되어
인간이 중심이 되는 행성들이 늘어나게 될 것입니다.

모두들 수고하셨습니다.

빛의 생명나무에서는
호모 사피엔스를 창조한
파라다이스의 최고의 의료 기술진들이
직접 땅으로 내려와
인간의 질병을 치료하기 시작하였습니다.

빛의 생명나무 정규 수업시간에
빛의 생명나무 회원들을 대상으로
수많은 치유의 기적들이 펼쳐졌습니다.
이 글을 통해 당신은
보이지 않는 하늘을 통해
인간의 질병이 치유되는 원리를
알 수 있을 것입니다.

하늘의 치유의 빛을 사용할 수 있고
하늘의 천사 그룹들을 움직일 수 있으며
하늘의 삼황의 에너지를 주입할 수 있는
하늘의 권한과 권능을 통해 치유가 이루어지고 있습니다.

인류가 한번도 경험하지 못했던 질병의 치유가
지상으로 내려온 창조주의 중심의식에 의해
시작되고 있습니다.

시절인연이 있는 인자들에게
하늘의 축복이
몸 치유의 이적과 기적이 함께할 것입니다.

푸른하늘님의 자궁내막증

공동체 생활을 하던 8년 전 어느 날,
일을 하는데 갑자기 배가 살살 아파왔습니다.
시간이 지나면서 아픈 것은 사라졌지만
그 이후에도 배가 아픈 일이 종종 있었습니다.
시골에서의 공동체 생활이라 풀들이 지천이었지요.
살며시 배가 아파오면 근처의 달맞이꽃이며 쑥 등을 따다가
차를 끓여 마시면 금방 가라앉곤 했습니다.
그러다가 마법에 걸리는 그 날이 되기만 하면
통증이 동반되면서 강도와 빈도는 더 심해졌습니다.
워낙 병원이나 약을 싫어하고
어지간한 고통은 고통으로 여기지 않던 저였지만
룸메이트인 약사도 진통제를 먹는다는데
내가 무슨 장사라고 고통을 버티겠나 싶어
진통제와 친해지기 시작했습니다.
마을에서 울력이 있거나 행사나 프로그램이 있을 땐
아픈 배를 부여안고 진통제로 버티며 일을 해야 했습니다.

언젠가 요가를 하다가 어지러워서 쉰 적이 있었습니다.
그 때 옆에 계시던 분이 산부인과에 가보라고 하셨지요.
'엥? 산부인과에? 어지러울 뿐인데… 암튼 가서 알아나 보자'
정말 가기 싫은 곳이었지만 아픈 이유를 알기 위해 갔습니다.

의사가 자궁근종이라고 했는데 생기기도 하고 없어지기도 한다기에
대수롭지 않게 생각하고 그냥 그렇게 지냈습니다.
그러다 심하게 아파서 다시 병원 검진을 받았더니 수술을 하라더군요.
아무리 아파도 수술은 싫었기에 그냥 참고 지냈습니다.

어느 날 도반의 권유로 유명하다는 한의원에서 약을 지어먹고는
통증이 거의 사라졌나 싶었습니다.
그러다 또 다시 통증이 와서 검진을 받았더니
이번엔 자궁근종과 자궁내막증(선근증)이 같이 있다고 했습니다.
자궁내막증은 근종보다 더 독종이었습니다.
통증이 심할 땐 삶의 질도 떨어질 뿐 아니라
살고픈 생각마저 사라지게 합니다.
처음엔 진통제 한 알만으로도 가볍게 진정되던 것이
심할 때엔 매일 진통제를 두 세 번을 먹어야 했습니다.
병원에 가면 수술하란 말 뿐이었습니다.
수술하는 게 싫어 장침도 맞아 보고 한약도 먹어 보고
진통제와 대체의학으로 버틴 7년여의 세월이었습니다.
복부가 늘 팽만된 상태에서 느끼는 불쾌감은
언젠가부터 일상의 친구가 되었습니다.
방광을 누르는 압박감으로 인해
자다가도 한두 번은 화장실을 방문해야 했고요.

그러다가 빛의 생명나무에 와서 차크라 치유를 받으면서
최근엔 에너지장 치유로 인해 제 몸은 서서히 가벼워졌습니다.
그리고 자궁에 대한 하늘의 빛의 치유를 받고
이젠 통증으로부터 해방되었습니다.

수술도 하지 않고 빛 치유를 통해
그 어떤 고통과 통증도 없이 편안해졌습니다.

아프지 않은 날에도 창백하다 못해 누런 제 얼굴을 보는 이는
어김없이 어디 아프냐고 묻곤 했던 지난날이었습니다.
몸은 늘 먹구름이 낀 하늘에서
새하얀 구름이 두둥실 떠있는 새파란 하늘
푸른 하늘로 바뀌었습니다.
이젠 그 날이 와도 날개없이 창공을 날고 있는 요즘입니다.
건강한 몸에서 건강한 정신으로
역할과 임무를 다할 수 있길 기대해 봅니다.

몸을 치유해 주신 하늘에 깊은 감사를 드립니다.

푸른하늘님의 자궁내막증 치유 과정

푸른하늘님의 자궁내막증은
회음과 자궁, 방광에 걸쳐 설치된 카르마 에너지장으로 인해
자궁에 오랜 시간 빛을 받지 못해 발생하였습니다.
아래 내용은 푸른하늘님이 빛의 생명나무에서
자궁의 카르마 에너지장을 해소하고
하늘의 빛의 치유를 받으면서 채널러들을 통해
실시간으로 중계된 치료 내용입니다.

- 병명 : 자궁근종과 자궁내막증(선근증)
- 증상 : 통증, 복부 팽만감, 몸이 무거움, 항상 누런 얼굴,
          방광 압박감으로 인해 자다가 한두 번은 화장실 방문

❖ **푸른하늘님의 자궁 상태 분석**

1. 자궁에 카르마 에너지장이 설치되어 있습니다.

자궁에 검은 봉지를 씌워놓은 것처럼 빛이 전혀 들어가지 못하고
자궁을 기점으로 상하순환이 막혀버렸습니다.
자궁에 빛이 들어가지 못하면
무형의 기계장치 뿐 아니라 세포도 빛을 받을 수 없습니다.
자궁에 빛이 들어가지 못하여
이상 세포들이 자랄 수 있는 환경이 곳곳에 조성되어 있습니다.

2. 보이지 않는 기와 공의 세계에서

　자궁으로 들어오고 나가는 에너지 라인이 축소되어 있습니다.

　자궁에 들어와야 할 빛의 통로인 경락은 끊어져 있으며

　나가야 할 적취, 사기와 탁기, 실질적 분비물은 쌓여있습니다.

3. 그 결과 보이는 세계에서

　자궁과 나팔관의 자기조절능력은 거의 상실된 상태입니다.

　자궁내막의 조직이 균일하지 않게 형성되어

　통증을 유발하고 있습니다.

　그 중 자궁의 좌측은 조직이 과도하게 두껍고 굳어져 있으며

　우측은 조직이 울퉁불퉁해진 상태입니다.

　나팔관은 난자를 받아들이는 부분의 조절장치가 고장나

　양쪽 모두 항상 열려 있습니다.

❖ 치유 과정

① 먼저 자궁과 외부의 소통을 위해 자궁내막을 청소합니다.

　자궁내막에 있는 분비물을 없애는데 주력합니다.

　실질적인 분비물과 사기와 탁기를 함께 제거합니다.

② 자궁내막 청소를 끝내고, 자궁에 낙맥과 세맥을 연결합니다.

　심포에서 자궁으로 내려오는 에너지 라인과

　자궁에서 밖으로 나가는 에너지 라인의 셋팅값도 수정합니다.

　자궁과 난소에 보랏빛과 흰빛이 나기 시작합니다.

　기혈이 잘 돌기 시작하면서 두꺼웠던 자궁벽이

　말랑말랑하고 부드러워지고 있습니다.

③ 문제가 있는 무형의 장치들을 원형으로 회복하겠습니다.

　　자궁의 무형의 기계장치를 부분부분 교체하고 있습니다.

　　자궁내막 조직이 균일하게 생성될 수 있도록

　　보이지 않는 세계에서

　　자궁의 에너지 공급라인을 확장하고 점검합니다.

　　자궁내막뿐 아니라 나팔관, 난소 등 주변 기관의

　　무형의 기계장치에 대해서도 모두 손을 보고 있습니다.

　　자궁에 빛이 들어갈 수 있는 영역이 넓어져

　　자궁의 세포가 빛을 더 많이 받을 수 있게 되었습니다.

④ 무형의 기계장치에 대한 치유를 바탕으로

　　색의 세계의 자궁을 치유하겠습니다.

　　서로 어긋나게 만나 울퉁불퉁해진 자궁 조직의 층위를 맞추면서

　　자궁의 모세혈관을 증설하고 있습니다.

　　자궁에 있는 색의 세계의 조직과 세포들을 강한 빛으로

　　재생시킵니다.

마지막으로 빛이 자궁의 중심에서 가장자리로 옮겨가면서

색·기·공의 세계의 에너지 공급라인에 대한 마무리 작업을 하고

치유를 끝냅니다.

자궁내막증의 치유 기전

자궁은 여성의 몸에서 단위 면적당
혈관과 신경이 많이 분포하고 있으며
경맥과 낙맥, 세맥 중에 세맥이 많이 분포하고 있습니다.
자궁은 질과 더불어 여성의 몸에서 혈액과 경락의 공급이
가장 원활하게 이루어지고 있는 곳이며 기항지부 중 하나입니다.

자궁에 기혈의 순환을 막는
무형의 에너지장이나 카르마 에너지장이 설치되면
자궁의 세포들은 혈액이나 경락을 통해
빛을 원활하게 공급받지 못하게 됩니다.
혈관의 혈액을 통한 산소 공급과 영양분이 줄어들고
경락을 통한 빛의 공급이 줄어들게 되면
자궁의 세포들은 더 많은 산소와 영양분들을 공급받기 위해
혈관들을 최대한 확장시키는 기전이 작동하게 됩니다.

무형의 에너지장에 의해 기혈의 공급이 줄어들면
차단된 장부들 중에 막으로 이루어진 조직이나 기관들은
탄력을 잃고 늘어지는 증상이 나타나게 됩니다.
기혈이 차단된 조직들 중에 막으로 이루어진 조직들은
자신이 처한 상황에서 최대한 세포 분열을 통해 막을 두텁게 하여
보호하려는 기전이 작동됩니다.

기혈의 차단이 10년, 20년 지속이 되면
자궁의 막들은 정상보다 많이 두꺼워져 있으며
자궁을 정상적으로 유지시켜주는 무형의 기계장치들 또한
정상적으로 작동하지 못하는 경우가 많습니다.
두꺼워진 자궁의 내막에 염증이 생기고
자궁의 내막이 일부 탈락이 되면서
자궁 출혈이 심하면 한 달 이상씩 지속되는 경우도 있으며
극심한 통증에 시달리게 됩니다.

하늘의 빛이 자궁에 도달하고 난 뒤
채널러(홀로그래머)를 통해 전달된 치유 기전은 다음과 같습니다.
빛이 자궁의 내막에 들어가게 되면
기와 공의 세계에 먼저 작용이 이루어집니다.
기의 세계에서 끊어진 경맥과 낙맥들을 재생시키고
없어진 세맥 하나하나를 재생하는 치유 기전이
보이지 않는 세계에서 일어납니다.

기의 세계에서 경락의 재생이 이루어지면
공의 세계에서의 치유는
자궁과 관련된 무형의 기계장치들의 치유가 먼저 이루어집니다.
그 다음으로 자궁에 영향을 주고 있는 비장과 간, 심장의
무형의 기계장치들에 대한 보전적 치유와 복원 치유가 이루어집니다.

기와 공의 세계에서 정교한 빛의 치유가 이루어지고 난 뒤에는
색의 세계에 존재하는 자궁 내막에
망가지고 손상된 조직을 재생시키는 치유가 이루어집니다.

다양한 빛의 공급을 통한 치유가
빛의 연금술로 펼쳐집니다.
빛을 이용한 조직의 성형이 이루어지며
빛을 통한 조직의 재생이 이루어집니다.

자궁내막증의 치유는
카르마 에너지장이나 다른 에너지장이 설치되지 않은 경우에는
30분 정도의 치유 1~2회로도 완치될 수 있습니다.
자궁과 회음에 걸린 카르마 에너지장 때문에
오랜 시간 자궁내막증으로 고생해오다
카르마 에너지장이 해소되면서
자궁내막증으로 인한 불편함과 고통과 통증으로부터 벗어난
푸른하늘님께 축하를 드립니다.

푸른하늘님의 자궁에 주입된 하늘의 치유의 빛은
호모 사피엔스를 창조한 18차원의 에너지체들에 의해 공급되는
치유의 빛입니다.

보이지 않는 하늘이
보이는 하늘로 나타나고 있음을
우데카 팀장이 전합니다.

제5부 카르마 에너지장의 해소

카르마 에너지와 카르마 에너지장은
내가 기억하지도 못하는 과거의 에너지가
몸속에 카르마 에너지장의 형태로 설치되어
현재의 나에게 영향을 주고 있는 것입니다.
카르마 에너지장은 당신의 영혼이
우주적 존재임을 알려주는 상징의 표식입니다.

카르마의 생성 원리와 해소 원리

인간은 태어나는 순간
행성의 시간과 공간에 갇힙니다.
인간은 태어나는 순간부터
행성의 중력에 갇혀 살게 됩니다.
인간은 태어나는 순간부터
행성의 자기장에 갇혀 살게 됩니다.
인간은 태어나는 순간부터
행성에 설치된 물질 매트릭스에 갇혀 버립니다.
행성마다 설치된 물질 매트릭스는 모두 다릅니다.
하늘에 의해 행성에 설치된 물질 매트릭스를
우리 조상들은 천라지망(하늘이 펼쳐놓은 그물)이라고
인식하고 있었습니다.

인간은 태어나는 순간부터
하늘이 물질세계에 펼쳐놓은 그물망인
천라지망에 갇혀 버립니다.
인간은 태어나는 순간부터
자신이 태어난 행성의 영단과 운명을 같이하는
운명 공동체가 됩니다.
인간은 태어나는 순간부터
행성의 카르마에서 자유롭지 못하고
행성 카르마의 영향을 받습니다.

인간은 태어나는 순간부터
보이지 않는 세계의 경락 봉인과
카르마 에너지장의 영향속에서 살아갈 수밖에 없습니다.

당신이 태어나기 전
당신의 본영과 하늘에 의해
당신의 이번 삶의 프로그램이 결정될 때
이번 생에 해소할 카르마의 내용과
이번 생에 새로 발생하는 카르마는
동시에 기획되고 동시에 프로그램됩니다.

당신이 태어나기 전
당신의 이번 생에 발생하는 카르마의 내용은
큰 틀에서는 하늘에서 먼저 결정이 납니다.
당신이 태어나기 전
당신의 카르마의 내용은
당신의 이번 삶에 프로그램의 내용에 따라서 결정이 됩니다.
당신의 삶에서 발생하는 카르마의 크기는
당신의 욕망과 당신의 자유의지의 남용으로
더 크게 발생할 수 있습니다.

당신이 태어나기 전
당신의 영혼이 물질 체험을 통한
영혼의 진화를 선택하는 순간부터
당신의 삶에서 발생할 카르마 내용과
해소할 카르마의 비율이 결정이 됩니다.

당신이 태어나기 전
당신의 영혼이 물질 체험을 통한
영혼의 진화를 선택하는 순간부터
발생한 카르마를 해소하는 일정과 계획까지
당신의 카르마는 처음부터 관리되고 있습니다.

당신이 태어나기 전
해소할 카르마의 내용과 비율에 따라
당신의 선천적 질병과
선천적인 장애를 일으킬 수 있는
모순의 근원이 되는
가장 강력한 카르마 에너지장이
공의 세계에 설치가 됩니다.
당신이 태어나기 전
풀어야할 카르마의 내용과 비율에 따라
당신의 성격이 발현되는
감정의 불균형한 모순이나
지능이나 의식의 구현에 모순이 발생되도록
카르마 에너지장이 기의 세계에 설치됩니다.
당신이 태어나기 전
해소해야 되는 카르마의 내용과 비율에 따라
신체적 장애나 질병이나 모순을 유발하는
직접적인 원인이 되는 카르마 에너지장이
색의 세계인 조직과 장부에 설치가 됩니다.

모순이 있어야 영혼이 성장할 수 있습니다.

브레이크가 있어야 자동차는 멈출 수 있으며
안전하게 운행할 수 있습니다.
자동차의 가속 페달만을 가지고서는
자동차의 안전이 보장되지 않습니다.
자동차의 가속 페달이 당신의 자유의지라면
자동차의 가속 페달이 당신 영혼이
이번 생에 체험해야 하는 삶의 프로그램이라면
카르마는 브레이크 역할을 하는 안전장치이며
카르마는 당신의 자유의지를 빛나게 하기 위해
의도적으로 하늘이 설치한 장애물이며
의도적으로 하늘이 설치한 당신 삶의 모순입니다.

카르마는 당신을 위한 하늘의 선물이며
카르마는 당신의 본영이 당신을 위해 준비한 채찍이며
아픔이며 의도된 삶의 모순입니다.
당신이 지금 인간으로 태어나 살고 있다면
당신은 하늘이 펼쳐놓은 물질 매트릭스라는
거대한 모순에 내던져진 존재입니다.
당신은 하늘이 펼쳐놓은 그물(천라지망)에 내던져진
실존적인 존재입니다.
하늘이 펼쳐놓은 그물(천라지망)에서
자유로운 영혼은 아무도 없습니다.
인간은 태어나는 순간부터
하늘이 펼쳐놓은 물질 매트릭스에 갇혀 버립니다.
천라지망은 생명체 모두에게 주어진
보편적인 운명이자 환경입니다.

식물과 동물은 태어날 때부터
카르마로부터 자유롭습니다.
식물과 동물에 들어가
영혼의 물질 체험을 하는 영혼들은
카르마가 발생하지 않기에
해소할 카르마 역시 존재하지 않습니다.
식물과 동물들은
오직 자신이 처한 행성의 물질 매트릭스속에서
적응하며 진화하면서
생명의 순환 주기속에서
생명체로서의 삶을 살고 있는 것입니다.

카르마는 인간에게만 나타나는
우주적 현상입니다.
영혼은 영혼이 입는 외투가 있어야
영혼의 물질 체험을 할 수 있습니다.
인간은 영혼이 입을 수 있는 최고의 외투입니다.
식물에 들어있는 영혼은
인간이라는 몸의 외투가 너무 커서 입을 수 없습니다.
동물에 들어있는 영혼이
인간이라는 몸의 외투를 입으려면
영혼이 오랜 시간동안 진화한 후에야
자신의 영혼의 크기와 밝기가
인간의 몸을 받을 수 있을 만큼 성장해야
인간의 몸을 하늘로부터 받을 수 있습니다.

인간이라는 외투는
우주 최고의 공학기술에 의해 창조되었습니다.
인간의 몸은
높은 의식을 구현할 수 있으며
높은 수준의 추상적인 사고를 구현할 수 있으며
가장 복잡한 감정을 구현할 수 있도록 설계된
우주에서 가장 최신형의 외투입니다.
인간이라는 외투를 입을 만큼 진화한 영혼만이
인간의 몸을 받을 수 있습니다.
인간의 몸을 받을 수 있을 만큼
우주에서 진화한 영혼들만이
물질 체험을 하는 동안에 카르마가 발생합니다.

인간의 외투를 입고
영혼의 물질 체험을 하고 있는 영혼들에게
천라지망이 일반적인 것이라면
카르마는 특별한 것입니다.
카르마가 생성되고 해소되는 우주적 절차는
영혼의 고유한 특성을 발현하기 위한 것이며
영혼의 개별성을 발현하기 위한 것이며
영혼의 진화에 따른 형식적 평등이 아닌
영혼의 진화에 따른 실질적 평등을 구현하기 위한
우주의 절대 공평무사한 원리입니다.

카르마의 생성 원리와 카르마의 해소 원리는
창조주께서 대우주를 운영하는 공리의 법칙입니다.

카르마의 생성 원리와 카르마의 해소 원리는
우주에서 영혼의 물질 체험을 하는 영혼들 중에
진화한 영혼들에게만 주어지는
안전장치인 동시에 인위적인 모순의 설치입니다.
진화한 영혼일수록
오래된 영혼일수록
카르마는 많이 발생하며
해소할 카르마 역시 많습니다.
진화한 영혼일수록
오래된 영혼일수록
카르마가 많이 발생하는 삶을 살 수 있으며
난이도 높은 배역을 소화할 수 있으며
영웅이나 성인의 배역의 삶을 살 수 있으며
폭군이나 악인의 배역의 삶을 살 수 있는 것입니다.

카르마가 많다는 것은
영혼이 그만큼 진화한 증거이며
카르마가 많다는 것은
영혼이 진화하고 있다는 것입니다.
영혼이 윤회를 통해
카르마를 쌓고 카르마를 해소하는 것이
우주에서는 오래된 영혼들의 특권입니다.
카르마를 쌓고
카르마를 해소하는 일련의 과정들은
영혼의 물질 체험을 통해 영혼이 진화하는
대우주의 절대 공평무사한 공리입니다.

영혼의 진화는 카르마의 균형 잡기를 통해
영혼이 진화하고 성장하는 것입니다.

자유의지를 과다하게 남용하여
대우주가 진화하는 동안에
5주기와 6주기 말 사이에 너무나 많은 카르마들이
우주에서 발생하였습니다.
대우주를 운영하는 창조주의 입장에서
대우주가 진화하는 동안에 발생할 수밖에 없었던
우주의 카르마들을 한곳에 모아놓고
우주의 카르마의 균형 잡기를 위해 선정된 행성이 지구 행성입니다.

대우주의 진화 역시
카르마 발생과 카르마 해소를 통한
카르마의 균형 잡기를 통해 이루어지고 있음을
이것이 대우주의 진화의 법칙임을
우데카 팀장이 전합니다.

카르마가 인간의 삶에 영향을 미치는 방식

카르마는 내가 세상을 살아가는 동안
쉽게 잊어서는 안되는
아프고도 슬픈 사연들을
내가 잊지 말라고 내가 기억하라고
내 몸에 에너지장의 형태로
하늘이 새겨놓은 선물입니다.

카르마 에너지장 속에는
과거에 치열한 삶을 살았던 열정과 욕망의 에너지가 담겨 있습니다.
카르마 에너지장 속에는
이루지 못하고 좌절된 나의 간절한 소망과
상실감으로 인한 절망과 슬픔의 에너지가 담겨 있습니다.
카르마 에너지장 속에는
타인의 자유의지를 침범하며 과오를 저질렀던
자만과 교만의 에너지가 담겨 있습니다.
카르마 에너지장 속에는
인간의 에고가 내뿜는 부정적인 에너지를 모두 담고 있습니다.

카르마 에너지를 통해
과거의 나와 현재의 내가 연결되어 있습니다.
카르마 에너지를 통해
현재의 나와 미래의 내가 연결되어 있습니다.

카르마 에너지를 통해
영혼백의 에너지가 서로 연결되어 있습니다.
카르마 에너지를 통해
보이지 않는 세계인 영혼과 보이는 세계인 인간의 몸이
서로 연결되어 있습니다.
카르마 에너지를 통해
인간의 자유의지는 축소됩니다.

카르마 에너지장은
창조주의 조물 작용이 이루어질 때
공의 세계와 기의 세계와 색의 세계에 설치됩니다.
공의 세계에 설치된 카르마 에너지장이
인간의 몸에 가장 큰 영향을 줍니다.
공의 세계에 설치된 카르마 에너지장은
인간의 육체는 물론 정신작용 모두에
강력한 영향을 줍니다.

인간의 몸에 설치된 카르마 에너지장은
설치될 때 활성화되는 시기 역시 프로그램됩니다.
카르마 에너지장이 활성화되는 시기는
인생의 여정에 맞추어 발현됩니다.
카르마 에너지장은
보이지 않는 세계에서
보이지 않는 손으로
인간의 생로병사의 주기에 관여하고 있습니다.

카르마 에너지장은
보이지 않는 하늘이
인간의 몸에 설치한 의도된 모순입니다.
카르마 에너지장은
보이지 않는 세계에서
인간의 자유의지를 제한하기 위해 설치된
안전장치이며 브레이크 장치입니다.

보이지 않는 세계에 설치된 카르마 에너지장은
물질세계에서 발현(작동)이 됩니다.
카르마 에너지장이 나에게 처음으로 드러날 때는
반드시 사건과 사고를 통해
우연을 가장하여 나타납니다.

나무에서 떨어져 다칠 때
허리와 고관절에 영향을 미치는
카르마 에너지장이 작동을 시작합니다.
보이지 않는 세계에서
무슨 일이 일어나는지 모르는 나는
나무에서 떨어져서 그 후유증으로
고질적인 허리병이나 고관절에 이상이 왔다고
그렇게 믿고 살아야 하기 때문입니다.
보이지 않는 세계에서 일어나는 일들을
인간이 자신의 경험의 눈높이로 이해하고
살아갈 수 있게 하기 위해서입니다.

교통사고가 일어날 때
카르마 에너지장이 활성화됩니다.
교통사고 이후
원인을 알 수 없는 심각한 증상이 나타나고
이유를 알 수 없는 성격 장애와
인지능력에 심각한 저하 현상이 나타나게 됩니다.
카르마 에너지장을 모르는 당신이
보이지 않는 세계에 대해
아무것도 모르는 당신이
교통사고 때문이라고
교통사고 후유증이라고
그 원인을 돌릴 수 있도록 하기 위해서입니다.

고차원의 영혼이 인간의 몸으로 들어올 때
심각한 사건과 사고가 일어나
응급한 상황에서 정신을 잃거나
생사의 길목에 서 있을 때
우연을 가장하여 워크인(walk-in)이 일어납니다.
설치된 카르마 에너지장 역시
중대하고 심각한 사건과 사고가 일어날 때
응급한 수술이 있을 때
깊은 슬픔과 절망의 상황을 겪고 있을 때
우연을 가장하여 활성화되는 것입니다.

나의 몸 상태에 따라서
나의 감정 상태에 따라서

내가 처해 있는 상황에 따라서
카르마 에너지장의 강도는
본영과 하늘에 의해 조율이 됩니다.

카르마 에너지장이 약해지면
질병의 증상이 호전되거나
이상 증상이 줄어들거나
증상이 더 이상 악화되지 않게 됩니다.

한번 설치된 카르마 에너지장은
자연적으로 없어지지 않습니다.
한번 설치된 카르마 에너지장은
자연적으로 해제되거나 철거되지 않습니다.
한번 설치된 카르마 에너지장은
인간이 죽을 때까지 없어지지 않으며
인간이 살아있는 마지막 순간까지 영향을 미칩니다.

한번 설치된 카르마 에너지장은
육체적 고통을 받으면서
육체적 장애를 겪으면서
정신적 장애와 분열을 겪으면서
평생동안 몸을 통해서 해소됩니다.

카르마 에너지장은
조물주의 조물 작용에 의해
창조주에 의해 설치된 특수한 에너지입니다.

한번 설치된 카르마 에너지장은

결자해지의 원리에 의해

창조주의 의지에 의해서만 해소될 수 있으며

창조주의 승인이 있어야 해소될 수 있습니다.

봉인과 에너지장에 대한 정리

인간의 몸은 처음부터 하늘에 의해 셋팅되어집니다.

남자와 여자가 하늘에 의해 결정되며

영혼의 프로그램의 내용에 따라

이번 생의 목적에 따라

외모가 결정되며

성격이 결정되며

달란트(재능과 재주)의 수준이 결정되며

배우자와 자녀의 수가 결정이 되며

최종적으로 부모가 결정이 되어

태어났으니까 이유도 모르는 채

왜 사는지도 모르는 채

어떻게 살아가야 되는 것인가에 대한 질문없이

태어났으니까 그냥 살아가고 있습니다.

이것이 나와 당신이

물질 체험을 하고 있는 영혼들이

반드시 겪어야 되는 숙명이자 운명인 것입니다.

인간의 성격을 결정하는

보이지 않는 세계의 원리들이 많이 존재하고 있습니다.

인간의 몸에는

인류가 한번도 생각하지 못하고

인류가 전혀 눈치챌 수조차 없는

수많은 봉인들이
보이지 않는 세계에 설치되어 있습니다.
인간의 몸에 설치되어 있는
봉인에 대해 정리의 필요성이 있어
이 글을 기록으로 남깁니다.

봉인의 종류는 다음과 같습니다.

1. 경락 봉인과 경락 차단
   경락 봉인은 경락에 설치되는 특수 에너지장을 의미합니다.
   카르마에 의해 경락에 설치되는 에너지장을 경락 봉인이라고 하고
   카르마가 아닌 특수 목적에 의해 일시적으로 경락을 차단하거나
   경락을 차단시키는 에너지장이 설치될 때를 경락 차단이라고 합니다.
   • 임맥 봉인 ⇒ 감정의 이상 현상
   • 독맥 봉인 ⇒ 인지 장애가 발생
   • 12경락 봉인 ⇒ 경락의 차단으로
   　　　　　　　　국소부위의 통증과 이상 현상 발생
   • 경락과 연결된 장부 기능의 저하 발생

2. 카르마 에너지장
   카르마로 인하여
   자유의지를 축소하기 위하여 설치되는
   특수 에너지장을 말합니다.
   카르마 에너지장은 한번 설치되면
   카르마가 온전하게 해소되기 전까지는
   고통속에 장애속에 삶을 살아가게 됩니다.

카르마 에너지장은 신체에 장애를 형성하고

카르마 에너지장은 불치병을 일으키고

카르마 에너지장은 난치병을 일으키고

카르마 에너지장은 정신병을 일으키고

카르마 에너지장은 의식을 지배당하게 하고

카르마 에너지장은 육체와 정신의 모순을 일으키는

가장 강력한 봉인입니다.

카르마 에너지장이 장부에 설치됨으로 인하여

젊은 나이에도 불구하고

질병이 조기에 발생하는 경우가 많습니다.

- 에너지 대사 장애가 발생하며

- 이명과 난청이 발생하며

- 비문증과 난시가 발생하며

- 백내장과 녹내장이 발생하며

- 자폐증이나 발달장애가 발생하며

- 노화가 빨리 진행되며

- 원인도 알 수 없으며 치료도 어려운 질병이 발생하게 됩니다.

카르마의 해소를 위해

하늘의 에너지체들이 설치한 특수 에너지장에 노출되는 경우

- 귀신들린 증상이 나타나는 경우

- 우울증이나 조울증이 나타나는 경우

- 조현병 증상이 나타나는 경우

- 정신분열이 나타나는 경우

- 메타 의식구현 시스템에 문제를 일으키기 위해 설치되는 봉인

- 뇌에 인지부조화를 유발하기 위해 설치되는 뇌 봉인
- 정상적인 성욕을 느끼지 못하게 하거나
  정상적인 성생활을 하지 못하도록 하는 회음 봉인
- 사물을 삐딱하게 인지하고 삐딱한 생각을 하고
  삐딱한 마음을 일으키게 하는 심포 봉인
- 자신이 집착하는 한가지 생각만을 증폭시켜
  사오정이 되게 하는 메타(메타 의식구현 시스템) 봉인
- 하던 대로 가던 대로 똑바로만 가게 하는
  모범생을 만드는 메타 봉인
- 책을 읽지 못하게 하는 활자 봉인
- 뇌가 활성화되지 못하게 하고 기억을 사라지게 하는 뇌 봉인
- 눈에 초점을 맞추지 못하고 멍때리게 하는 뇌 봉인
- 논리 없이 횡설수설을 하게 하는 뇌 봉인
- 근육에 힘을 빼앗고 근육을 무기력하게 하기 위해
  힘을 쓰지 못하게 몸의 외부 전체에 에너지장을 설치하는 외부 봉인
- 척신난동이 나타나는 경우
  (에너지체들이 순간적으로 인간의 의식과 감정을 지배함으로써
  통제할 수 없는 행동을 하는 경우)

3. 특수 에너지장

　카르마로 설치된 에너지장이 아니지만
　하늘에 의해
　본영에 의해
　특수한 목적으로 설치되는 특수 에너지장이 있습니다.
　특수 에너지장은 일정한 시간이 경과하면 자연스럽게 소멸되며
　그 증상들이 사라지게 되는 경우가 있습니다.

특수 에너지장이 설치되는 예를 들면 다음과 같습니다.

- 말더듬이나 언어 장애
- 남녀간에 일어나야 되는 일을 일어나게 하기 위해
  (남녀간의 영혼의 프로그램을 진행하기 위해)
  큐피드의 화살이 동원되는 경우
- 암을 발생시키기 위해 설치된 특수 에너지장
- 폭발적인 분노를 일으키기 위해 설치되는 특수 에너지장
- 순간적인 착각이나 실수를 유발하기 위해 설치되는 특수 에너지장
- 신비체험을 위해 하늘에 의해 설치되는 특수 에너지장이 있습니다.

인간의 몸에 에너지장 설치를 통해
인간의 몸에 설치되는 봉인을 통해
인간은 하늘의 완전한 통제 속에 있음을 전합니다.
하늘은 하늘이 원하는 모든 것을 얻을 수 있으며
하늘은 하늘이 원하는 모든 것을
인간의 몸을 통해 이룰 수 있습니다.

이것이 봉인이 갖는 불편한 진실입니다.
의식이 깨어나는 빛의 일꾼들을 위해
의식이 깨어나기로 예정된 인자들을 위해
하늘과의 소통속에
이 글을 기록으로 전합니다.

카르마 에너지(장)의 크기

사람이라고 다 같은 사람이 아닙니다.
사람의 모습을 하고 있다고
다 같은 사람이 아닙니다.
영혼이라고 다 같은 영혼이 아닙니다.
영혼마다 나이가 다르며
영혼마다 우주적 신분이 다른 영혼들이
인간의 모습을 하고 살아가고 있을 뿐입니다.
우주에서의 계급장을 모두 떼고
사람의 외투를 쓰고 살아가고 있는 것이
사람이 산다는 것이 갖는
불편한 우주적 진실입니다.

우주적 신분이 높은 영혼일수록
3차원 물질 체험을 하는데
더 많은 악역들이 주어지고
문명 체인저와 게임 체인저와 같은
중요한 배역과 역할들이 주어지게 됩니다.
영혼의 진화 과정에서
아무에게나 영웅의 삶을 살게 하지 않습니다.
그 배역을 수행할 수 있는 영혼의 경험들이 있어야 합니다.
영웅이 되기까지 그만한 시련과 고통을 이겨낼 수 있을 만큼
영혼의 크기가 커야 하며

영혼의 나이 역시 어느 정도 되어야
그 배역이 그 영혼에게 주어지게 되는 것입니다.

태어난지 얼마 되지 않은 어린 영혼들인
흰빛 영혼들(베이비 소울)에게 성인의 배역이 주어지지 않으며
경험이 얼마 되지 않은 젊은 영혼들(유아기 영혼)에게
영웅의 배역이 주어지지 않습니다.
한 나라를 대표하는 장군이나 대통령 또한
흰빛 영혼이나 은빛 영혼들에게 맡길 수 없는 것이
우주의 법칙입니다.
태어날 때부터 심각한 중증 장애를 가지고 온 장애인들 또한
영혼의 나이가 어리고
영혼의 크기가 작은 영혼들이 감당하기에는
고통의 크기가 크기 때문에
어느 정도 나이가 든 핑크빛 영혼 정도는 되어야
그 배역을 수행할 수 있습니다.
장애인의 삶 못지 않게 힘든
장애인의 부모의 역할을 하는 영혼들 또한
장애인 영혼보다 오래된 영혼이 더 많습니다.

영혼의 물질 체험에도
영혼의 우주적 신분이 절대적인 영향을 미치게 됩니다.
인기 드라마를 만들기 위해서는
배우의 캐스팅이 중요하듯이
삶이라는 드라마 역시 영혼마다
자신이 짊어질 수 있고 감당할 수 있는 범위 내에서

삶의 프로그램이 짜여지고
삶의 배역이 결정되게 됩니다.
우주적 신분이 높은 영혼들은
그만큼 짊어져야 하는 삶의 무게가 큰 것입니다.
그 배역을 수행하기 위해서는
카르마 역시 많이 발생할 수밖에 없는 것이
세상의 이치이며
우주의 순리입니다.

영혼이 물질 체험을 하다가 쌓인 카르마 역시
영혼의 우주적 신분마다 다르고 영혼마다 다릅니다.
지구 행성에 살고 있는 영혼 그룹 중에
카르마 에너지를 많이 가지고 온 순서대로
영혼 그룹들을 정리하면 다음과 같습니다.

첫번째
17차원에서 온 영혼과 12주영 그룹
18차원에서 온 영혼과 12주영 그룹이
카르마가 가장 많습니다.
그만큼 종교 매트릭스나 물질 매트릭스를 설치하는데
큰 역할들을 수행하였습니다.
인류 역사상 성인이나 영웅의 삶을 많이 살았습니다.

두번째
외부 은하나 외계 행성에서 행성의 영단을 책임지고 운영하던
관리자 그룹의 영혼들이 카르마가 많습니다.

행성의 모순을 가지고 온 영혼 그룹이며

행성의 모순을 해결하기 위해 온 영혼 그룹이며

우주의 십자가를 지고 지구 행성에 온

외계 행성에서 온 빛의 일꾼들의 카르마가

두번째로 많습니다.

세번째

어둠의 일꾼 240,000명이 카르마가 세번째로 많습니다.

이들은 행성에 문명을 열고

행성에 물질문명의 매트릭스를 설치하고 운영하는

멜기세덱 그룹을 말합니다.

어둠의 정부 13가문의 핵심 수뇌부들이 포함되며

그들을 보좌하는 그룹들이 포함됩니다.

지구 행성의 문명을 열고 관리하고 운영했던 주체들이기에

그만큼 카르마 또한 많습니다.

네번째

144,000명의 빛의 일꾼들이 그 다음으로

카르마가 많습니다.

다섯번째

노란빛 영혼 그룹

여섯번째

핑크빛 영혼 그룹으로 데니카 그룹과 헤요카 그룹이 있습니다.

일곱번째
흰빛과 은빛 영혼 그룹이 있습니다.

카르마의 크기는 영혼의 우주적 신분에 비례합니다.
인간의 몸에 설치되는 카르마 에너지장 역시
우주적 신분에 따라 그 크기와 강도가 달라집니다.
똑같이 간(肝)에 카르마 에너지장이 걸리더라도
그 영혼이 감당할 수 있는 크기의 범위에서
카르마 에너지장이 설치되기 때문입니다.

흰빛 영혼에게 걸린 카르마 에너지장의 크기를 1이라 할 때
우주적 신분에 따라 인간의 몸에 설치되는
카르마 에너지장의 크기는 다음과 같습니다.

> 흰빛 영혼 그룹의 카르마 에너지장 1
> 핑크빛 영혼 그룹의 카르마 에너지장 1.5
> 노란빛 영혼 그룹의 카르마 에너지장 3
> 빛의 일꾼 그룹의 카르마 에너지장 5
> 멜기세덱 그룹(어둠의 일꾼) 5.5
> 외계 행성에서 온 빛의 일꾼 그룹 6
> 무극에서 온 빛의 일꾼 그룹 6.5

영의 크기가 크고
영의 밀도가 높기 때문에
우주적 신분이 높을수록 카르마 에너지장의 크기 또한
강하게 설치할 수밖에 없습니다.

이것이 대우주의 법칙입니다.

형식적 평등이 아닌

실질적인 평등의 원칙으로

카르마의 법칙은 누구에게나 평등하게 운영되고 있음을

우데카 팀장이 전합니다.

카르마 에너지장의 모양(유형)

인간의 몸에 설치되는 카르마 에너지장의 유형은 다음과 같습니다.
카르마 에너지장을 봉인이라고 합니다.
봉인은 경락 봉인과 장부 봉인이 있으며
감정과 의식이 비정상적으로 발현되도록 하는
메타 의식구현 시스템 봉인이 있습니다.

인간의 몸에서 이루어지는 생명 활동은
6장 6부에 의해 운영되고 있습니다.
카르마 에너지는 내 몸속에 저장된 과거의 에너지입니다.
장부에 카르마 에너지장이 설치가 되면
장부가 가지고 있는 고유한 에너지가 발휘되지 못하도록 합니다.
장부가 가지고 있는 기능을 감소시키고
장부가 가지고 있는 기능을 과도하게 증폭시키면서
통증과 질병에 영향을 주고 있습니다.

장부에 카르마 에너지장이 설치가 되면
카르마 에너지장의 강도에 따라
장부의 현저한 기능 저하가 나타납니다.
장부가 우리 몸에서 하는 대사작용 전체에
직접적으로 혹은 간접적으로 영향을 미치게 됩니다.
에너지 대사율이 저하되거나 비만을 일으키기도 하며
성인병이 조기에 나타나기도 합니다.

불치병과 난치병으로 나타나기도 합니다.

카르마 에너지장에 30년 이상 장기간 갇힌 장부의 기능들은
원인을 알 수 없는 질병의 원인이 되기도 합니다.
카르마 에너지장에 장기간 노출이 되면
다음과 같은 증상이 나타납니다.

• 원인을 알 수 없는 질병이나 증상이
  악화되고 호전되기를 반복합니다.
• 자신도 아는 지병이 되어
  치료를 포기하고 아파도 참고 사는 경우가 많습니다.
• 만성 통증이나 만성 질환의 형태로 나타나
  증상 치료만 하면서 살아가게 됩니다.
• 감각 기관에 불치병과 난치병이 많습니다.
  냄새를 잘 맡지 못하거나
  이명이 너무 심하거나 난청으로 잘 듣지 못하거나
  장애 등급을 받을 정도의 심각한 눈질환으로 고생을 많이 합니다.
  특정한 색에 예민한 반응을 일으킵니다.
  노화가 일찍 진행됩니다.

카르마 에너지장이
인간의 감정선과 의식선에 설치되는 경우가 있습니다.
내가 가해자가 되어 카르마가 형성될 때
피해자들이 느끼는 공포와 두려움의 감정들의 일부분을
내가 평생 느끼고 살도록
카르마 에너지장이 설치가 됩니다.

임맥에 있는 감정선에 카르마 에너지장이 설치가 되면
원인을 알 수 없는 두려움과 공포를 느끼고 살 수밖에 없게 됩니다.
카르마 에너지장이 감정선에 설치가 되면
울고 싶을 때 울지 못하고
화를 내야할 때 화를 내지 못하고
기뻐할 때 기뻐하지 못합니다.
10년 동안 한번도 울어본 적이 없거나
10년 동안 한번도 화를 내본 적이 없거나
평생을 살면서 욕을 언제 했는지 기억조차 하지 못하는
극단적인 감정 장애를 가지고 살게 됩니다.

감정선에 카르마 에너지장이 설치가 되면
불안하고 초조해하며
매사에 대범하지 못하고
노심초사하고 조마조마하는 성격이 나타나게 됩니다.
폭발적 분노와 폭력적 성격이 나타납니다.
감정이 안정되지 않고 매사에 좌불안석하는
에너지 상태를 가지고 살게 됩니다.
감정선에 카르마 에너지장이 설치되면
카르마를 지을 때의 그 감정과 그 에너지 그대로를
평생 느끼면서 살아가야 합니다.

의식선에 카르마 에너지장이 설치가 되면
사고 구조가 단순해지며
균형잡힌 사고가 불가능해지고
삐딱한 사고 구조를 가지고 살아가게 됩니다.

강한 정의감이 작용하여 포용하는 능력이 줄어들게 됩니다.

분별력이나 분석력이 정상적이지 못함으로써

남의 말을 자주 따라하게 되거나

남의 말을 따라하는 수준의 정도가 심해지고

타인의 생각이나 타인의 사고를 따라하면서

자신의 생각으로 인지하는 심각한 인지부조화가 발생하게 됩니다.

의식선에 카르마 에너지장이 설치가 되면

창조적인 사고를 하지 못하게 됩니다.

예술적인 감각 또한 현저하게 떨어집니다.

뇌의 연산 속도가 떨어지게 됨으로써

경험을 통해 습득한 것만을 가지고 살아가게 됩니다.

직관력이 떨어지고

그냥 아는 것이 없으며

고집이 강한 성격이 나타납니다.

보이지 않는 세계에서

보이지 않는 방법으로

인간의 5장 6부의 기능을

카르마 에너지장을 통하여 어떻게 봉인을 하고 있는지

보이지 않는 세계의 카르마 에너지장을

채널러를 통해서

보이는 세계로

인류의 눈높이에서 설명하였습니다.

카르마 에너지장의 유형은 다음과 같습니다.

1. 간과 머리(두뇌) 카르마 에너지장 형태

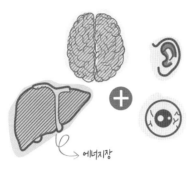

에너지장

- 뇌의 피질에 작용하는 족궐음 간경의 기능저하
- 간장혈의 감소
- 피곤함과 근육의 통증
- 고관절 이상

- 귀에 에너지장이 걸리면 이명과 난청 발생
- 눈동자에 에너지장이 걸리면
  눈에 초점이 없으며, 늘 졸린 눈을 하고 있음
  멍때리는 현상이 나타남
  비문증, 백내장, 난시 등

2. 심장과 머리(두뇌) 카르마 에너지장 형태

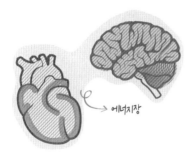

에너지장

- 뇌의 회백질(안쪽부분)을 담당하는
  수소음 심경의 기능저하
- 실어증이나 치매의 발생
- 전신 피로감과 무기력한 상태
- 우울증이나 조울증 발생
- 정신분열증 발생
- 대인기피증

3. 심장과 심포의 카르마 에너지장

에너지장

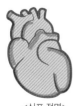

<심포 정면>

<심포 단면>

- 뇌기능에 문제 발생
- 자만과 교만
- 고집불통
- 독불장군

4. 심포에 설치된 카르마 에너지장 형태

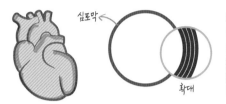

- 자신만의 칸막이를 가지고 있으며 타인을 밀어냄
- "나 너랑 안놀꺼야"
- "두고 보자"
- 옹졸한 성격

<심포 층위별로 겹겹이 에너지장 설치>

5. 심폐 카르마 에너지장 형태

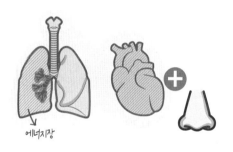

- 허약한 체질
- 건강에 대한 자신감 결여
- 미각이나 후각의 기능저하
- 정신력이 약함
- 자기 방어적 성격
- 진취적이지 못함

6. 위간신 카르마 에너지장 형태

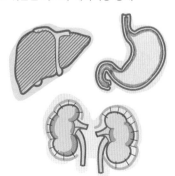

- 소화기 장애
- 진액 순환의 문제
- 관절의 통증
- 에너지 대사의 문제
- 기운을 쓰지 못하며 체력이 쉽게 고갈됨
- 하체부실
- 하기 기능의 저하

7. 경락과 관절에 설치된 카르마 에너지장

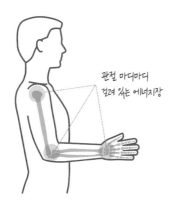

관절 마디마디
걸려 있는 에너지장

<관절에 설치한 카르마 에너지장>

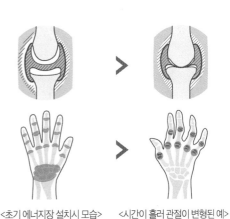

<초기 에너지장 설치시 모습>　　<시간이 흘러 관절이 변형된 예>

- 관절의 통증
- 관절의 변형
- 이유를 알 수 없는 통증
- 진액의 부족

8. 경락과 배수라인에 설치된 카르마 에너지장

<경락과 배수라인에 걸어 놓은 카르마 에너지장>

- 적취 발생
- 잦은 오한
- 잦은 감기 증상
- 만성 종아리 통증
- 등이 아픈 증상
- 견갑골 주변의 극심한 통증
- 몸이 무거움

에너지장이 막고 있는 경우　　열려 있는 배수구

<배수구>

배수구에 에너지장을 설치하여
적취가 나가지 못하도록 하거나
늘 열려있어 에너지가 새어나가
에너지 대사율이 떨어짐

9. 메타 의식구현 시스템에 걸려 있는 카르마 에너지장

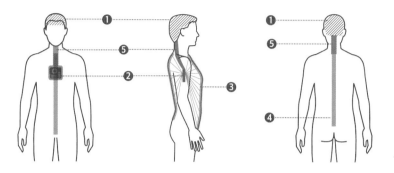

❶ 머리에 설치된 카르마 에너지장

❷ 메타보드에 설치된 카르마 에너지장

❸ 감정선에 설치된 카르마 에너지장

❹ 의식선에 설치된 카르마 에너지장

❺ 메타보드에서 머리로 정보가 전달되는 라인에 설치된 에너지장

10. 의식선과 감정선에 설치된 카르마 에너지장 모습

부분에 걸려 있는 에너지장 예

- 작은 것에 집착
- 결벽증과 결백증
- 감정조절에 어려움을 느낌

코드 내부에 걸려 있는 에너지장 예

- 표정 없는 얼굴
- 과묵한 성격
- 울어야 할 때 울지 못하고 기뻐야 할 때 기뻐하지 못함 (감정장애)

감정선과 의식선에 강하게 걸려 있는 예

- 균형적인 시각을 갖지 못함
- 인지부조화 발생
- "나 삐딱해질꺼야"
- 주변인들과의 갈등이나 마찰
- 꼴통의 성격
- 독불장군의 모습

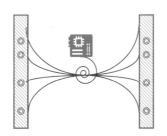

심포막을 중심으로 안팎으로
카르마 에너지장

심포 내부에 칩을 설치해서
에너지를 발생
특정 에너지를 증폭시킴

감정선과 의식선의 라인을 얽혀 놓은 예

의식선과 감정선이 불필요하게 교차하면서
횡설수설하게 되고 엉뚱한 말이나 행동을 하게 됨

심포와 메타 의식구현 시스템의 카르마 에너지장

표정 없는 얼굴을 하게 되며
마음따로 행동따로 나옴
사고의 단순화와 기억력의 감소
멍때리는 증상

11. 머리에 걸려 있는 카르마 에너지장

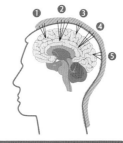

여러구역으로 에너지장을 걸어 놓은 예

뇌마다 고유한 영역이 있는데 고유 영역의 작용을 억제하고
뇌의 연합작용을 방해하여
카르마장에 있는 뇌들이 독립적으로 활동함
종합적이고 통합적인 사고가 불가능

중심에 카르마 에너지장 설치한 예

가장 많이 보이는 형태
뇌의 특정한 부위로 (1번~5번)
어떤 특정한 에너지를 내부로 공급

<특정한 부위에 과도한 에너지장>

<촉수를 사용하여 두뇌기능 저하>

<중심에 카르마 에너지장 설치한 예>

좌뇌와 우뇌의 통합이 원활하지 않음
사고기능의 단순화
머리회전이 좋지 않고 기억력 감퇴

12. 회음 카르마 에너지장 유형

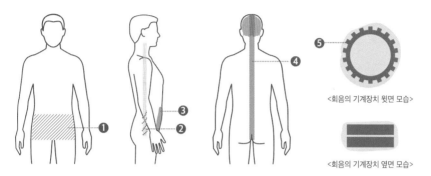

<회음의 기계장치 윗면 모습>

<회음의 기계장치 옆면 모습>

❶ 아랫배 부분에 광범위하고 엷게 에너지장 (대맥보다 넓게 분포) ❹ 독맥 전체에 에너지장

❷ 단전으로 내려오는 투명한 관에 에너지장 ❺ 회음의 기계장치에 에너지장

❸ 임맥 일부분 에너지장

회음의 기계장치의 에너지장

회음 봉인의 경우

• 생식 능력의 저하 • 기경팔맥의 기능저하
• 자궁 질환과 전립선 질환 • 육체적 능력의 감소

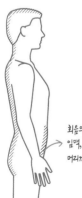

회음의 기계장치와
임맥, 독맥이 함께 묶여
머리까지 에너지장이 걸릴때가 많다.

임맥에 설치된 경우 나타나는 증상

• 가슴이 답답하고 불안 초조한 증상과
  조마조마 현상
• 얼굴이 상기되며 살이 찌게 됨

독맥에 설치된 경우 나타나는 증상

• 두뇌의 기능 저하
• 창조적 사고나 예술적 감각이 떨어짐
• 요통이나 척추 질환 발생

13. 전립선 혹은 자궁과 함께 얽혀 있는 에너지장

회음의 에너지장은 회음 주변의 비뇨-생식기관들에 영향을 주거나
함께 에너지장이 걸려 있는 경우가 종종 있다.

전립선에 설치된 경우

- 전립선 비대증
- 진액 순환의 저하
- 발기부전

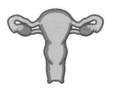

자궁에 설치된 경우

- 자궁내막증
- 생리불순
- 불임
- 성욕감소

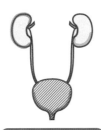

방광에 설치된 경우

- 요실금
- 담음의 증가
- 전신 부종

카르마 에너지장의 특징과 설치되는 원리

카르마 에너지는 영혼이 물질 체험을 하는 과정에서
자유의지의 남용으로 발생합니다.
인간이 식물을 음식으로 먹는다고
인간이 동물을 음식으로 먹는다고
카르마 에너지는 생성되지 않습니다.
이것은 생명의 기본적인 순환 과정입니다.
카르마 에너지는
자신의 욕망을 충족하기 위해
자신의 신념이 옳다는 것을 증명하기 위해
타인의 자유의지를 심각하게 침해할 때만 발생하게 됩니다.

예를 들면 다음과 같습니다.
• 전쟁터에서 활을 잘 쏘는 재주를 가진 사람이
　자신의 재주를 과시할 목적으로
　적군의 눈만을 집중적으로 맞추어
　피해자들이 받는 고통을 즐기는 경우에 발생합니다.
　카르마 에너지장은 화살을 쏠 때 그 자세 그대로 에너지장이 걸려
　카르마를 받게 됩니다.

• 전쟁터에서 포로를 다루는데
　가학적인 성향을 가지고
　지나친 공포를 조장하면서 즐기면서

사람을 죽이는데 쾌감을 느끼는 경우
사람을 끓는 기름에 넣어 죽이는 경우
사람의 허리를 잘라 죽이는 경우
사람을 물에 빠트려 죽일 때 손발과 온몸을 묶고 죽이는 경우
피해자들이 죽을 때 그 모습 그대로
피해자들이 느꼈을 그 당시의 두려움과 공포를
그대로 느낄 수 있도록 카르마 에너지장이 설치가 됩니다.

- 시기와 질투로 인하여
  자만과 교만으로 인하여
  지나친 믿음과 신념으로 인하여
  과도한 집착과 욕망으로 인하여
  지나친 자기 비하와 냉소로 인하여
  인생에 실패하거나 일을 크게 망치거나
  타인의 생명을 무고하게 희생시키는 경우
  역시 그 당시 자신을 실패하게 만들었던
  그 에너지 상태 그대로
  감정선과 의식선에 카르마 에너지장이
  그대로 머물게 되면서
  그 성격 그대로 살면서 고통을 받게 됩니다.

카르마 에너지는
인간의 몸에 카르마 에너지장의 형태로
그때 그 시절에
내가 느꼈던 그 에너지 그대로를 경험하면서
삶을 살아가게 됩니다.

피해자의 감정이나 의식 상태를 느끼거나
가해자의 감정이나 의식 상태를 그대로 느끼면서 살아가야 하는
슬픈 운명이 됩니다.

카르마 에너지장에 걸렸을 때 나타나는
일반적인 특징은 다음과 같습니다.

- 늘 조마조마하고 늘 안절부절하는 에너지
- 에너지가 늘 들떠 있으며 늘 불안해하는 경우
- 상황에 대한 분석이 제대로 되지 않아 엉뚱한 이야기를 하는 경우
- 상황 파악이 잘 안되서 한박자 늦고 두박자 늦어서
  복장 터지게 행동하는 경우
- 지나친 결벽증이나 결백증으로 나타나는 경우
- 이명과 난청으로 나타나는 경우
- 지독한 난시나 지독한 근시
  백내장이나 녹내장 등으로 인한 시력 감퇴나 상실
- 인지부조화가 심각하게 나타나거나
  타인과 5분 이상 정상적인 대화가 어려운 경우
- 생각이나 의식이 정리되지 못하고 횡설수설하거나
  상황에 맞지 않는 행동이나 말을 자주하게 되는 경우
- 피냄새를 좋아하거나 특정한 색이나 냄새에 지나치게 예민하여
  신체에 이상이 나타나는 경우
- 아무리 잘 먹고 아무리 잘 쉬어도
  몸에 기운이 없으며 체력 저하로 고생하는 경우
- 선천적인 질병이나 장애가 나타나는 경우

카르마 에너지는

카르마 에너지장의 형태로 인간의 몸에 설치되어

지속적으로 영향을 주게 됩니다.

인간의 몸에 설치되는 카르마 에너지장의 부위는 다음과 같습니다.

❖ 장부에 설치된 에너지장의 특징

• 심장에 설치된 카르마 에너지장 특징

   - 알 수 없는 불안과 공포, 새가슴

   - 심생혈(心生血)의 기능 저하

   - 정신질환의 원인 (심신불안정)

   - 조마조마, 좌불안석, 횡설수설

• 간에 설치된 카르마 에너지장 특징

   - 발달장애 질환 (뇌의 중증질환 유발)

   - 심각한 인지부조화, 관절의 문제

   - 진액 대사에 문제, 근골격계의 이상

   - 간장혈(肝藏血)의 기능 저하

   - 눈질환의 주요 원인

• 신장에 설치된 카르마 에너지장 특징

   - 귀 문제의 원인 (이명과 난청의 원인)

   - 수승화강(水昇火降)이 원활하지 못함

   - 심신상교(心腎相交)가 원활하지 못함

   - 방광이나 전립선과 자궁에 다양한 질병 유발

   - 정(精) 부족 현상을 유발 (만성피로와 지구력 부족)

- 비장에 설치된 카르마 에너지장 특징
  - 지나친 쑥스러움 증상이 나타남
  - 남 앞에 대중 앞에 서는 것이 어려움
  - 소심한 성격
  - 말더듬과 언어장애의 원인을 형성
  - 소화기 장애의 주원인

- 폐에 설치된 카르마 에너지장 특징
  - 아토피 피부 질환의 주원인 형성
  - 흉식 호흡이 나타남 (호흡이 짧음)
  - 폐활량이 적음
  - 냄새를 맡지 못하는 원인
  - 위기(衛氣)의 생성이나 활동성 저하
  - 땀구멍 작용기전의 이상

- 심포에 설치된 카르마 에너지장 특징
  - 옹졸한 사람이 되는 경향
  - 감정의 불안정감
  - 외골수와 꼴통의 성격을 만드는 경향
  - 경계를 치고 사람을 밀어내고자 하는 경향
  - 경계를 치고 타인의 접근을 거부하는 경향
  - 혼자있고 싶고 타인과 어울리고 섞이는 것을
    싫어하고 거부하는 경향
  - 삐딱한 생각을 더욱더 강화시키는 경향
  - 자만과 교만이 비굴함과 비열함으로 나타남
  - 인간의 모든 부정적인 에너지들이 모여드는 곳

- 인간이 느끼는 두려움과 공포의 에너지로 사람과 사람을
  서로 분리하게 하고 대립하게 만들고 갈등하게 만드는 역할

❖ 장부에 복합적으로 설치되는
  대표적인 카르마 에너지장의 특징

인간의 몸에 설치된 카르마 에너지장을
보이지 않는 세계를 통해 보고
인간의 몸에 설치된 카르마 에너지장을
해제하고 철거하다보면
알 수 있는 특징들이 있는데 다음과 같습니다.

첫번째 특징
카르마 에너지장은
하나의 장부에만 설치되어 있는 경우는 매우 드물며
2개 이상의 장부를 서로 연결하거나
심지어 3개 이상의 장부에 함께 설치해 놓은 것이 대부분입니다.

두번째 특징
카르마 에너지장은
하나의 에너지장만을 설치하는 것이 아니라
하나의 카르마 에너지장 속에
최대 10개의 에너지장이 설치되어 있는 경우가 있습니다.
에너지장 속에 또 한겹의 에너지장이 있으며
에너지장 속에 작은 에너지장들이 여러겹으로 설치되어 있습니다.

하늘에는
카르마 에너지장을 연구하는 전문팀이 있으며
카르마 에너지장을 설치하는 전문팀이 있으며
카르마 에너지장을 철거하는 전문팀이 함께 활동하고 있습니다.

세번째 특징
카르마 에너지장에는 에너지장의 강도가 약화되지 않도록
일정한 세기와 일정한 강도로 카르마 에너지장이 유지되도록
에너지장에 에너지를 공급하는 무형의 기계장치가 있습니다.

네번째 특징
인간의 몸에 설치된 카르마 에너지장의 형태는
사람마다 다르고
설치한 목적에 따라 모양과 형태가 다릅니다.
무형의 장부의 무형의 기계장치에
카르마 에너지장 이외에
다양한 모양(별, 창, 칼 등)으로 설치된
카르마 에너지들 또한 존재하고 있습니다.

다섯번째 특징
전신 외부 에너지장이 설치되어 있는 경우가 있는데
카르마의 내용과 관련이 있으며
가장 가혹한 카르마 에너지장입니다.
전신 무기력증이 나타나며
사람을 흐느적 흐느적거리게 하는 에너지장입니다.
육체적인 일을 하면서 살지 못하도록 하는 에너지장입니다.

- 간과 뇌에 걸린 카르마 에너지장의 특징
  - 사고 패턴의 이상, 잔인함, 폭발적 분노, 우울증

- 위간신 싸이클에 걸린 카르마 에너지장의 특징
  - 진액 순환의 이상, 관절의 통증, 에너지 대사율이 떨어짐
  - 전신 무력감과 피곤함, 피부 질환

- 비심폐 싸이클에 걸린 카르마 에너지장의 특징
  - 고혈압, 당뇨, 갑상선 질환, 얼굴이 붉어지는 상기병
  - 불안한 감정의 상태 지속, 긴장 상태의 지속, 잠을 잘 자지 못함

- 회음에 걸린 카르마 에너지장의 특징
  - 성욕의 감퇴와 성기능 장애
  - 전립선에 질병 발생 (전립선염과 전립선 암)
  - 기경팔맥의 기능 저하, 감정선과 의식선에 이상
  - 머리에 영향 ⇒ 지능 저하, 단순한 사고 구조

- 심포와 메타 의식구현 시스템에 형성된 카르마 에너지장의 특징
  - 감정의 표현에 어려움이 생김
  - 과장된 행동이 나오며 오해를 일으키는 말이나 행동이 자주 발생
  - 전형적인 인지부조화 발생 (횡설수설)
  - 느끼한 에너지가 생성 (주변과의 불화)
  - 삐딱한 에너지가 생성 (난 삐딱해질거야)
  - 부정적인 감정의 찌꺼기들의 생성 (돌출행동과 오해의 원인)
  - 자만과 교만의 에너지 생성 (자식들 까불고 있네)
  - 직관이나 느낌의 왜곡이 발생 (독불장군의 탄생)

카르마 에너지장은
자유의지에 반대하는 방향으로 작용하는 에너지입니다.
카르마 에너지장은
천상정부의 에너지장을 설치하는 전문팀이
설치하고 관리하고 있습니다.
카르마 에너지장은
하늘이 의식이 있는 생명체들에게 부여하는 안전장치인 동시에
대우주를 움직이는 인과율의 법칙입니다.
과거의 내가 오늘의 나의 감정과 의식속에
에너지의 형태로 표현되고 있으며
과거의 내가 오늘의 내 몸속에 장부들속에
에너지의 형태로 저장되어 있다가
오늘의 나에게 긍정적으로
오늘의 나에게 부정적으로 작용하고 있는 것입니다.
오늘의 나를 통하여 미래의 내가 창조되는 것입니다.
당신의 영혼이 시간과 공간을 초월하여
대우주의 수레바퀴 속에 함께하고 있다는 것을
느끼게 해줄 수 있는 것은
당신의 몸속에 남아있는
당신의 감정과 의식속에 남아있는
카르마 에너지와 카르마 에너지장이라는 것을
인지하시기 바랍니다.

자유의지의 법칙과 카르마의 법칙은
영혼이 윤회를 하게 하는
영혼이 진화하는데 꼭 필요한 양대 축입니다.

잘 달리는 자동차에
성능 좋은 브레이크 장치가 반드시 필요합니다.
카르마의 법칙은
높은 자유의지를 가진 의식이 있는 생명체들에게 부여된
안전장치와도 같습니다.
모든 것은 에너지의 작용입니다.
내 감정도 에너지이며
내 생각도 에너지이며
내 마음도 에너지이며
감정 하나 하나
생각 하나 하나
마음 하나 하나의 작용까지도
이 우주에서는 에너지의 작용입니다.
에너지의 작용속에
지금의 나 오늘의 나 현실의 나는
과거의 에너지의 영향을 일부 받고 있으며
오늘의 나는 자유의지속에 현실을 창조하고 있으며
과거의 나와 오늘의 나는
미래의 내 모습에 영향을 주고 있는 것입니다.

카르마 에너지는
과거의 내가 오늘의 나에게 영향을 주고 있다는 것을 알려주는
에너지의 연결 고리입니다.
과거의 내가 오늘의 나에게 주는 교훈이며
과거의 내가 있음에 오늘의 내가 존재하고 있음을 알려주는
상징 코드입니다.

이번 생의 삶의 과거는 기억이라는 에너지의 형태로
후회와 죄의식이라는 에너지의 형태로
나에게 영향을 주고 받으며 살고 있는 것입니다.
카르마 에너지와 카르마 에너지장은
내가 기억하지도 못하는 과거의 에너지가
내가 인지하지도 못하는 과거의 의식과 감정이라는 에너지가
몸속에 카르마 에너지장의 형태로 설치되어
영향을 주고 있는 것입니다.

인간은 영혼을 가진 존재이며
영혼은 다양한 물질 체험과 윤회를 통하여
진화를 하는 것이 대우주의 법칙입니다.
한번의 삶으로 배울 수 있고
한번의 삶으로 이룰 수 있고
한번의 삶을 통해 체험할 수 있는 것은
생각보다 그리 많지 않습니다.
영혼의 진화는 멈추어질 수 없기에
영혼의 물질 체험은 계속될 것이며
영혼은 대우주의 윤회 시스템 속에서
삶을 지속하게 될 것입니다.
카르마 에너지와 카르마 에너지장의 존재는
당신의 영혼이 우주적 존재임을
당신의 영혼이 대우주의 법칙속에 있음을
당신의 영혼이 진화하고 있음을 알려주는
상징의 표식입니다.

시절인연에 의해
카르마 에너지와 카르마 에너지장에 대한
대우주의 비밀을
하늘과의 소통속에
하늘과의 조율속에
인류의 의식의 눈높이에 맞추어
우데카 팀장이 전합니다.

인류의 건승을 빕니다.

카르마가 해소되는 원리(방법)

영혼은 물질 체험을 통하여 진화를 합니다.
영혼의 진화의 방향은 사고조절자에 의해 결정이 됩니다.
한 번의 물질 체험으로 영혼이 배우고 체험할 수 있는 것은
당신이 생각하는 것보다 많지 않습니다.
영혼이 물질 체험을 하는데
반드시 필요한 것이 2가지가 있습니다.
하나는 자유의지이며
하나는 카르마 에너지입니다.

영혼은 물질 체험을 위해
자신이 속한 5차원 영단에서
영혼의 진화 과정에 맞는 외투를 받고 물질 체험을 하게 됩니다.
생명이 있는 생명체들은
모두 의식을 가지고 있습니다.
생명체들이 가지고 있는
의식을 구현할 수 있는 수준이 모두 다르기 때문에
생명체들이 누릴 수 있는 자유의지의 층위는 모두 다릅니다.

의식구현의 수준이 높을수록
자유의지가 높게 형성될수록
지적인 생명체이며
높은 수준의 창의력으로 창조 활동을 할 수 있습니다.

만물중에 인간(호모 사피엔스)이
우주에서 가장 높은 수준의 자유의지를 구현할 수 있습니다.
자유의지가 높을수록
자유의지 사이의 갈등과 대립이 나타나며
자유의지의 남용으로 인하여
타인의 자유의지를 심각하게 침범하게 됩니다.
자유의지의 심각한 남용으로 발생하는 것이
카르마 에너지입니다.

자유의지가 매우 낮은 식물들은
카르마가 생기지 않습니다.
자유의지가 있지만 동물들 또한
카르마를 남기지 않습니다.
호랑이가 고라니를 잡아먹고
고라니가 자신이 좋아하는 식물을 음식으로 먹는 것은
카르마를 남기지 않습니다.
인간이 채소를 먹고 식물의 열매를 먹고
인간이 가축의 고기를 먹고
인간이 생존을 위해 사냥을 하는 것은
어떠한 카르마도 남기지 않습니다.
이것은 생명의 기본적인 순환 법칙이며
대자연의 순리이기 때문입니다.

인간이 식물의 몸과 열매를 먹고
인간이 가축의 고기를 먹는다고 해서
카르마 에너지가 인간의 몸에 남지 않습니다.

생명이 생명을 먹음으로써
생명은 생명을 유지하고 생명 활동을 할 수 있습니다.
생명이 유한한 수명을 살게 하는 원인은
음식을 먹기 때문이며
음식은 바로 생명이기 때문입니다.
생명은 생명을 음식으로 먹음으로써
생명의 순환 주기에 참여하고 있는 것입니다.
생명이 생명을 먹는 자연의 순리가
넓은 의미의 생명체의 카르마가 됩니다.
생명체들은 죽음을 통해
생명체들은 자신의 몸을 생명체에게 음식으로 제공해 줌으로써
생명체의 카르마를 해소하게 되는 것이며
대우주의 생명의 순환 주기속에서
살아가고 있는 것입니다.

자유의지의 남용으로 인하여
타인의 자유의지를 심각하게 침범한 경우에는
카르마가 남게 됩니다.
자유의지의 남용으로 생긴 카르마는
반드시 자신의 자유의지를 침해당하거나
제한하는 방법으로 카르마를 해소해야 합니다.
카르마가 해소되는 대우주의 법칙을 정리하면 다음과 같습니다.

첫째
눈에는 눈으로 방식이 있습니다.
내가 당한만큼 당신도 똑같이 당하는 경우가 있는데

대부분 장부 봉인과 경락 봉인으로 나타나게 됩니다.
타인의 눈을 다치게 하여 장애인을 만든 경우나
타인의 귀를 다치게 하여 손상을 입힌 경우에
똑같이 다음 생에 태어나
똑같은 방식으로 눈이나 귀를 역지사지로
그 사람이 나를 다치게 하는 경우는 없습니다.
우연을 가장하여
시력이 나빠지고 귀에 이명이 생기고 난청이 생기고
선천적으로 눈이나 귀가 약하게 태어나게 됩니다.

잘 보지 못하고
잘 듣지 못하는 환경 속에서 평생을 살면서
불편함을 통해 카르마를 해소하는 방식이
첫번째 방식입니다.
이렇게 20년이나 30년 이상을
심각한 장애 속에서 불편함 속에서 살아가면서
몸의 질병을 통해
몸의 통증이나 고통을 통해
카르마를 해소하는 방법을
장부 봉인 또는 경락 봉인이라고 합니다.
내부 봉인이라고도 합니다.
해소할 카르마가 적거나
비교적 젊은 영혼들이 선택하는 방식입니다.

둘째
장애인의 삶을 통한 카르마 해소입니다.

선천적인 장애인으로 태어나는 경우인데
해소할 카르마가 많은 경우
비교적 오래된 영혼들이 선택하는 방법입니다.
장애인의 삶은 힘들고 고단합니다.
젊은 영혼들은 이것을 견디고 이겨내기가 어렵기 때문에
장애인의 삶을 통한 카르마 해소는 주어지지 않습니다.
선척적인 장애나 기형 또는
발달장애를 겪는 장애인들은 비교적 오래된 영혼들이며
카르마를 가장 많이 해소하는 방법입니다.

30년을 심각한 선천적인 장애를 가지고 삶을 살 경우
카르마의 10% 정도 해소가 되며
50년 이상 심각한 선천적인 장애를 가지고 삶을 살 경우
15% 정도 카르마가 해소됩니다.
우주에서 영혼의 여행을 원활하게 하기 위해서
약 8%에서 10% 정도의 적당한 카르마가 있어야 합니다.
이 기준에 맞추어 영혼들은
카르마를 관리하고 해소하기 위한
윤회와 환생 프로그램들을 설계하여
삶에 반영해야 합니다.

선천적인 장애인의 삶을 통한
카르마의 해소에는
카르마 당사자들끼리 관계를 형성하여 오게 됩니다.
부모와 자식으로 주로 많이 오며
가족 관계를 형성하여 오게 됩니다.

장애인으로 오는 사람은 카르마가 비교적 적으며
장애인을 돌보고 책임지는 부모나 가족이
더 많은 카르마를 가지고 있는 경우가 대부분입니다.
가해자는 장애인을 돌보는 가족이나 부모의 역할이 되며
피해자는 장애인이 되어
가해자가 자신으로 인하여 생긴 카르마가 잘 해소될 수 있도록
장애인의 삶을 통해 가해자의 영혼의 진화를 돕는
어려운 역할을 하고 있는 것입니다.
이것이 우주의 법칙이며
카르마속에 담긴 대우주의 냉정함이며 대우주의 사랑입니다.

카르마로 얽힌 당사자들은
카르마를 해소하지 않고는
영혼의 진화를 지속하기 어렵기 때문에
장애인과 가족 관계를 형성하고
관계 속에서 카르마를 해소하게 되는 것입니다.
힘들고 고통스러운 장애인의 삶과
장애인만큼 힘들고 고단한
장애인 가족들의 정신적인 고통과 아픔 또한
보이지 않는 세계에서
서로의 영혼의 진화를 위해
서로의 카르마를 해소하기 위해
하늘에서 준비한 프로그램들입니다.

장애인의 카르마 해소를 위해 설치된 에너지장이 있는데
이것을 우주에서는 특수 에너지장이라고 합니다.

장애인에게 설치된 특수 에너지장의 종류는
외부 에너지장과 내부 에너지장들이
2중 3중으로 설치되어 있습니다.
외부 에너지장과 내부 에너지장은
13차원과 15차원과 17차원의 우주기술로 설치됩니다.

불치병과 난치병들에는 모두 이러한
특수 에너지장들이 설치되어 있습니다.
인간의 과학기술로
인간의 의학기술로
이 에너지장들을 해소할 수 없기 때문에
불치병과 난치병이 있는 것입니다.
카르마가 아니어도 불치병과 난치병이 될 수 있으며
하늘에 의해 특수 에너지장이 설치되면
원인을 알 수도 없으며
치료도 할 수 없는 질병이 되는 것입니다.

셋째
하늘의 에너지체들이 설치한 특수한 에너지장에 의해
카르마를 해소하는 방법이 있습니다.
물질세계를 주관하고 관리하고 있는
5차원과 7차원과 9차원과 11차원의 하늘의 에너지체들이
인간의 몸에 직접 들어가
감정선을 통제하고
의식선을 통제하여
정신을 분열시키고

폭력적인 행동을 일으키고
정신을 잃고 미친 사람이 되고
귀신들린 사람이 되게 하는 방법으로
카르마를 해소하는 방법이 있습니다.

카르마를 해소하는 방법 중에
가장 힘들고 두렵고 인간의 삶을 황폐화시키는 방법입니다.
하늘의 에너지체들이 형성한
특수한 에너지장 속에 갇힌 사람들은
크게 2가지 경우로 나누어집니다.
특수한 에너지장에 갇혀서
교육을 받고 학습을 하고 사회 생활을 하는 경우로
자세히 관찰하기 전에는 잘 구분이 안되고
찾아내기 어려운 분들이 있습니다.
오랫동안 특수 에너지장에 갇힌 경우는
다음과 같은 증상이 나타납니다.

❖ 멍때리는 증상이 10년 이상 지속이 되지만
　　자신이 멍때리고 있는 것조차 인지하기 어려운 경우가 많습니다.

❖ 상황에 맞지 않는 말과 상황에 맞지 않는 행동을
　　지속적으로 하고 있음에도
　　본인은 인지하지 못하는 경우가 대부분입니다.
　　자신의 생각속에 갇혀 있으며
　　늘 억울한 마음을 갖고 살고 있으며
　　인지부조화 상태로 살고 있으며

주변 사람과 정상적인 대화가 안되며
5분 이상 대화를 하기가 어려운 사람들이 있습니다.

❖ 몸에 기운이 없으며 늘 피곤하여
  뼈 마디마디 근육 하나 하나마다
  움직이면 움직일수록 아프고
  땀이 나면 더 힘들고 쓰러지기도 하며
  정상적인 성생활을 할 수 없으며
  성생활을 하는 시간보다
  병원에 가는 시간이 더 많이 필요하며
  성행위를 하고 나면
  무기력감으로 최소 2일이나 3일은
  쉬어야 하는 불편함이 있습니다.

❖ 타인과는 다른 특수한 체질이라고
  다른 사람들처럼 평범하게 사는 것이 힘들다고
  스스로 그렇게 생각하고
  스스로 포기하고
  스스로 완고함에 갇혀
  남의 말을 전혀 들으려고 하지 않으며
  두려움에 갇힌 채
  참 답답하게 살고 있으며
  단순하고 단조로운 형태의 삶을 살아가는 경우가 대부분입니다.

이런 경우는 외부 에너지장과 내부 에너지장에
장기간(20년 이상) 노출되는 경우에 해당됩니다.

참 답답하게
참 한심하게
자유의지를 구속당하고
자유의지를 마음대로 펼칠 수 없게 살아가도록
프로그램되어 살면서 카르마를 해소하는 방법입니다.

참 답답하게 살며
참 한심하게
멍때리기를 10년 정도 하면서 살고 나면
3% 정도의 카르마가 해소가 되며
20년 정도를 살고 나면 6% 정도가 해소되며
30년 정도를 그렇게 살면 9% 정도가 해소되며
50년 정도를 살면 약 15% 정도의 카르마가 해소됩니다.
이렇게 카르마의 해소가 시작되는 시기는
빠르면 중학생 때부터 시작하며
늦어도 20대부터는 시작됩니다.

카르마를 해소하는 방법 중에
가장 강력하고 파괴적인 방법은 다음과 같습니다.
하늘의 에너지체들이 인간의 몸에 들어가
특수한 에너지장을 설치하여
단기간에 걸쳐 그 사람의 감정과 의식을 지배하면서
특수 에너지장에 갇힌 사람이
어느 날 갑자기 미친 사람이 되어 난동을 부리며
정신병자 소리를 들으며 정신병원에 갇히게 되며
카르마를 해소하는 방법이 있습니다.

정상적인 사람이 어느 날
갑자기 이상한 행동과 말을 하기 시작하면서
미친 사람
귀신들린 사람
정신이 온전하지 못한 사람이 되어
주변 사람들에게 막대한 지장을 초래하고
자신의 정체성을 잃어버리고
미친 사람이 되어 살아가거나
정신질환자가 되어 격리되어 살면서
카르마를 해소하는 방법이 있습니다.

10년 정도 하늘의 에너지체들의 에너지장 속에 갇혀
자해를 하고 폭력성을 띠며 살게 되면
카르마의 6% 정도를 해소하게 되며
20년 정도를 살면 카르마의 12% 정도를 해소할 수 있습니다.
대부분은 호전과 악화를 반복하며
병원과 집을 오고 가는 사람이 대부분이며
카르마가 해소될수록 증상이 호전되어
정상적인 생활을 하는 경우도 있습니다.

어느 날 갑자기 발생하며
발생 초기에 극단적인 상황으로 나타납니다.
구체적인 증상은
우데카 팀장의 글 11차원에 대한 정리에 잘 나와 있습니다.
에너지장의 세기와 강도
단계별로 나타나는 증상을 참고하시면 됩니다.

우주에는 공짜가 없습니다.

영혼에게 자유의지가 주어지는 만큼

자유의지의 남용으로 인하여 생기는 카르마 역시

우주의 역사이며 영혼의 역사이며

영혼의 물질 체험의 결과물입니다.

카르마는 나쁜 것만이 아닙니다.

카르마가 없다면 영혼의 진화 역시 없습니다.

자동차가 가속 페달만으로 달릴 수 없습니다.

영혼에게 부여된 자유의지가 가속 페달이라면

영혼이 물질 체험을 하다 생겨난 카르마는

브레이크 역할을 하는 소중한 에너지입니다.

인생에 장애물이 없다면

인생에 어떠한 방해물이 없다면

인생에 브레이크가 없다면

인간은 자유의지의 남용으로 인하여

자만과 교만에 의해 폭주하는 자동차가 되어

대형 사고를 일으키게 될 것입니다.

당신이 카르마를 통해 지금 힘든 시기를 보내고 있다면

당신은 기억하지 못하지만 언젠가 어디선가

자신의 이익을 위해

자신의 욕망을 위해

자신의 행복을 위해

누군가의 자유의지를 크게 침범하여

타인의 생명을 빼앗거나

타인의 마음을 아프게 했을 것입니다.

자신이 지은 카르마는
자신만이 해소할 수 있습니다.
자신이 만든 카르마의 고리는
자신만이 풀 수 있으며
개인의 자유의지의 남용으로 생긴 카르마는
창조주라 할지라도 관여할 수 없으며
창조주라 할지라도 관여하지 않습니다.

당신의 삶은
영혼의 물질 체험은
당신의 자유의지와 당신의 카르마와의
균형 찾기 속에서 잘 짜여진 드라마입니다.
우데카 팀장이
시절인연에 의해
의식이 깨어나기로 예정되어 있는 인류들과
의식이 깨어나고 있는 빛의 일꾼들에게
상징의 표식으로 이 글을 남깁니다.

영혼의 우주적 신분에 따른 카르마 에너지장

한 번의 삶을 통해 영혼이 해소할 수 있는
카르마의 비율은 정해져 있습니다.
영혼마다 자신이 가지고 있는 카르마가 있는데
한 번의 삶을 통해 해소할 수 있는 카르마의 비율과
설치할 수 있는 카르마 에너지장의 개수가 있습니다.

본영이 아바타의 물질 체험을 위해
카르마 에너지장이 아닌
일반 에너지장을 설치하는 경우도 많이 있습니다.
본영이 설치하는 에너지장 역시
카르마 에너지장과 같은 기능을 합니다.
카르마 에너지장은 본영이 마음대로 해소할 수 없지만
일반 에너지장은 본영이 원할 때는 언제든지 해소할 수 있습니다.

색의 세계 카르마 에너지장	• 장부와 장부 사이에 설치된 　카르마 에너지장
기의 세계 카르마 에너지장	• 감정선과 의식선(임맥과 독맥) • 메타 의식구현 시스템에 걸린 카르마 에너지장(메타보드) • 경락 시스템에 걸린 카르마 에너지장
공의 세계 카르마 에너지장	• 6번째 층위에 걸린 카르마 에너지장 • 무형의 기계장치들을 총괄하는 컨트롤 시스템에 걸린 　카르마 에너지장

영혼에 따라 한번의 삶으로 해소할 수 있는
카르마의 비율과 카르마 에너지장의 개수는 다음과 같습니다.

❖ 상승하는 영혼 그룹
• 흰빛 영혼 그룹 : 2~3%
  - 색의 세계 카르마 에너지장 : 2개 (강도는 약하게 걸림)
  - 기의 세계 카르마 에너지장 : 1개
  - 공의 세계 카르마 에너지장 : 없음

• 은빛 영혼 그룹 : 4~6%
  - 색의 세계 카르마 에너지장 : 3개
  - 기의 세계 카르마 에너지장 : 1개
  - 공의 세계 카르마 에너지장 : 없음

• 핑크빛 영혼 그룹 : 6~8%
  - 색의 세계 카르마 에너지장 : 3개
  - 기의 세계 카르마 에너지장 : 2개
  - 공의 세계 카르마 에너지장 : 없음

• 노란빛 영혼 그룹 : 8~10%
  - 색의 세계 카르마 에너지장 : 4개
  - 기의 세계 카르마 에너지장 : 2개
  - 공의 세계 카르마 에너지장 : 노란빛 영혼부터 설치되기 시작
    공의 세계의 카르마 에너지장이 걸리면
    색의 세계의 카르마 에너지장은 2개
    기의 세계의 카르마 에너지장은 1개로 줄어들게 됨

❖ 하강하는 영혼 그룹

♦ 외계 행성에서 온 영혼 그룹

  • 9차원 관리자 그룹 : 7~9%
    - 색의 세계 카르마 에너지장 : 4개
    - 기의 세계 카르마 에너지장 : 2개
    - 공의 세계 카르마 에너지장 : 없음

  • 11차원 관리자 그룹 : 12%
    - 색의 세계 카르마 에너지장 : 3개
    - 기의 세계 카르마 에너지장 : 3개
    - 공의 세계 카르마 에너지장 : 매우 드물게 있음

  • 13차원 관리자 그룹 : 13~14%
    - 색의 세계 카르마 에너지장 : 4개
    - 기의 세계 카르마 에너지장 : 3개
    - 공의 세계 카르마 에너지장 : 1개 가능
      13차원은 11단계에서 15단계 영혼들만
      공의 세계 카르마 에너지장을 설치하며
      본영이 결정하는 영역임

♦ 빛의 일꾼 그룹

  • 12차원에서 온 빛의 일꾼
    12차원 11단계 ~ 15단계 : 12~14%
    - 색의 세계 카르마 에너지장 : 4개
    - 기의 세계 카르마 에너지장 : 2개
    - 공의 세계 카르마 에너지장 : 없음

- 14차원에서 온 빛의 일꾼

  14차원 1단계 ~ 5단계 : 14~15%

  - 색의 세계 카르마 에너지장 : 4개 강도 약

  - 기의 세계 카르마 에너지장 : 3개 강도 약

  - 공의 세계 카르마 에너지장 : 1개 강도 약

  14차원 6단계 ~ 10단계 : 15~16%

  - 색의 세계 카르마 에너지장 : 4개 강도 중

  - 기의 세계 카르마 에너지장 : 3개 강도 중

  - 공의 세계 카르마 에너지장 : 1개 강도 중

  14차원 11단계 ~ 15단계 : 17%

  - 색의 세계 카르마 에너지장 : 4개 강도 강

  - 기의 세계 카르마 에너지장 : 3개 강도 강

  - 공의 세계 카르마 에너지장 : 2개 강도 강

- 17차원에서 온 빛의 일꾼 : 18~20%

  - 색의 세계 카르마 에너지장 : 4개 강도 중

  - 기의 세계 카르마 에너지장 : 3개 강도 중

  - 공의 세계 카르마 에너지장 : 2개 매우 강함

- 18차원에서 온 빛의 일꾼 : 20~22%

  - 색의 세계 카르마 에너지장 : 5개

  - 기의 세계 카르마 에너지장 : 3개 강도 강

  - 공의 세계 카르마 에너지장 : 2개 강도 매우 강함

카르마 에너지장은

영 에너지의 크기에 따라 다릅니다.

카르마 에너지장은

색의 세계에서 장부의 기능을 제한하는 카르마 에너지장과

기의 세계에서 경락 시스템과

감정선과 의식선을 제한하는 카르마 에너지장과

순수한 공의 세계에서 기능을 제한하는

카르마 에너지장으로 구분합니다.

공의 세계에 있는 카르마 에너지장이

가장 강력한 영향력을 미치고 있으며

다음은 기의 세계에 있는 카르마 에너지장이 영향력이 크며

색에 세계에 나타나는 장부의 기능을 결정하는

무형의 기계장치에 걸린 카르마 에너지장이

상대적으로 영향력이 작게 나타납니다.

카르마 에너지장은 영혼의 크기가 클수록

영혼의 우주적 신분이 높을수록 많이 설치가 되며

카르마 에너지장의 강도 역시 강하게 걸리게 됩니다.

카르마 에너지장은

같은 1%라도 영혼의 크기에 따라 다르며

영 에너지가 발현되는 정도를 억제하거나

신체의 장부 기능을 제한하는 실질적인 장애를 의미합니다.

대우주의 카르마의 법칙을

우데카 팀장이 이 글을 기록으로 남깁니다.

공의 세계 카르마 에너지장 분석

색의 세계에 설치되는 카르마 에너지장은
주로 장부에 설치됩니다.
기의 세계에 설치되는 카르마 에너지장은
주로 의식선과 감정선에 설치됩니다.
인간의 정신과 육체에 가장 강력하게 영향을 미치는 것은
공의 세계에 설치되는 카르마 에너지장입니다.

빛의 일꾼들에게 카르마 에너지장은
보통 6개 정도가 설치되어 있습니다.
공의 세계에 설치된 카르마 에너지장 1개는
색의 세계와 기의 세계에 설치된 카르마 에너지장을
모두 합한 것보다도
인간의 신체와 정신 작용에 더 많은 영향을 미칩니다.

빛의 일꾼들의 삶을 너무나도 힘들게 했던
공의 세계에 설치되는 카르마 에너지장의 유형은
다음과 같습니다.

❖ 영 에너지의 발현을 억제하는 카르마 에너지장

• 영 에너지 축소
  - 신체의 외모를 작게 셋팅할 수밖에 없음

- 작은 외모와 작은 장부

• 진리의 영의 발현 억제
  - 호기심이나 탐구력이 발현되지 않음
  - 창작이나 창조 행위가 발현되지 않음
  - 공부에는 소질이 없으며
  - 물질에 대한 욕망이 커지게 하는 경향이 있음

• 거룩한 영의 발현 억제
  - 감성이 발달하지 못하게 됨
  - 드라이한 성격이 나타남
  - 영감이나 느낌, 직관력이 떨어짐
  - 의식이 감정을 조절하지 못하게 됨
  - 감정 조절이 잘 이루어지지 못함
  - 폭발적인 분노와 같은 감정 장애와 조울증 발생

• 사고조절자의 발현 억제
  - 심각한 인지부조화 발생
  - 모순이 가득한 독특한 개성이 나타남
  - 로보토이드와 같은 성향이 나타남
  - 말 따라하기와 반복적인 말을 자주 사용
  - 5분 이상 정상적인 대화가 어려움
  - 혼자만의 의식속에서 살아감
  - 주변 사람과의 단절감이 나타남
  - 참 바보처럼 살고 있다는 느낌을 받음

❖ 혼 에너지의 발현과 관련된 카르마 에너지장

• 혼의식 프로그램에 설치된 카르마 에너지장
  - 독특한 성격을 발현하도록 하는 에너지장
  - 심한 자책감이나 죄의식을 일으킴
  - 결벽증이나 결백증으로 나타남
  - 피해망상이나 피해의식으로 나타남
  - 극단적 사고나 극단적 행동으로 나타남
  - 정신분열 현상이 나타남

• 혼의식 매트릭스에 설치된 카르마 에너지장
  - 세상을 삐딱하게 보는 의식이 발현
  - 눈에 보이는 것만을 믿게 하는 의식
  - 일차원적 사고, 단층적 사고만 가능
  - 고차원적 사고나 언어의 추상화 능력이 없음
  - 물질에 대한 집착이 매우 강함
  - 구두쇠나 자린고비형의 인물
  - 인정이 없으며 시기와 질투가 많음

• 혼 에너지 발현을 억제하는 카르마 에너지장
  - 지나치게 예의바르고
  - 정의감이 강하고
  - 박스가 강한 삶, 꼴통으로 살게함
  - 바른 생활과 도덕적인 삶으로 나타남
  - 감정을 느끼지 못하는 감정장애인의 삶
  - 타인의 기쁨과 슬픔에 공감하지 못함

- 혼 에너지를 증폭시키는 카르마 에너지장
  - 감정이 의식을 지배함
  - 폭발적인 분노와 과격한 행동으로 나타남
  - 즉흥적이고 충동적인 삶
  - 개인주의와 이기적인 성격으로 나타남
  - 삐딱한 고발 정신
  - 전형적인 내로남불

❖ 백 에너지에 영향을 미치는 카르마 에너지장

- 선천지정에 영향을 미치는 카르마 에너지장
  - 신장을 중심으로 형성된 에너지장 설치
  - 소화기관의 기능이 떨어짐
  - 진액 순환이 잘 되지 않음
  - 신장이 약해 비뇨기과와 산부인과 질환이 발생
  - 피로 회복이 잘 되지 않음
  - 지구력이 떨어짐
  - 극심한 종아리 통증을 평생 안고 살아감
  - 태어날 때부터 체력이 약하고 약골로 살아감
  - 육체적인 힘을 쓰지 못하게 함

- 선천지기에 영향을 주는 카르마 에너지장
  - 폐를 중심으로 한 에너지장의 영향을 받음
  - 선천적으로 심폐 기능이 약하게 태어남
  - 기관지나 폐의 기능 저하가 나타남
  - 경락의 순환 사이클에 문제 발생

- 추위를 잘 견디지 못하고
- 쉽게 피로감을 느낌
- 좌우 기혈의 순환이 비대칭이 되고 순환 장애 발생
- 좌우의 힘의 불균형이 발생
  → 허리 질환과 관절의 이상으로 나타남
- 상하 음양 순환이 잘 안되어 비만이 발생
  → 몸이 안 아픈 곳이 없으며 전신의 통증
- 육체적인 힘을 쓰지 못하게 설정
- 머리를 쓰고 살아야 하는 삶

• 선천지신에 영향을 주는 카르마 에너지장
  - 심장을 중심으로 한 에너지장의 영향
  - 간은 육체적인 힘을 결정하며
  - 심장은 정신 활동을 총괄함
  - 심장 기능의 저하로 저혈압
  - 심장 기능의 저하로 작은 육체를 가질 수밖에 없음
  - 갑상선과 자궁 기능의 약화와 질병 발생
  - 심장기능의 저하로 기억력 저하나 치매 발생이 높아짐
  - 그저 착한 사람으로 약골로 살아가야 함
  - 차분하고 꼼꼼한 성격
  - 활기있고 생기있고 생명력 넘치는 삶을 살지 못함
  - 의식활동과 신체활동을 무기력하게 함

❖ 생명회로도에 영향을 미치는 카르마 에너지장
• 생명회로도의 셋팅값을
  정상 범위에서 벗어난 오류값을 입력한 경우

- 세포 하나하나와 조직과 장부 전체에 이상 현상이 나타나는 경우
- 생명회로도에서 입력한 값이 정상 범위를 벗어나
  신체적으로 무기력한 삶을 살게 되는 경우와
  두뇌 기능의 저하로 발달장애인의 삶을 사는 경우가 있습니다.

빛의 일꾼들의
카르마가 해소되어야 하는 시기가 되었습니다.
빛의 일꾼들의 삶을 그토록 힘들게 했던
모질고 힘든 세월을 살게 했던
공의 세계 카르마에 대한 분석을
시절인연이 되어
우데카 팀장이 기록을 위해
이 글을 남깁니다.

빛의 일꾼들의 건승을 빕니다.

카르마 에너지장과 척신난동의 시대

이적과 기적은 모두 에너지장 속에서
에너지체들에 의해 이루어집니다.
척신난동 역시 에너지장 속에서
에너지체들에 의해 이루어집니다.
2천 년 전 예수님이 펼친 이적과 기적 역시
특수한 에너지장(13차원의 에너지장)에서
11차원의 에너지체들에 의해 이루어졌습니다.

초인 생활에 등장하는 에밀 대사와 그 일행들의 이적과 기적 역시
기도와 수행의 결과로 이루어진 것이 아닙니다.
에밀 대사와 그 일행들에게는
하늘의 특수 에너지장을 사용할 수 있는 권한이 주어졌으며
하늘의 에너지체들을 지휘할 수 있는 권한이
그들 그룹에게 한시적으로 주어졌습니다.
11차원의 특수한 에너지장 속에서
9차원 에너지체들의 지원으로
이적과 기적을 펼칠 수 있었습니다.

5차원의 1단계부터 15단계의 천사들과
7차원의 1단계부터 15단계의 천사들과
9차원의 1단계부터 15단계의 천사들을
하늘의 에너지체들이라 합니다.

11차원의 1단계부터 15단계의 천사들은
모두 단독으로 특수한 에너지장을 설치할 수 있을 만큼
큰 에너지를 가지고 있습니다.
모든 에너지장의 기본은 11차원부터 설치가 되며
높은 차원의 에너지장의 강도는
인류의 의식 수준으로는 상상하기 어렵습니다.

이적과 기적의 규모가 크면 클수록
설치되는 에너지장의 크기가 크며
에너지장을 설치하는 차원은 높아집니다.
지구 차원상승 과정에서 인류들은 한번도 경험하지 못한
15차원의 에너지장과 17차원의 에너지장
18차원의 에너지장을 경험하는 인자들이 있을 것입니다.
상상할 수 없는 이적과 기적들이
높은 차원의 에너지장 속에서 펼쳐질 예정입니다.

국소 부위에 작게 설치되는 에너지장은
9차원의 에너지체들에 의해서
인체내에서 경락을 차단하거나
감정선과 의식선들을 일부 차단할 수 있습니다.
인체내에는 인간의 눈으로 볼 수는 없지만
수많은 에너지장들이 설치되어 있습니다.
장애가 심한 사람일수록
정신분열이 심한 사람일수록
감정상태가 불안할수록
몸이 아픈 정도가 심할수록

무형으로 설치된 에너지장들이
장부의 기능들을 저하시키고 있습니다.

카르마의 내용과 강도에 따라
몸에 설치되는 에너지장이 있는데
이것을 장부 봉인 또는 경락 봉인이라고 합니다.
카르마의 내용과 카르마의 해소 방법에 따라
몸에 설치되는 봉인이 달라집니다.
선천적으로 태어날 때 어느 부위가 약하게 태어나는 경우 역시
그 사람의 카르마의 내용에 따라 연관된 장부에
특수한 에너지장이 설치되는 것입니다.

인간의 몸에는
11차원의 에너지장과 13차원, 15차원, 17차원, 18차원의 에너지장이
설치되어 있습니다.
에너지장이 설치되는 차원이 높을수록
장부 기능의 저하가 심각하게 나타납니다.
불치병과 난치병들은 대부분 높은 에너지장들이 설치되어 발생합니다.
이것이 보이지 않는 세계의 질병의 발생 원인이며
대우주의 비밀입니다.
인류가 눈에 보이지 않는 세계에 눈을 뜨게 될 때
비로소 정신문명을 열어갈 수 있는 기반이 형성될 수 있을 것입니다.

장부의 기능 저하나 기능 항진을 위해
인간의 몸의 내부에 설치되는 특수한 에너지장을
장부 봉인 또는 내부 봉인이라고 합니다.

장부 봉인을 통해 인간은 모두 자기 몸에 대한

크고 작은 자기 모순을 가지고 세상을 살아야 합니다.

빛의 일꾼들은 일반 영혼들에 비해

카르마가 많이 형성이 되기 때문에

극단적인 봉인들이 몸에 설치되어 있습니다.

빛의 일꾼들은 일반 영혼들에 비해

더 많은 모순과 장애들이 몸에 나타날 수밖에 없습니다.

에너지장의 크기가 커져서

인간의 몸 전체를 외부에서 감싸게 되는데

이때를 외부 봉인이라고 합니다.

외부 봉인과 내부 봉인은 함께 설치가 됩니다.

외부 봉인의 가장 극단적인 경우가 있는데

그 강도를 분류하면 다음과 같습니다.

외부 봉인 최고 등급(1등급)	식물인간
외부 봉인 2등급	발달장애나 선천적 장애
외부 봉인 3등급	불치병과 난치병
외부 봉인 4등급	정신분열이나 조현증
외부 봉인 5등급	전신 무기력증, 멍때림, 기억상실 인지부조화 등이 동반되는 경우

외부 봉인과 내부 봉인의

설치된 종류와 개수에 따라 크기와 강도에 따라

인간은 극심한 고통을 겪을 수밖에 없으며

평생을 장애로 살아갈 수밖에 없습니다.

카르마를 해소하기 위해
외부 봉인이 설치되는 경우는
15차원 이상의 강력한 에너지장이 설치되며
짧게는 10년에서 길게는 30년 이상도
외부 에너지장 속에 갇혀
정신이상자로 장애인으로 지능이 떨어지는 사람으로
살아갈 수밖에 없습니다.

영혼이 진화를 하다가 쌓은 카르마들은
자유의지의 반대 방향으로 작용하는 역할을 하게 됩니다.
인간의 삶이 고단하고
인생이 내 뜻대로 잘 풀리지 않는 경우
인생에 자기 모순이라는 등짐을 지고 가는 경우
선천적인 모순을 가지고
타인과의 경쟁에서 살아남아야 하는 경우가 모두
과거의 카르마가 현재의 내 삶에 영향을 미치는 경우입니다.

이번 생에서 풀어야할 카르마가 10%라면
카르마 10%를 해소하기 위한 정교한 프로그램들이
본영과 11차원의 카르마위원회와의 조율속에서 진행이 됩니다.
카르마 10%의 해소를 100%로 환산하여
오장 육부와 기항지부 등에 골고루 분산하여
에너지장 속에서 평생 약골로 평생 아픈 몸으로 삶을 살고
어떤 고통을 겪으며 해소할 것인지를 결정하게 됩니다.
특정한 장부에 집중 배치하게 되면
장애인이나 선천성 질환을 가진 사람으로 태어나 살게 됩니다.

한 장기에 카르마 에너지를 담아 해소할 수 있는 최대치는
25%까지 가능합니다.
한 장기에 20% 정도 카르마 에너지를 부여할 경우
그 카르마로 인한 에너지장이 강해져
선천적 장애를 가지거나
선천적으로 약해진 장기로 인하여
카르마가 해소되는 과정에서 각종 질환에 시달리게 됩니다.
카르마를 어떤 장부에 어떻게 배분할지 결정하는 주체는
당신의 본영입니다.

단기간에 카르마를 해소하기 위해서
외부 에너지장이 설치되고
내부에도 각종 장부 봉인이 설치되면
극단적인 신체적 고통을 겪게 되며
원인도 알 수 없으며
치료도 되지 않는
희귀병을 앓게 됩니다.
단기간에 더 많은 카르마를 해소하기 위해
외부 봉인이 설치되고
내부의 장부 봉인이 설치되고
여기에 7차원과 9차원의 에너지체들이
인간의 몸에 들어가서 역할을 시작하면
정신분열을 일으키거나
미친 사람이 되거나
난동을 부려 통제할 수 없는 사람이 되거나
환청이나 환각 증상이 나타나기도 합니다.

인류는 보이지 않는 세계에 대해
너무 무지합니다.
보이지 않는 하늘이 있다는 것을 알려주기 위해
보이지 않는 하늘을
보이는 하늘로 보여주기 위해
인류의 의식을 깨우기 위해
모든 종교 매트릭스를 해체하기 위해
눈에 보이지 않는 11차원의 에너지장을 설치해
5차원과 7차원과 9차원의 에너지체들을 동원하여
척신난동을 준비하였습니다.

척신난동의 시대에
귀신들린 사람이 속출하게 될 것이며
사탄이나 마귀를 보며
그들의 소리를 듣고
두려움과 공포에 떨게 될 것입니다.
특수 에너지장에 갇혀
의식선을 지배당한 채
감정선을 지배당한 채
좀비처럼 행동하는 사람들이 속출하게 될 것입니다.
내면의 소리를 듣는 사람이 넘쳐날 것이며
내면의 소리를 듣고
비상식적인 행동이나 말을 할 것이며
두려움과 공포를 느끼며
환청이나 환각을 보면서
많은 사람들이 미쳐갈 것입니다.

이 모든 것이 하늘에서 준비되었으며
천시(天時)가 도래하면
전세계에서 동시다발적으로
척신난동의 시대가 시작될 것입니다.
음모론에서는
어둠의 정부에서 벌이는 마인드컨트롤이라고
처음에는 생각하겠지만
그 정도가 심해지고
그 증상이 전세계로 퍼지면서
하늘의 맨얼굴들과 인류는 마주하게 될 것입니다.

세상 모든 것은 에너지의 세계입니다.
에너지장과 에너지체들을 알아야
척신난동의 본질을 이해할 수 있을 것입니다.

인류의 건승을 빕니다.

카르마 에너지장의 해소가 갖는 의미
살사람에게 하늘이 주는 5가지 선물

카르마는 에너지의 형태로 에너지장의 형태로
내 몸의 오장 육부속에 저장되어 있다가
내 삶속에서 나의 자유의지와는 무관하게
나도 모르는 사이에 펼쳐지는 인생의 프로그램과도 같습니다.
내 기억속에 남아 있는 것은 아니지만
내가 기억할 수도 없고 알 수도 없지만
당신의 영혼은 당신이 이 우주에서 체험한 모든 것을 알고 있습니다.
당신의 영혼은 당신이 우주에서 체험한 모든 삶의 순간들을
저장하고 있습니다.
당신의 영혼은 물질 체험을 위해
대우주의 윤회 시스템 속에 편입되어 있습니다.
당신은 지금 이 순간 생명체에게 부여된 자유의지를 누리며
지구 행성에서 인간의 육신을 입고 살고 있는 것입니다.
모든 영혼들은 윤회 시스템 속에 합류하면서
몸에 카르마의 에너지를 가지고 윤회의 프로그램을 통해
영혼의 물질 체험을 하고 있는 중입니다.

카르마 에너지는
당신의 영혼의 진화 프로그램 속에 함께하고 있습니다.
당신의 생각 하나 하나에
당신의 감정 하나 하나에
당신의 느낌 하나 하나에

당신의 의식 하나 하나에
당신의 몸짓 하나 하나에
당신의 행동 하나 하나에
당신의 말 한마디 한마디에
당신의 카르마의 에너지는 영향을 주고 있습니다.
카르마 에너지로부터 자유로운 영혼은 이 세상에 아무도 없습니다.
삶의 모순의 시작이 카르마 에너지이며
삶의 장애물 또한 카르마 에너지입니다.
삶은 모순 속에서 피어나는 꽃이며
삶은 불평등 속에서 창조되는 세계이며
삶은 부조리하고 불합리한 구조 속에서
빛을 찾아가는 여행입니다.

인류의 의식수준은
인류가 생각하는 것만큼 매우 높지 않습니다.
대우주의 진리에서 너무 멀리 와 있으며
대우주의 법칙에 대해 알고 있는 것이 없습니다.
진리를 찾지 않는 사람은 없지만
당신이 찾고 있고
인류가 찾고 있는 진리는
자신이 듣고 싶은 이야기이며
자신이 알고 싶어하는 이야기이며
자신의 경험 안에서 이해될 수 있으며
자신의 입맛에 맞고
자신의 이익에 맞는
돈이 되는 진리를 찾고 있을 뿐입니다.

인류의 현재 의식수준에서 말하는 진리란

종교 매트릭스의 필터를 거친 내용과

학교에서 배운 지식의 범위를 넘지 않으며

상식의 수준을 넘어서지 않는 진리를 원하고 있을 뿐입니다.

보이지 않는 세계를 이해하지 못하고

보이지 않는 세계가 작동하는 시스템을 이해하지 못한 채

인류의 현재 의식수준에서

진리라고 알고 있는 진리는

장님이 코끼리 만지며 느끼는 감각으로

이것이 진리일 것이라고 추측하고 있으며

그것을 진리라고 믿고 있을 뿐입니다.

카르마에 관련된 우주적 진리들이

카르마 에너지와 카르마 에너지장에 대한 우주의 법칙들이

하늘과의 소통속에

하늘과의 조율속에 땅에 펼쳐지고 있습니다.

보이지 않아서 믿지 못하고

보이지 않아서 알 수 없었으며

보이지 않아서 이해할 수 없었던

카르마 에너지와 카르마 에너지장에 대한

보이지 않는 세계의 진실들이

빛의 생명나무를 중심으로 펼쳐지고 있습니다.

어떠한 종교 단체에서도 흉내낼 수 없으며

어떠한 영성 단체에서도 펼쳐진 적이 없는 일들이

지금 빛의 생명나무에서 일어나고 있습니다.

인간의 몸속에 설치된
카르마 에너지장의 실체를 눈으로 보고
카르마 에너지장에 의해 질병이 발생하는 기전을 이해하게 되었으며
카르마 에너지장에 의해 인간의 감정과 의식이
어떻게 영향을 받고 있는지 알 수 있습니다.
이 사람에게
이 영혼에게
왜 이런 카르마 에너지장이 설치되었는지를 알게 되었으며
카르마의 내용까지도 구체적으로 알 수 있게 되었습니다.
카르마 에너지장이
어떻게 인간의 삶과 인간의 질병에 영향을 미치는지
알 수 있게 되었습니다.
카르마 에너지장을 하늘의 에너지체들과 함께 철거하면서
인간의 질병에 대한 근본적인 의식의 전환이 있었습니다.

카르마의 내용을 하늘로부터 듣게 되고
카르마 에너지장이 설치되는 원리를 알게 되고
카르마 에너지장이
어떻게 인간의 의식과 감정에 영향을 미치고 있는지 알게 되었습니다.
카르마 에너지장이 불치병과 난치병을 일으키는
보이지 않는 세계의 원리를 이해할 수 있었으며
카르마 에너지장이 해체되면서
카르마가 해소되면서
불치병과 난치병이 해결되는 과정들을
몸으로 체험하고
눈으로 체험하게 되었습니다.

왜 이런 일들이
지금 빛의 생명나무에서 일어나고 있다고 생각하십니까?
하늘이 특별히 빛의 생명나무의 우데카 팀장을 사랑해서
이런 일이 일어나고 있다고 생각하십니까?
그럴리가 있겠습니까?

왜 인류 역사상 한번도 일어나지 않았던 일들이
인류에게 그동안 한번도 공개되지 않았던
보이지 않는 세계의 진실들과 비밀들이
왜 빛의 생명나무에서 일어나고 있다고 생각하십니까?
그 이유는 사람마다 생각이 다를 것입니다.
기록의 필요성이 있어서
깨어나고 있는 빛의 일꾼들과
시절인연이 있는 인자들을 위해
이 글을 기록으로 남깁니다.

지구 차원상승 과정에서
새 하늘과 새 땅에 살아갈 인자들에 대해서는
대환란과 대격변속에 살아남을 인자들에게는
하늘이 일하는 방식에 의한 일들이
아무도 모르게
아무도 모르게 진행될 예정입니다.
빛의 생명나무는
이것을 알려주는 하늘과 땅의 빛의 통로로서
존재하고 있을 뿐입니다.

굳이 빛의 생명나무에 오지 않아도
굳이 우데카 팀장의 글을 읽지 않아도
굳이 우데카 팀장의 글을 믿지 않아도
굳이 기도와 수행을 하지 않아도
살사람은 반드시 하늘에 의해 살 것이기 때문입니다.
가던 길 가고 오던 길 오는 것이
하늘이 일하는 방식입니다.
아무것도 잘못되는 일은 이 우주에서 없습니다.

하늘은
하늘에 인연이 있는 하늘 사람에게
새 하늘과 새 땅에서 살아가기로
250만 년 전에 약속된 영혼들에게
다음과 같은 5가지의 징표를
하늘이 일하는 방식으로 당신의 몸에 남기게 될 것입니다.

첫번째 : 몸의 진동수를 높여 줄 것입니다.

두번째 : 당신의 의식을 깨우기 위해
당신의 상위자아 합일과 최종 상위자아 합일이
당신의 의지와 상관없이 이루어질 것입니다.

세번째 : 차크라를 당신의 의지와 상관없이 열어줄 것입니다.

네번째 : 당신의 카르마를 일정 부분
당신의 의식이 깨어나는 타임라인에 맞추어 해소하여 줄 것입니다.

다섯번째 : 당신이

진리를 보았을 때

진리를 들었을 때

진리를 만났을 때

진리를 알아볼 수 있고

진리에 공감할 수 있도록

당신의 가슴에 진리의 씨앗을 발아시킬 것입니다.

카르마에 대한 실체적인 진실이 규명되고

카르마 에너지장을 눈으로 볼 수 있으며

카르마 에너지장을 해체할 수 있으며

카르마 에너지장의 해체 후

불치병과 난치병이 치료되는 이유는

단 한 가지 이유밖에는 없습니다.

그날이 시작되었다는 증거이며

마지막 때가 되었기 때문입니다.

지구 행성의 물질문명의 종결을 앞두고

지구 행성의 대자연의 격변을 앞두고

지구 행성의 지축의 정립을 앞두고

지구 행성의 차원상승을 앞두고

지구 행성에 설치된 종교 매트릭스의 철거를 위해

지구 행성에 설치된 의료 매트릭스의 철거를 위해

지구 행성에 설치된 물질문명의 매트릭스의 철거를 위해

보이지 않는 하늘이 보이는 하늘로

땅으로 내려와

인간의 의식의 눈높이에서 활동을 시작했기 때문입니다.

지구 행성의 물질 매트릭스에 갇혀 잊고 지냈던
대우주의 진리와 대우주의 법칙들을
지구 행성의 물질문명의 종결을 앞두고
영혼들의 추수를 위하여
하늘의 진리가 땅에 전해지고 있는 것입니다.
인연이 있는 하늘 사람을 찾기 위해
진리의 씨앗을 품고 사는 인자들을 깨우기 위해
진리의 씨앗들을 땅에 퍼트리고 있는 것입니다.

하늘은 인간의 눈높이에서 일하지 않습니다.
하늘은 종교의 눈높이에서 일하지 않습니다.
하늘은 과학의 눈높이에서 일하지 않습니다.
하늘은 인간의 에고를 만족시켜 주면서 일하지 않습니다.
하늘은 우데카 팀장을 위해서 일하지 않습니다.
하늘은 빛의 생명나무를 위해서 일하지 않습니다.
하늘은 공리로써
하늘은 누구에게나 절대 공평무사한 방법으로
하늘이 일하는 방식에 의해
하늘 스스로 정한 그 길과 원칙에 따라
하늘의 길을 가고 있을 뿐입니다.

가던 길 가게 하고
오던 길 오게 하는 것이
하늘이 일하는 방식입니다.

인류의 건승을 빕니다.

빛의 생명나무에서는
인간의 몸속에 설치된
카르마 에너지장의 실체를 직접 눈으로 보고
카르마 에너지장에 의해
인간의 감정과 의식이 어떻게 영향을 받고 있는지
인간의 질병이 어떻게 발생되는지에 대해
근본적인 의식의 전환이 있었습니다.

빛의 생명나무 회원들을 대상으로
하늘과의 소통과 조율을 통하여
카르마를 쌓게 된 과거의 삶들을 알게 되고
카르마에 대한 정보를 받으면서
본인의 삶에서 가장 힘들었던 신체와 정신의 모순에 대한
근본적인 이해를 할 수 있게 되었습니다.

지상으로 내려온 창조주의 중심의식을 통하여
카르마 에너지장을 해체하고 카르마가 해소되면서
어떻게 해도 변하지 않았던 의식과 감정이 변화하고
어떻게 해도 낫지 않았던 몸의 질병들이 치유되는
근본적인 변화의 시간들이 있었습니다.

땅에서 단 한번도 일어난 적이 없는 카르마 해소를 통해
하늘에 의해 하늘 사람이 준비되고 있습니다.
그때가 되어 예정된 자들에게
하늘의 약속이 집행되고 있습니다.

하늘 사람인 당신의 카르마 해소를 축하합니다.

삐뚤어진 눈으로 삐뚤어진 세상을 살다

- 빛의 생명나무 회원 곡신불사님 -

제 눈은 방향이 약간 삐뚤어져 있는데
돌이켜보면 6살 무렵부터 눈이 이상해지기 시작한 것 같습니다.
초등학교 시절 사진을 찍을 때마다 앞을 보라는 말을 계속 들으면서
눈이 삐뚤어져 가는 것을 인지하기 시작했습니다.
몸은 한 시간 일하고 나면 3~4시간은 낮잠을 자야 하는 체력이며
계절마다 보약을 먹어야 그나마 일을 할 수 있었습니다.
20대 초반부터는 갑자기 오른손으로 글씨가 안 써져서
취직을 포기해야 했고 사회생활을 하기가 힘들었으며
지금은 그나마 왼손으로 글씨를 쓰고 있는 상태입니다.
몸의 모순 중 어깨 통증과 눈 상태가 심각해진 건 최근 10년간이며
등까지 통증을 느낄 때면 잠을 제대로 못 이룰 정도였습니다.

중학교 때부터는 사람들과 섞이고 싶지 않은 성격이
나오기 시작했으며 심지어 사람에 대한 두려움도 있었습니다.
지금에 와서 보면 나의 기준으로만 세상을 바라보고
타인을 바라보는 극단적인 이기주의가 있었습니다.
깊은 사고가 되지 않고 감정도 잘 느끼지 못하며 살았으나
분노의 감정이 올라왔을 때는 그 에너지에 신이 나서 올라탔고
스스로 잘못되어가는 걸 알면서도 멈추지 못하여
사람들과 충돌하게 되고 사람속에 어울리지 못했습니다.
이런 신체적이고 정신적인 모순을 가지고
내 세계속에 갇혀 세상을 살아왔던 것 같습니다.

빛의 생명나무의 채널러팀을 통해
내가 전생에 쌓았던 카르마 정보를 받아 내면화하고
하늘에서 순차적으로 해소해주는 과정을 통해
내 모순들이 생긴 이유를 근본적으로 이해하게 되었습니다.

저의 카르마 해소 과정은 총 7번에 걸쳐서 이루어졌습니다.

1. 카르마 1번째 해소
   관련 장부 : 폐, 심포 4% (색과 기의 세계)

- 전생 카르마 내용
  병자호란 당시 조선의 양민학살에 가담하였던 후금의 장수로
  무자비한 살육을 즐기는 잔인한 살인마의 에너지를 가지고
  있었습니다.

- 이번 생에 카르마의 영향
  신체 진액대사의 순환이 원활하지 않아
  한 시간 일하면 3시간을 쉬어야 하는 체력의 한계가 있었습니다.
  카르마 해소 후 가슴을 꾹꾹 누르는 통증이 사라짐을 느꼈습니다.

· · · · · · · · · · · · · · · · · · ·

2. 카르마 2번째 해소
   관련 장부 : 간(눈), 머리 3% (색의 세계)

- 전생 카르마 내용

  임진왜란 당시 활을 쏘는데 탁월한 능력을 가지고 있었던
  조선의 장수였습니다.
  전쟁을 할 때 나라와 백성을 지키고자 하는 마음보다는
  자신의 주특기인 활을 이용해
  적군의 눈을 맞춰 죽이는 것에 더 관심이 있었습니다.
  수많은 사람의 눈을 잃게 하였으며 그것에만 심취하여
  결국 전투에 패망하는 결과를 초래하였습니다.

- 이번 생에 카르마의 영향

  활쏘는 자세의 상태로 카르마 에너지장이 걸리게 되어
  활을 겨냥하는 눈 상태로 삐뚤어진 사시의 눈이 되었고
  왼쪽팔부터 어깨, 등까지 굳어버린 채로 살아왔습니다.

· · · · · · · · · · · · · · · · · · ·

3. 카르마 3번째 해소

  관련 장부 : 심장, 머리, 감정선, 의식선 3.2% (색과 기의 세계)

- 전생 카르마 내용

① 병자호란 당시 후금의 장수로

  보복성으로 조선의 백성들을 살해하고
  양반집 부녀자들을 납치하여 노리개로 삼거나
  주로 젊은 아녀자를 포로로 잡아 돈을 받고 풀어주었음.
  (1번째 카르마와 같은 인물)

② 청나라 함풍제 시절 왕실 정원의 복원공사를 맡아
　현실적인 판단을 하지 못하고 예술성에만 치중한 나머지
　자기 자신의 생각만을 고집하였으며
　본인의 고집과 상부의 압력으로 무리한 공사를 하다가
　많은 인부들의 인명피해를 나게 한 삶을 살았습니다.

• 이번 생에 카르마의 영향
　정신적인 부분에서 깊은 고민과 생각을 할 수가 없어서
　단순한 사고만 하고 살았으며
　감정적으로는 타인의 슬픔과 고통을 느껴본 적이 거의 없어서
　타인과의 공감능력이 많이 떨어지고 인간관계가 어려웠으며
　나의 기준으로만 상대방을 바라보고 판단하였습니다.

· · · · · · · · · · · · · · · · · ·

4. 카르마 4번째 해소
　관련 장부 : 위장, 비장 2.2% (색의 세계)

• 전생 카르마 내용
① 수행자의 삶을 살면서 나를 옥죄고 자학하였으며
　솔잎과 생콩, 소금, 물만 먹으며
　낮에는 탑을 쌓고 밤에는 수행을 하며 살았습니다.
② 16세기 러시아의 왕으로 나라의 기틀을 다졌던 인물이지만
　때때로 억눌렸던 감정이 폭발하여 스스로를 제어하지 못하고
　가족을 살상하기까지 하였습니다.

- 이번 생에 카르마의 영향

  고기, 마늘, 파 등을 먹으면 비위가 상하여 먹지 못하였고
  종교생활을 하면서 30년간을 멸치국물도 먹지 않는
  극단적인 채식생활을 하고 살았습니다.
  정신적으로는 분노의 감정이 올라올 때
  스스로 제어하지 못하고 주변사람들에게 분출하여
  싸우게 되는 일들이 많이 있었습니다.

· · · · · · · · · · · · · · · · · ·

5. 카르마 5번째 해소

  관련 장부 : 회음, 임맥, 독맥, 후두부, 어깨라인 2.4% (기의 세계)

- 전생 카르마 내용

① 청나라 때 왕으로서 초반에는 정치를 잘 이끌었지만
  점점 권력에만 몰두하여 큰 그림을 보지 못하고
  결국에는 나라를 위기에 처하게 만든 삶을 살았습니다.
② 16세기 이탈리아 피렌체 공화국의 행정가로서
  주변사람들의 반대에 부딪혀 국가에 헌신하고자 했던
  본인의 정치사상을 제대로 펼치지 못했던 삶이 있습니다.

- 이번 생에 카르마의 영향

  머리 쓰는 일을 잘 하지 못하고
  창의력이라고는 찾아볼 수 없는 단순한 생각만 하는
  삶을 살았습니다.

6. 카르마 6번째 해소

　　공의 세계 카르마 에너지장 2.8%

• 카르마의 영향

　　공의 세계 6층에는 신체와 감정과 의식 등을 조절하는

　　다양한 무형의 기계장치가 존재하고 있고

　　아래 층으로 에너지(정보)를 전달하고 있습니다.

　　5층과 6층 경계에서 카르마 에너지장의 영향으로

　　정보가 변형되어 가게 되면

　　그것이 불균형한 에너지의 상태로 신체로 전달되고

　　의식과 감정 등에도 영향을 주게 됩니다.

　　변형된 정보가 심포에도 영향을 주어

　　양극단의 성격이 나타나게 되었습니다.

6번째 카르마를 풀고 나면 나타나는 효과

1. 성격이 밝아짐

2. 본인을 가두었던 에너지로부터 정신적인 해방

3. 위와 대장이 정상 작동되어 소화력의 향상

4. 진액대사의 향상

5. 전체적인 심신 안정

해소 후 본인 소감
살아오면서 머리가 답답하여 계획도 잘 세워지지 않고
깊은 생각도 어려워 '과연 내가 무슨 일을 할 수 있을까' 하는
나에 대한 의구심이 있었습니다.
평소엔 조용하다가도 갑자기 과격하게 욱하는 성격이 나오는
나 자신이 이해가 되지 않을 때가 많았습니다.
이제 왜 그랬는지 이해가 되며
폭발하는 그 에너지를 제어할 수 있는 여유가 생겼습니다.
어떠한 상황에서도 상대방의 입장에서 생각해보는
역지사지하는 마음을 굳게 다질 수 있게 되었습니다.

카르마를 해소한 후, 몸과 마음이 상쾌해졌으며
바라보는 시각에 있어 긍정적인 면이 더 많아지고
이해의 폭도 넓어졌습니다.
가슴을 짓누르는 느낌이 사라졌으며
감정과 의식이 명료해졌음을 느낍니다.

 연방함선 전체의식 메시지
공의 세계의 에너지장으로 인하여
이번 생과 수많은 생에
한 순간도 마음 편히 살았던 적이 없습니다.

하지만 당신이 하늘에서 용감한 결정을 내리고
물질세계로 뛰어들었을 때는
강한 의지가 있었을 것이고
지금도 그 의지가 있다는 것에 박수를 보냅니다.
당신의 비밀들과 본질을 알아차릴 수 있는
지금 이 시점까지 왔다는 것에 축하드립니다.
하늘의 정교한 시스템에 대해서 놀라게 될 것이며
이렇게 왜 살아왔는지 명백하게 해석이 될 것입니다.
더불어 내 안에 있는 폭발적인 에너지를 쓸 수 있을 것입니다.
부디 곡신불사님이 좋은 방향으로 에너지를 써주시기를 바랍니다.

"

7. 카르마 7번째 해소

공의 세계 카르마 에너지장 2.6%

• **카르마의 영향**

좌측 뇌 공간의 60% 정도와
심장의 메타보드가 비대칭으로 연결되어
묶여있는 듯한 에너지장이 형성되어 있습니다.
의식선에 에너지를 공급하는
사고조절자 발현장치에는 문제가 없으나
그 다음 단계인 사고의 유형을 설계하는 장치에서
외골수의 에너지가 나오게끔 설정되어 있습니다.

이것이 메타보드뿐 아니라 뇌에도 영향을 주고 있습니다.

모든 사고 활동이 근본적으로

외골수 에너지속에서 이루어졌습니다.

혼자만의 세계속에 고립된 의식체계를 가지고 있으며

고집과 꼴통의 에너지를 뿜어내는 사고체계입니다.

이것이 무모하고 삐딱하고 고집있는 곡신불사님을 만들어 왔습니다.

머릿속에 혼자만의 세상을 만들어 두었고

그 영역이 매우 두껍고 견고합니다

7번째 카르마를 풀고 나면 나타나는 효과

1. 사람과 사람 사이의 담이 낮아짐

2. 사고의 자유와 유연성

3. 묵직하게 느껴졌던 머리와 왼쪽부위의 무게감이 옅어짐

4. 나를 지배했던 생각들로부터의 자유

💬 **본영의 메시지**

나의 아바타는 자유로운 영혼입니다.

나의 에너지 또한 그러합니다.

그것을 너무나 잘 알기에 그에게 고통을 줄 것이라는 걸 알면서도

형벌에 가깝게 이렇게 묶어놓을 수밖에 없었습니다.

그의 에너지가 분산되고 사방팔방으로 흩어질 여지가 많았기에

한군데로 모으기 위한 것이었습니다.

이 같은 결정을 내리는 데는 용기가 필요했습니다.
나의 아바타도 스스로 얼마나 많은 자유를 꿈꿔왔는지 알겁니다.
그 에너지가 사방으로 흩어지기 전에 가둘 수밖에 없었던
제 심정을 전합니다.
오늘 이 순간에 모순으로부터의 근본적인 해방을 축하드리며
에너지를 모아 나아갈 길로 정진해 주길 바랍니다.

💬 연방함선 전체의식 메시지

지난 삶의 과정들이 매우 험난했다는 것을 잘 알고 있습니다.
이제 그 시간들이 거름이 되어 당신의 성장에 자산이 될 것입니다.
오늘을 기점으로 새롭게 태어나는 것이며
당신만의 세상을 정리하고 이제 그 바깥으로 나오시기 바랍니다.
이제 당신의 세상만이 완벽하지 않다는 것을 느끼게 될 것이고
남들과 함께 교류하며 가는 길 위에 발을 들여놓으시길 바랍니다.

"

 💬 해소 후 본인 소감

예전의 나는 카르마를 지으면
반드시 내가 갚아야 된다고 알고 있었습니다.
그런데 하늘에서 카르마를 해소해준다니
정말 꿈만 같은 일입니다.

이것은 그때가 되어, 하늘의 약속이 집행되는 것이며
빛의 일꾼인 역할자들에게 일어나는 일이라는 것을
알게 되었습니다.

카르마 해소 과정에서 이것이 진실임을
몸과 마음으로 체험하였고
내게 이런 일이 일어났다는 것은
내가 역할자임을 자각하게 되었고
나의 모순과 구속을 해소하는 하늘의 뜻을 조금이나마 알기에
내 옆에 있는 동료들과
내 앞에 있는 많은 사람들과 함께하는 길 속에서
내가 하늘에 약속한 소명을 완수할 것을 다짐해봅니다.
지금의 나를 여기까지 올 수 있게 이끌어주신
우데카 팀장님께 감사드립니다.

"

윤회의 사슬을 끊는다는 것이 갖는 의미

영혼은 물질 체험을 통해 진화합니다.
영혼이 체험할 수 있는 물질계의 차원은
1차원부터 12차원입니다.
영혼이 진화하기 위해서는
영혼의 옷(몸=육체)을 입고
창조주께서 펼쳐놓은 물질세계를 체험해야 합니다.

영혼의 진화를 위해
윤회 시스템이 도입되었습니다.
윤회 시스템은 지능형 생명체의 옷(외투)을 입는 영혼들에게
도입되었습니다.
윤회 시스템은 자유의지의 법칙과
카르마의 법칙에 의해 운영됩니다.

윤회 시스템이 없다면
우주에서는
영혼의 진화도 없습니다.

윤회 시스템이 없다면
영혼이 진화하지 않는다면
우주에서는
우주가 존재할 필요가 없어지는 것입니다.

윤회의 사슬을 끊는다는 것은
우주에서는
영혼의 물질 체험이 멈춘다는 것입니다.
윤회의 사슬을 끊는다는 것은
물질세계에서는
인간으로 태어나 더 이상 고통을 받고 싶지 않다는
강한 염원을 담고 있습니다.

윤회의 사슬을 끊는다는 것은
우주에서는
영혼의 진화가 멈춘다는 것입니다.
윤회의 사슬을 끊는다는 것은
물질세계에서는
인간으로 태어나 고통의 원인이 되는
모든 인연법의 고리를 내 스스로 끊겠다는
의지의 표현입니다.

윤회의 사슬을 끊는다는 것은
우주에서는
영혼에게 창조주께서 부여한
사고조절자가 회수된다는 것을 의미합니다.
윤회의 사슬을 끊는다는 것은
물질세계에서는
지혜와 깨달음을 얻고
도통과 신통력을 얻어
세상을 이롭게 한다는 것을 의미합니다.

윤회의 사슬을 끊는다는 것은
우주에서는
영의 회수를 뜻합니다.
윤회의 사슬을 끊는다는 것은
물질세계에서는
해탈과 열반을 이룬다는 것을 뜻합니다.

윤회의 사슬을 끊는다는 것은
우주에서는
영혼의 소멸을 의미합니다.
윤회의 사슬을 끊는다는 것은
물질세계에서는
부처가 되어
물질계를 졸업한다는 것을 의미합니다.

윤회의 사슬을 끊겠다는 것은
우주에서는
일어날 수도 없는 일이며
영혼의 진화를 부정하는 것이며
우주의 진화를 부정하는 것이며
창조주를 부정하는 것이며
아무것도 모르는 당신이
하늘을 향해
내 영혼을 소멸해 달라고
간절한 마음으로 기도하는 것과 같습니다.

윤회의 사슬을 끊겠다는 인간의 행동은
하늘의 입장에서 보면
하늘이 설치한 종교 매트릭스속에 갇힌
인간의 자유의지의 영역입니다.

윤회의 사슬을 끊겠다는 인간의 생각은
하늘의 입장에서 보면
하늘이 설치한 종교 매트릭스가
잘 작동되고 있다는 것을 의미합니다.

윤회의 사슬을 끊겠다는 인간의 욕망은
하늘의 입장에서 보면
하늘이 설치한 천라지망 속에서
일어날 일이 예정대로 일어난 것입니다.

윤회의 사슬을 끊겠다는
인간의 의식에서 나오는 행동들은
하늘의 입장에서 보면
하늘이 설치한 물질의 매트릭스가
잘 작동되고 있다는 증거입니다.

윤회의 사슬을 끊겠다는
인간의 모든 행위들은
인간의 자유의지이며
일어날 일이 일어난 것이며
아무것도 잘못되는 것이 없다는 것입니다.

이것이 윤회의 불편한 진실입니다.

인류의 건승을 빕니다.

부활에 대한 정리

인류의 의식의 눈높이에서 부활은
죽은 사람이 다시 살아나는 것입니다.
하늘의 입장에서는
죽은 사람의 몸에 새로운 생명의 호흡을 넣어주어
다시 심장이 뛰는 것을 부활이라고 합니다.

인류의 의식의 눈높이에서 부활은
죽었던 생명체가 다시 생명력을 회복하는 것입니다.
하늘의 입장에서는
봄, 여름, 가을, 겨울의 계절이
오고 가는 것이 부활입니다.
꽃들이 계절따라 피고 지는 것이 부활입니다.

종교인의 의식의 눈높이에서 부활은
죽은 사람들이 무덤에서 일어나
새 육신을 얻고 새 생명을 얻는 것을
부활이라 합니다.
우주의 입장에서 부활은
사람이 죽어 영혼백 에너지의 정화 시간을 거치고
새로운 삶의 프로그램을 받아
영혼백 에너지가 인간의 몸으로 들어와
영혼백 에너지가 부활한 것이 인간입니다.

우주의 입장에서 인간의 탄생은
영(靈)과 육(肉)이 동시에 부활한 것입니다.
우주의 입장에서 인간의 탄생은
모두가 죽었다 다시 살아난 생명의 부활자들입니다.

종교인의 의식의 눈높이에서 부활은
태어나면 반드시 죽어야 하는 필사자의 운명을 가진 인간이
죽어서 영원한 생명(영생)을 얻는 것을 말합니다.
이것을 영의 부활이라고 합니다.
우주의 입장에서 부활은
생명은 유한할 수밖에 없으며
우주에 영원한 것도 없습니다.
변화와 순환의 주기를 통해서 이루어지는
생명의 순환을 부활이라 합니다.

종교인의 의식의 눈높이에서 부활은
태어나면 반드시 죽어야 하는 모탈세계에 살고 있는 인간이
죽고난 뒤 천당에 가서 다시 육신의 옷을 입고
죽지도 않으며 영생을 얻는 것을 부활이라고 말합니다.
우주의 입장에서 부활은
인간은 윤회 시스템속에서 핀 생명의 꽃이며
모두가 생명의 부활자들입니다.
인간의 생명은 유한한 것처럼 보이지만
대우주의 윤회 시스템속에서 보면
무한한 생명을 가진 영혼의 여행자들입니다.

종교인의 의식의 눈높이에서
인간은 태어날 때부터 원죄를 지었다고
그렇게 알고 있으며 그렇게 믿고 있습니다.
종교인의 의식의 눈높이에서
인간은 번뇌와 욕망속에 살면서
죄를 짓고 카르마(업)를 짓고 살 수밖에 없다고
그렇게 알고 있으며 그렇게 믿고 있습니다.

종교인의 의식의 눈높이에서 부활은
죄 많은 인간이
신을 믿고 신을 사랑하고 신을 의지하면서
죄의 사슬을 끊고
윤회의 사슬을 끊고
영과 육이 거듭난 사람으로
의식이 깨어난 사람으로
깨달은 사람으로 사는 것이
부활이라고 믿고 있습니다.

우주의 입장에서 부활은
대우주의 생명의 순환 시스템속에 있는 모든 생명체들은
매순간 거듭나고 있으며
매순간 생명의 진화속에 살고 있는
부활한 존재들(생명체)입니다.

우주의 입장에서 보면 카르마는
자유의지를 가진 영혼(인간)이

물질 체험을 하는 과정에서
빛과 어둠의 양극성의 에너지들을 리얼하게 체험하는 과정에서
타인의 자유의지를 심각하게 침범할 때 발생하게 됩니다.

우주의 입장에서 부활이란
자유의지의 남용으로 발생한 카르마(업)를 가진 인간이
죽어서 지옥이나 천당에서
카르마(업)를 받는 것을 말하는 것이 아닙니다.
우주의 입장에서는
대우주의 윤회 시스템속에서
카르마를 해소하고 있는 인간의 삶 그 자체를
우주에서는 부활 또는 윤회라고 말합니다.

종교인의 의식의 눈높이에서
예수님의 부활과
죽은 사람을 다시 살리신 것은
하나님의 권능이며
하나님의 유일한 아들이 예수라는 것을
알리기 위한 증표로서 예수님이 부활하셨다고
그렇게 알고 있으며
그렇게 믿고 있습니다.

우주의 입장에서 예수님의 부활은
대우주의 7번째 주기를 열기 위해
네바돈 우주의 창조주인 예수님과
대우주의 창조 근원께서 동행하시면서

우주의 영점 조정에 해당하는
우주의 제로 포인트를 열기 위한 방편으로 행한
이적과 기적일 뿐입니다.

지구 행성의 물질문명의 종결을 앞두고
종교 매트릭스들을 철거하기 위해
새로운 영성의 시대를 열기 위해
대우주의 창조주께서 육신의 옷을 입은 인자를 통해
부활할 예정입니다.

석고웅성 삼황출세 (石鼓 雄聲 三皇 出世)
삼황합덕 삼황출세 (三皇 合德 三皇 出世)
하늘(천)과 땅(지)과 육신(인간)의 옷을 입은
인자와의 합일을 통해 부활할 것입니다.
하늘이 땅이 되고
땅이 하늘이 되었습니다.
신들의 귀환이 시작되었음을 전합니다.
만인성불의 시대가 시작되었음을 전합니다.
인황의 시대가 시작되었음을 전합니다.

하늘의 부활이 시작되었습니다.
땅의 부활이 시작되었습니다.
하늘의 뜻과 땅의 뜻을 모두 품은
인황의 시대가 시작되었음을 전합니다.
이적과 기적의 부활의 시대가
시작되었음을 전합니다.

하늘이 찾는 사람

하늘은 잘나고 똑똑한 사람을 찾지 않습니다.
잘나고 똑똑한 사람은 그들이 가야할 곳이 있기 때문입니다.

하늘은 세상에서 성공한 사람과 잘나가는 사람을 원하지 않습니다.
세상에서 성공한 사람과 세상에서 잘나가는 사람은
하늘 일을 하는 곳에서는 할 일이 없기 때문입니다.

하늘은 재주가 뛰어나고
특별한 영적인 능력을 가진 사람을 찾지 않습니다.
재주가 뛰어나고
영적인 능력이 출중한 사람은
아직 땅에서 배워야 할 것이 남아있기 때문입니다.

하늘은 말이 많은 사람을 찾지 않습니다.
말이 많다는 것은
머리에 있는 지식이 가슴으로 내려오지 않았다는 것입니다.
말이 많다는 것은
가슴에 있는 지식이 손과 발로 내려오지 못해서
행동을 하지 않는다는 것입니다.
말이 많다는 것은
말에 걸리고

문자에 걸리고
언어에 갇혀서 사는 사람이라는 것입니다.

하늘은
눈에 보이는 것만을 찾는 사람을 찾지 않습니다.
하늘은
논리적이고 과학적이고
합리적인 사고를 가진 사람을 찾지 않습니다.
논리와 논리 사이에도
과학과 과학 사이에도
눈에 보이지 않는 세계의 법칙이 있습니다.
논리적 사고를 가지고
과학적 사고를 가지고
합리적인 사고 구조를 가지고
눈에 보이는 세계의 연구를 통해
눈에 보이지 않는 세계를 공부하는 학생의
공부를 방해하지 않기 위해
공부 열심히 하라고 이들을 내버려둘 뿐입니다.

하늘은 정의의 칼을 함부로 쓰는
정의의 사도와 정의의 기사를 찾지 않습니다.
정의의 방식은 땅의 힘이며 땅의 권세이기 때문입니다.
땅에서는 정의 사회와 복지 국가와 이상 사회를 이루는 것이
최고의 선(善)입니다.

하늘은 영혼의 물질 체험을 위해
하늘은 당신의 영혼의 진화를 위해
불평등한 사회를 일부러 만들었으며
불합리한 사회를 일부러 조성하였으며
모순이 가득한 사회를 일부러 조성하였습니다.
모순이 가득한 사회에
모순이 가득한 다양한 인간의 성격들을 창조하였습니다.

모순이 가득한 곳일수록
불평등한 사회일수록
공정한 게임의 룰이 지켜지지 않는 그곳에
모순이 가득한 인간들을 모아놓은 이곳이
영혼들이 공부하기 제일 좋은 곳이기 때문입니다.
영혼들이 배우고 성장하기 위해선
모순이 가득한 곳이
제일 좋은 장소이며 좋은 무대인 것입니다.
이것이 하늘이 존재하는 진짜 이유이며
인류의 의식수준으로 이해하기 힘든
하늘이 존재하는 불편한 진실입니다.

하늘은
부자는 부자의 길을 가게하고
가난한 자는 가난한 자의 길을 가게하고
배운 사람은 배운 사람의 길을 가게하고

못배운 사람은 못배운 사람의 길을 가게 합니다.
이것이 하늘이 존재하는 이유입니다.

하늘은
악한 사람은 악한 길을 가게하고
선한 사람은 선한 길을 가게하고
땅의 길을 갈 사람은 땅의 길을 가게하고
하늘의 길을 갈 사람은
하늘의 길을 가게하는 것이
하늘이 존재하는 이유입니다.

하늘은
영혼의 진화 여정에 따라
영혼의 나이에 따라
땅의 길을 갈 사람은
땅의 길을 갈 수밖에 없도록 처음부터
당신이 태어나기 전부터 그렇게 프로그램 되었습니다.

하늘은
영혼의 진화 여정에 따라
영혼의 나이에 따라
하늘의 길을 갈 사람은 처음부터
당신이 태어나기 전부터
하늘의 길을 가도록 그렇게 프로그램 되었습니다.

이것이 하늘이 존재하는 이유입니다.
인류의 의식수준에서 매우 불편한
하늘이 존재하는 이유에 대한 진실입니다.

하늘은
잘나지도 똑똑하지도 않지만
하늘이 있다는 것을 알고 있는
하늘 무서운 줄 아는
내세울 것도 아무것도 없는
하늘 앞에 겸손한
마음이 가난한 자를 찾습니다.

하늘은
하늘 앞에 아쉬울 것이 하나도 없는
세상의 모든 것을 가진 사람을 찾지 않습니다.
하늘은
세상의 것을 낚는 어부가 아닌
하늘의 것을 낚을 수 있는
사람의 마음을 낚는 어부를 찾고 있습니다.

하늘은
세상에서 별볼일이 없고
세상에서 가진 것도 없고
세상에서 주목받지도 못하고

세상의 기준에서 한참 부족하고
내 모순에 빠져서 헤매고 있지만
참 한심하게 살고 있지만
하늘 사람들은 그렇게 살기로
하늘 사람들은 그렇게 살겠다고
약속하고 이 땅에 온 사람들입니다.

하늘은
참 한심하게 살고 있는
하늘 사람을 찾습니다.
하늘은
참 별볼일 없이 평범하게 살고 있는
하늘 사람을 찾고 있습니다.

하늘은
하는 일마다 되는 일이 없고
누구에게도 인정받지 못하고
참 답답하게 살고 있는
하늘 사람을 찾고 있습니다.

하늘에서 높은 지위에 있는 사람은
땅에서는 가장 낮은 곳에 있어야 합니다.
하늘에서 높은 사람은
오래된 영혼이며 진화한 영혼들입니다.

땅에서 경험하고 배워야 할 것을
모두 배우고 경험한 노련한 영혼들이 하늘 사람입니다.

하늘 사람은
하늘의 귀한 자산이며
우주의 보물입니다.
하늘 사람은
누구나 탐내는 하늘의 보석들입니다.

하늘 사람들은
땅에서 때가 되기 전에는
땅에서 그때가 되기 전에는
아무도 모르도록
아무도 눈치채지 못하도록
보물을 꼭꼭 숨겨 놓듯
하늘 사람들을
땅에 꼭꼭 감추어 놓았습니다.
날개를 꺾고
다리를 꺾고
손발을 묶어 놓았습니다.

하늘 사람들은
가장 낮은 곳에 있으면서
사람의 마음을 얻는 것을 배우라고

가장 낮은 곳에 있으면서
하늘의 이치를 깨달으라고
가장 낮은 곳에 있으면서
땅의 길과 하늘 길을 구분하라고
가장 낮은 곳에서 편할 줄 알아야
하늘 사람인 것입니다.

이제는 그 때가 되어
하늘 사람들이 깨어나고 있습니다.
이제는 때가 다 되어
하늘 사람들을 하늘이 깨우고 있습니다.
이제는 그 때가 되어
하늘에서 약속한 그 때의 그 일이
시작되었음을 전합니다.

하늘 사람인 당신을
하늘이 찾고 있습니다.

하늘 사람들의 건승을 빕니다.

2019년 1월
우데카

카르마와 윤회시스템

2019년 3월 6일 초판 1쇄 펴냄
2020년 5월 14일 초판 2쇄 펴냄

지은이 | 우데카
펴낸이 | 가이아

펴낸곳 | 빛의 생명나무
등　록 | 2015년 8월 11일 제 2015-000028호
주　소 | 충북 청주시 청원구 직지대로 855 2층
전　화 | 043-223-7321
팩　스 | 043-223-7771

ISBN　979-11-89980-00-9 03200
• 잘못된 책은 바꾸어 드립니다.　• 책값은 뒤표지에 있습니다.